TEORIAS DE CURRÍCULO

EDITORA AFILIADA

Conselho Editorial de Educação
José Cerchi Fusari
Marcos Antonio Lorieri
Marli André
Pedro Goergen
Terezinha Azerêdo Rios
Valdemar Sguissardi
Vitor Henrique Paro

Dados Internacionais de Catalogação na Publicação (CIP)
(Câmara Brasileira do Livro, SP, Brasil)

Lopes, Alice Casimiro
  Teorias de currículo / Alice Casimiro Lopes, Elizabeth Macedo. – São Paulo : Cortez, 2011. Apoio: Faperj

  Bibliografia
  ISBN 978-85-249-1833-9

  1. Currículos 2. Políticas curriculares I. Macedo, Elizabeth. II. Título.

11-09273   CDD-375.001

Índices para catálogo sistemático:
1. Currículos : Educação 375.001

Alice Casimiro Lopes
Elizabeth Macedo

TEORIAS DE CURRÍCULO

1ª edição
9ª reimpressão

Apoio

TEORIAS DE CURRÍCULO
Alice Casimiro Lopes e Elizabeth Macedo

Capa: aeroestúdio
Preparação de originais: Jaci Dantas
Revisão: Ana Paula Luccisano
Composição: Linea Editora Ltda.
Coordenação editorial: Danilo A. Q. Morales

Nenhuma parte desta obra pode ser reproduzida ou duplicada sem autorização expressa das autoras e do editor.

© 2011 by Autoras

Direitos para esta edição
CORTEZ EDITORA
Rua Monte Alegre, 1074 – Perdizes
05014-001 – São Paulo – SP
Tel.: (11) 3864-0111   Fax: (11) 3864-4290
e-mail: cortez@cortezeditora.com.br
www.cortezeditora.com.br

Impresso no Brasil – setembro de 2025

Sobre as autoras

As autoras são professoras do Programa de Pós-graduação em Educação da Universidade do Estado do Rio de Janeiro (ProPEd/UERJ www.proped.pro.br) e bolsistas do CNPq e da Faperj. São autoras de vários artigos, livros e capítulos de livros sobre currículo. Pela Cortez Editora organizaram em parceria os livros *Currículo: debates contemporâneos* e *Políticas de currículo em múltiplos contextos*.

ALICE CASIMIRO LOPES é coordenadora do grupo de pesquisa Políticas de Currículo e Cultura.

ELIZABETH MACEDO é coordenadora do grupo de pesquisa Currículo, cultura e diferença.

Sumário

APRESENTAÇÃO 9

CAPÍTULO 1   Currículo 19

CAPÍTULO 2   Planejamento 43

CAPÍTULO 3   Conhecimento 70

CAPÍTULO 4   Conhecimento escolar e discurso pedagógico ... 94

CAPÍTULO 5   Disciplina 107

CAPÍTULO 6   Integração curricular 123

CAPÍTULO 7   Prática e cotidiano 141

CAPÍTULO 8   Emancipação e resistência 165

CAPÍTULO 9   Cultura 184

CAPÍTULO 10   Identidade e diferença 216

CAPÍTULO 11   Política 233

ÍNDICE ONOMÁSTICO 255

Apresentação

São muitas as motivações que nos moveram a escrever um livro como este, cujas características de texto sinóptico são cercadas de perigos, mais ou menos identificáveis. Esses perigos são intensificados numa contemporaneidade em que a ideia de fundamento é posta em xeque. Como decidir os temas centrais de um campo híbrido com contornos e fronteiras cada dia menos nítidos? Que autores e textos marcam esse campo tão intensamente a ponto de serem considerados clássicos? Certas de não podermos responder a tais questões, se é que para elas existem respostas únicas — do que duvidamos —, resolvemos, ainda assim, nos lançar nesse trabalho de escrever um texto sinóptico, por considerarmos tal trabalho importante para a constituição de um campo a que chamamos Currículo.

Há alguns anos temos trabalhado com a disciplina Currículo — com nomes às vezes um pouco diversos — em cursos de graduação, Pedagogia e Licenciaturas em variadas áreas, e na pós-graduação. Especialmente na graduação, a ausência de textos que deem conta do que Pinar[1] denomina eixo vertical da história intelectual do campo vem tornando mais árdua nossa tarefa como docentes. Aulas expositivas em que sumarizamos a obra de diferentes autores vêm sendo uma das estratégias que temos utilizado, mas fica sempre a dificuldade em relação às leituras sugeridas. Os textos originais são sempre uma

---

1. PINAR, William. *Intellectual advancement through disciplinarity*. Rotterdam: Sense Publishers, 2007.

possibilidade, mas, praticamente, ela tem-se mostrado inviável em nível de graduação: nem sempre o que nos interessa na obra de um autor pode ser encontrado em apenas um livro ou texto. Tais dificuldades têm, a nosso ver, levado a certa restrição do conhecimento dessa história intelectual de que fala Pinar.

Não pretendemos ser fundacionalistas ao pressupor que há uma — e apenas uma — história intelectual do campo, como esperamos deixar claro ao longo do livro. Apenas consideramos que há sentidos mais ou menos compartilhados pelos sujeitos que o constituem. Mais ou menos, porque isso a que chamamos compartilhamento é apenas a tentativa de fixação de uma suposta história comum, uma tradição, que, já sabemos, não passa de uma ficção. Este caráter ficcional, no entanto, expressa relações de poder que buscam definir o que pode ser entendido como "o campo", operação que envolve sufocar um conjunto de outras possibilidades sequer passíveis de serem nomeadas por nós. Quando nos referimos à história intelectual do campo ou às tradições do campo, portanto, falamos de um discurso hegemonizado por um conjunto de articulações cotidianas. Trata-se de um ato de poder excludente, que fixa sentidos, sem os quais, no entanto, não poderíamos nos entender. Isso vale para o campo do Currículo do mesmo modo que vale para a própria língua que usamos no dia a dia: se não fixássemos minimamente o sentido das palavras, não seria possível nos comunicarmos. Sabemos, no entanto, que se trata de uma operação fadada ao fracasso, na medida em que nenhum sentido pode ser totalmente fixado, a significação está sempre um pouco mais além. Nenhum compartilhamento de palavras ou de experiências é pleno ou sem conflitos, ainda que nos relacionemos como se o que falássemos pudesse ser compreendido pelo outro exatamente como supomos expressar.

Nesse sentido, defendemos que a história intelectual do campo, embora não consiga fixar seus sentidos, é importante para que possamos nos comunicar na área da Educação no que concerne ao Currículo. A pouca atenção que temos dado, em nossos cursos de Pedagogia e de Licenciaturas, e mesmo em nossas pós-graduações, a essa história pode estar dificultando nossa comunicação. Temos visto nos cursos de pós-graduação que, por vezes, a percepção horizontal do campo — os contextos atuais desse mesmo campo[2] — é menos rica pela ausência desses sentidos compartilhados. Como explicitou, certa vez, um estudante num estande de vendas de livros em um de nossos encontros, sem que soubesse que ouviríamos: essas duas são delirantes... Não nos vemos como as únicas delirantes do campo na opinião deste e de outros recém-ingressantes no estudo do Currículo. Mas o que para alguns assume o sentido de delírio pode ser apenas o desconhecimento de um processo de produção de sentidos, com seus rastros e seus hibridismos, os quais, mais uma vez, vinculam-se ao que denominamos tradições, sempre significadas de novas formas. Mal comparando, é como se falássemos num português rebuscado com alguém que acaba de iniciar seu contato com o idioma.

Nossa motivação para escrever este livro é, portanto, ampliar essa comunicação entre um campo já estabelecido e aqueles que nele ingressam. Trata-se de uma comunicação que nos parece primordial, não apenas para a formação dos sujeitos educadores, mas também para o próprio avanço do campo. A importância de tal comunicação não pode, no entanto, restringir a produção da área aos textos passíveis de serem entendidos por aqueles que não partilham e nem pretendem vir a partilhar sua história intelectual. Para isso, há textos de divulgação. De forma a estabelecermos essa comunicação no campo a qual nos referimos, a nosso ver, se fazem necessários, principalmente, textos sinópticos. Diferentemente dos textos de divulgação, estes textos visam a introduzir sistematicamente os leitores numa tradição ou na sua história intelectual. São úteis para aqueles que estão iniciando seus estudos em um dado campo, assim como para aqueles que buscam informações tópicas e quadros descritivos capazes de situar determinada obra, autor ou conceito. São ainda úteis, a nosso ver, para estimular a reflexão sobre possíveis projetos de pesquisa ainda não desenvolvidos, confrontando ou apoiando linhas de investigação transitoriamente estabelecidas no campo.

---

2. PINAR, William. *Intellectual advancement through disciplinarity*. Rotterdam: Sense Publishers, 2007.

Mas os estudos sinópticos são também perigosos, porque, como ficção criada pelo poder, a história intelectual do campo — qualquer que seja — pretende direcionar seus leitores para uma dada compreensão do que ele é. Ainda que seja impossível um controle total do lugar social em que coloca seus leitores, o texto sinóptico, talvez mais do que a maioria dos textos acadêmicos, busca fazê-lo em algum nível. A problemática se torna ainda mais complexa quando este texto corresponde a um campo acadêmico claramente delimitado nos currículos universitários e pós-universitários. Nestes currículos, o texto sinóptico se constitui em um texto didático por excelência e a experiência tem mostrado que a fronteira capaz de distinguir um texto didático de um currículo formal (ou programa de disciplina) é muito tênue. Ao substituir a atividade de planejamento do professor, o texto sinóptico, concebido como didático, pode se transformar num obstáculo à reflexão desse mesmo professor sobre o currículo. Acreditamos, no entanto, que, para a maioria dos professores, este não será jamais o caso. Ao contrário, esses professores utilizarão os textos sinópticos como uma sistematização de alguém com a qual podem dialogar na construção de sua prática curricular. Esse diálogo pode vir a se instituir pela decisão de quais capítulos privilegiar e qual ordem priorizar, pela explicação aos alunos do que não lhes parecer tão claro na primeira leitura, pelo confronto com os textos citados e por outras tantas formas criativas imprevistas, mas nem por isso menos importantes, que este livro vier a suscitar.

Desse modo, para realizar a tarefa de escrever este livro, nos permitimos fazer escolhas que não podemos nem pretendemos justificar. Escolhemos temas que, em nossa compreensão do campo, são relevantes. Elegemos autores com os quais dialogamos, alguns dos quais nunca citados por nós, mas presentes como rastros de uma tradição compartilhada e negada. Misturamos temas e autores como bem quisemos, selecionando, da leitura realizada de cada obra, aspectos que nos parecem contribuições relevantes para o campo.

Por isso, tanto a seleção e a organização dos temas quanto a escolha e a justaposição dos autores podem parecer a alguns (ou a muitos) um tanto inusitadas. Elas seguem, no entanto, uma lógica ditada por nossas pesquisas e por uma ideia performática do texto que pretendemos oferecer. Vemos este livro, portanto, como *uma nova forma contemporânea de pesquisa e desenvolvimento curricular*.[3] Ao dizer isso, queremos assumir que nosso objetivo aqui é mostrar como fomos construindo sentidos para currículo, mas, ao mesmo tempo, levar o leitor a construir outros sentidos em diálogo com o nosso percurso. Queremos também ajudá-lo a desconfiar da tradição intelectual e deste próprio livro que, de alguma forma, nela se insere. Desconfiar não significa, para nós, se opor, mas perceber que essa tradição é obrigatoriamente uma redução dos múltiplos significados que o termo currículo pode ter. Ao desconfiar, criamos novos sentidos deslocando fragmentos da tradição e realocamos esses sentidos em seu interior.

Esse diálogo pode levar em conta que a estrutura constitutiva da proposta deste livro é organizada em torno de dois eixos inter-relacionados: temático e de autores. Na sua forma final, os capítulos são temáticos e incluem o pensamento de autores que lidam com os temas escolhidos. No geral, a seleção dos autores e obras foi definida pelos temas, mas também o desenrolar de alguns capítulos foi marcado pelo desejo de abordar uma determinada obra ou autor que nos parecem mais emblemáticos na abordagem do tema em pauta.

A seleção dos temas e a ordenação dos capítulos também assumiram um caráter autobiográfico, expressando nossa trajetória no campo. Após um primeiro capítulo que busca dar conta de uma trajetória das concepções de currículo, o segundo capítulo focaliza o planejamento curricular, contato inicial de todos nós com o currículo, quando ainda nem sabemos bem o que está envolvido no campo dos estudos curriculares. Em seguida, focalizamos o conhecimento, em certo momento visto como conteúdo por excelência ou como recheio básico desse planejamento. Com isso, segue também toda a problematização sobre sua seleção, organização e distribuição advinda com as teorias críticas e pós-estruturais. Ainda no que concerne ao conhecimento, temos o despertar para algo especificamente escolar que origina a preocupação

---

3. PINAR, William. *The synoptic text today and others essays*. New York: Peter Lang, 2006. p. 2.

com a mediação didática e o discurso pedagógico. Sua ampliação na definição de disciplina escolar para além da referência a um campo científico e a consequente releitura dos currículos disciplinares e das experiências de currículo integrado são temáticas, por sua vez, dos capítulos 5 e 6. A insuficiência das discussões epistemológicas do campo, abrindo-se para os estudos da escola e para as questões relativas à emancipação e à resistência, constituem os capítulos 7 e 8. Dessa trajetória, faz parte o momento de maior interesse pela cultura, pela identidade e pela diferença, marcando também uma virada teórica para o pós-estruturalismo, mais fortemente apresentada nos capítulos 9 e 10. Vem daí a necessidade de redefinir nosso interesse pela política em novas bases, levando ao capítulo onze.

Esse sentido autobiográfico na definição e ordenação de temas foi uma opção, inicialmente inconsciente, para evitar um sentido histórico linear para o livro. Este é um texto sinóptico e, talvez por isso, não pode prescindir da localização no tempo dos autores e das diferentes concepções sobre cada tema. O perigo de que a necessidade dessa localização produza a ideia de que um tema qualquer faz parte do passado está à espreita. Procuramos evitá-lo a todo custo, construindo o texto no presente do indicativo, intercalando autores e tradições de diferentes momentos ao longo dos capítulos. Com isso, produzimos alguns deslocamentos pouco ortodoxos como forma de forçar uma leitura que evite a linearidade histórica: esse movimento é propositalmente mais intenso no capítulo de planejamento, cuja temática é vista como tradicional, e nos três últimos capítulos. Nestes, buscamos nos referir com mais frequência aos demais capítulos. Mantivemos, no entanto, um sentido histórico na abordagem, sempre datando as contribuições que resenhamos e buscando inseri-las em um contexto temporal.

A intrínseca relação com nossa atuação como pesquisadoras pode ser vista também na organização geral do livro, em que partimos de nossa percepção da tradição intelectual do campo em direção aos três capítulos finais nos quais explicitamos os conceitos de currículo e de política curricular com os quais operamos em nossas investigações. Subjaz a essa estrutura a ideia de que produzimos esses sentidos em negociação com essa tradição. Como imaginamos que o leitor possa não querer ler o livro como um todo, repetimos esse movimento, com menor profundidade, no interior de cada capítulo, tornando-o passível de ser lido isoladamente. Não deixamos, contudo, de expressar em vários momentos como a compreensão de cada tema pode ser mais adensada pela inter-relação que propomos entre os capítulos.

Assim, em cada capítulo, fazemos um percurso pela obra de alguns autores que abordaram o tema, buscando localizá-los na história intelectual do campo, e finalizamos com questionamentos produzidos a partir de nossas pesquisas atuais. Tais questionamentos são articulados e aprofundados nos capítulos finais. Por sua natureza de aprofundamento e diálogo com essa história intelectual, tais capítulos são mais complexos e, para serem lidos de forma isolada, exigem algum conhecimento prévio do campo.

No que tange à seleção dos autores, procuramos ampliar ao máximo seu número, o que implicou evitar, na medida do possível, a repetição de um mesmo autor em mais de um capítulo. Assim, buscamos abordar cada autor em um dos temas centrais de suas investigações, tendo em vista suas obras mais visíveis. Nosso diálogo preferencial foi com a produção de currículo no Brasil, o que implica também entender os diálogos que essa produção vem estabelecendo com teóricos de diferentes países. Não parecerá estranho a ninguém que tal diálogo tenha se dado especialmente com os Estados Unidos e a Inglaterra, tendo em vista sua ampla tradição no campo dos estudos curriculares e, especialmente em relação ao primeiro, o número de projetos oficiais de cooperação estabelecidos desde os anos 1950. Interessante, no entanto, notar que os autores brasileiros destacados têm produzido primordialmente a partir de fins dos anos 1980, à exceção de Paulo Freire, espelhando a ampliação do campo no país. Não nos sentimos tentadas a lidar com autores mais antigos, na medida em que são poucos e, em sua ampla maioria, apenas divulgadores da literatura norte-americana.

Fizemos também algumas opções de estilo, algumas das quais derivadas desse sentido meio autobiográfico que guiou algumas de nossas decisões. Procuramos construir um texto descritivo e encadeado do pensamento de alguns autores, operação que muitos outros colegas já fizeram. Ainda que guiadas por intenções diferentes das nossas, essas obras estão, por certo, em algumas de nossas escolhas de temas, textos e encadeamento. São obras sinópticas que lemos ao longo da vida acadêmica e que não são referências específicas para este texto, mas que certamente o referenciam. Os livros *Currículos e programas no Brasil*, de A. F. Moreira[4] e *Documentos de identidade*, de T. T. da Silva,[5] assim como a introdução de ambos a *Currículo, cultura e sociedade*,[6] fazem parte dessas referências secretas. No âmbito internacional, o *Handbook of research on curriculum*, editado por P. Jackson;[7] *The sage handbook of curriculum and instruction*, editado por F. Michael Connelly;[8] a *Encyclopedia of curriculum studies*, recém-organizada por C. Kridel;[9] os livros *Forging the American curriculum*, de H. Kliebard,[10] e *Building the American community*, de B. Franklin,[11] são alguns dos textos de que nos lembramos. Especialmente, no entanto, destacamos a obra *Understanding curriculum*, de autoria de W. Pinar, W. Reynolds, P. Slattery e P. Taubman,[12] largamente consultada para a elaboração deste livro e uma verdadeira inspiração de como uma obra sinóptica pode, também ela, fazer avançar um campo de estudos. Essas, como as demais obras

---

4. MOREIRA, Antonio Flavio B. *Currículos e programas no Brasil*. Campinas: Papirus, 1990.

5. SILVA, Tomaz Tadeu da. *Documentos de identidade*. Belo Horizonte: Autêntica, 1999.

6. MOREIRA, Antonio Flavio B.; SILVA, Tomaz Tadeu da. *Currículo, cultura e sociedade*. São Paulo: Cortez, 1994.

7. JACKSON, Philip W. *Handbook of research on curriculum*. Nova York: Simon & Schuster MacMillan, 1996.

8. CONNELLY, F. Michael. *The sage handbook of curriculum and instruction*. Thousand Oaks, California: Sage, 2008.

9. KRIDEL, Craig. *Encyclopedia of curriculum studies*. Los Angeles: Sage, 2010.

10. KLIEBARD, Herbert. *Forging the American curriculum*. Nova York: Routledge, 1992.

11. FRANKLIN, Barry. *Building the American community*. Filadélfia: Falmer, 1986.

12. PINAR, William; REYNOLDS, William; SLATTERY, Patrick; TAUBMAN, Peter. *Understanding curriculum*. Nova York: Peter Lang, 1995.

citadas, seguem referenciadas no rodapé e são, por suposto, leituras complementares a este texto.

Finalmente, resta aludir às opções de estilo que mais têm a ver com os usos projetados para este livro. O potencial didático dos textos sinópticos é, como destacamos, um dos principais motivos, senão o principal, de termos decidido escrevê-lo. Decisão que, tomada, foi adiada por alguns anos, até que, incentivadas pelo fomento da Faperj direcionado a obras didáticas, resolvemos pôr em prática.

Ao mesmo tempo, visando a propiciar a localização dos autores citados, preparamos um índice onomástico diferente, no qual oferecemos breves notas bibliográficas, preparadas por Hugo Heleno Camilo Costa, a quem desde já agradecemos o trabalho. Além de eliminar tais informações do interior do texto, capazes de atrapalhar a leitura, esse recurso busca facilitar o acesso a informações básicas dos autores. Por fim, produzimos um glossário que está disponível na página da Cortez Editora na internet como complemento à leitura do livro. Esse glossário inclui termos utilizados no livro que não são propriamente do campo do currículo, mas que são fundamentais para sua compreensão. Funcionam como uma espécie de dicionário contextualizado, cujos termos estarão destacados neste volume, mas também como espaço que visa a favorecer uma constante atualização das discussões desenvolvidas.

Através desta página, queremos também entrar em contato com você. Serão muito bem-vindas todas as apreciações do que ora apresentamos, assim como solicitações de novos textos explicativos, inicialmente, divulgados na página e, quem sabe, incorporados a novas edições.

Mas neste momento, vale também um especial agradecimento às nossas primeiras leitoras, as colegas e amigas dos grupos de pesquisa *Currículo, cultura e diferença* e *Políticas de currículo e cultura*, na Universidade do Estado do Rio de Janeiro, Aura Helena Ramos, Débora Barreiros, Maria de Lourdes Tura, Miriam Leite, Rita Frangella, Rosanne Dias e Rozana Gomes de Abreu. Ainda que elas não sejam responsáveis pelas opções feitas neste livro, é também em decorrência das interlocuções nas reuniões e debates regulares dos grupos que muito do que aqui apresentado foi escrito. A elas e aos nossos muitos alunos, de vários espaços e tempos, dedicamos este livro.

Rio de Janeiro, abril de 2011
Alice Casimiro Lopes
Elizabeth Macedo

Capítulo 1
Currículo

Embora simples, a pergunta "o que é currículo?" não tem encontrado resposta fácil. Desde o início do século passado ou mesmo desde um século antes, os estudos curriculares têm definido currículo de formas muito diversas e várias dessas definições permeiam o que tem sido denominado currículo no cotidiano das escolas. Indo dos guias curriculares propostos pelas redes de ensino àquilo que acontece em sala de aula, currículo tem significado, entre outros, a grade curricular com disciplinas/atividades e cargas horárias, o conjunto de ementas e os programas das disciplinas/atividades, os planos de ensino dos professores, as experiências propostas e vividas pelos alunos. Há, certamente, um aspecto comum a tudo isso que tem sido chamado currículo: a ideia de organização, prévia ou não, de experiências/situações de aprendizagem realizada por docentes/redes de ensino de forma a levar a cabo um processo educativo. Sob tal "definição", no entanto, se esconde uma série de outras questões que discutiremos ao longo deste e dos demais capítulos, e que vêm sendo objeto de disputas na teoria curricular.

Nossa premissa na construção deste livro é de que não é possível responder "o que é currículo" apontando para algo que lhe é intrinsecamente característico, mas apenas para acordos sobre os sentidos de tal termo, sempre parciais e localizados historicamente. Cada "nova definição" não é apenas uma nova forma de descrever o objeto currículo, mas parte de um argumento mais amplo no qual a definição se insere. A "nova definição" se posiciona, seja radicalmente contra, seja explicitando suas insuficiências, em relação às definições anteriores, mantendo-se ou não no mesmo horizonte teórico delas. Esse movimento de criação de novos sentidos para o termo currículo, sempre remetendo a sentidos prévios para de alguma forma negá-los ou reconfigurá-los, permeará todos os capítulos e também este, no qual destacaremos alguns sentidos que o termo vem assumindo ao longo do tempo e que nos parecem mais relevantes.

Estudos históricos[1] apontam que a primeira menção ao termo currículo data de 1633, quando ele aparece nos registros da Universidade de Glasgow referindo-se ao curso inteiro seguido pelos estudantes. Embora essa menção ao termo não implique propriamente o surgimento de um campo de estudos de currículo, é importante observar que ela já embute uma associação entre currículo e princípios de globalidade estrutural e de sequenciação da experiência educacional ou a ideia de um plano de aprendizagem. Já nesse momento, o currículo dizia respeito a organizar a experiência escolar de sujeitos agrupados, característica presente em um dos mais consolidados sentidos de currículo.

Currículo: seleção e organização do que vale a pena ensinar

> *O currículo é definido como as experiências de aprendizagem planejadas e guiadas e os resultados de aprendizagem não desejados formulados através da reconstrução sistemática do conhecimento e da experiência sob os auspícios da escola para o crescimento contínuo e deliberado da competência pessoal e social do aluno.*[2]

Talvez hoje seja óbvio afirmar que o ensino precisa ser planejado e que esse planejamento envolve a seleção de determinadas atividades/

---

1. HAMILTON, David. Sobre as origens dos termos classe e curriculum. *Teoria e Educação*, Porto Alegre, n. 6, p. 33-52, 1992.

2. TANNER, Daniel; TANNER, Laurel. *Curriculum development*. New York: Macmillam, 1975. p. 45.

experiências ou conteúdos e sua organização ao longo do tempo de escolarização. Nem sempre, no entanto, essa ideia foi tão óbvia. Na segunda metade do século XIX, por exemplo, aceitava-se com tranquilidade que as disciplinas tinham conteúdos/atividades que lhes eram próprios e que suas especificidades ditavam sua utilidade para o desenvolvimento de certas faculdades da mente. O ensino tradicional ou jesuítico operava com tais princípios, defendendo que certas disciplinas facilitavam o raciocínio lógico ou mesmo ampliavam a memória. Apenas na virada para os anos 1900, com o início da industrialização americana, e nos anos 1920, com o movimento da Escola Nova no Brasil, a concepção de que era preciso decidir sobre o que ensinar ganha força e, para muitos autores, aí se iniciam os estudos curriculares.

Num momento marcado pelas demandas da industrialização, a escola ganha novas responsabilidades: ela precisa voltar-se para a resolução dos problemas sociais gerados pelas mudanças econômicas da sociedade. Independentemente de corresponder ou não a campos instituídos do saber, os conteúdos aprendidos ou as experiências vividas na escola precisam ser úteis. Mas como definir o que é útil? Útil para quê? Quais as experiências ou os conteúdos mais úteis? Como podem ser ordenados temporalmente? Por onde começar? Não tem sido fácil responder a tais questões e as muitas perspectivas assumidas ao longo do tempo têm criado diferentes teorias curriculares. Em comum entre elas, a definição do currículo como plano formal das atividades/experiências de ensino e de aprendizagem, a preocupação com a administração, em algum nível centralizada, do dia a dia da sala de aula. Destacamos algumas das respostas oferecidas pelas teorias curriculares, começando pelos dois movimentos surgidos nos EUA no momento em que as questões surgem no horizonte de preocupação: o eficientismo social e o progressivismo, este trazido para o Brasil pela Escola Nova.

Nos anos 1910, na psicologia, o comportamentalismo, e na administração, o taylorismo, ganham destaque na sociedade americana que se industrializa. As demandas sobre a escolarização aumentam, como forma de fazer face à rápida urbanização e às necessidades de trabalhadores para o setor produtivo. Surge, assim, a preocupação com a eficiência da escola que tem como função socializar o jovem norte-americano segundo os parâmetros da sociedade industrial em formação, permitindo sua participação na vida política e econômica. Pretende-se, assim, que a industrialização da sociedade se dê sem rupturas e em clima de cooperação. A escola e o currículo são, portanto, importantes instrumentos de controle social.

Ainda que o eficientismo seja um movimento com muitas nuanças, pode-se resumi-lo pela defesa de um currículo científico, explicitamente associado à administração escolar e baseado em conceitos como eficácia, eficiência e economia. Em 1918, Bobbitt[3] defende um currículo cuja função é preparar o aluno para a vida adulta economicamente ativa a partir de dois conjuntos de atividades que devem ser igualmente consideradas pela escola — o que chama currículo direto e as experiências indiretas. O formulador de currículos deve, então, determinar as grandes áreas da atividade humana encontradas na sociedade e subdividi-las em atividades menores — os objetivos do curso. Tarefa certamente nada fácil, na medida em que se estaria frente a um sem-número de objetivos definindo comportamentos os mais diferentes, desde simples habilidades até capacidades de julgamento bem mais elaboradas. Um conjunto de especialistas, reunidos num fórum democrático, é o responsável pela identificação das tarefas desejáveis e por seu agrupamento em categorias. A transferência desses pressupostos para o ensino vocacional cria talvez o mais influente princípio curricular da primeira metade do século passado, com fragmentos até hoje visíveis na prática curricular. A partir da identificação dos componentes particulares da atividade de bons profissionais, compõe-se um programa de treinamento, com objetivos selecionados por seu valor funcional, sua capacidade de resolver problemas práticos. Como se pode perceber, o eficientismo social não se refere, em nenhum momento, a conteúdos, ou à sua seleção, deixando de lado mesmo a discussão sobre se haveria alguma disciplina importante para a formação dos alunos. Para os eficientistas, as tarefas ou os objetivos são

---

3. PINAR, William F.; REYNOLDS, William; SLATERRY, Patrick; TAUBMAN, Peter. *Understanding curriculum*. New York: Peter Lang, 1996.

centrais e podem, posteriormente, ser agrupados dentro das disciplinas que, neste momento, já compõem os currículos.

Rivalizando com o eficientismo no controle da elaboração de currículos "oficiais", o progressivismo conta com mecanismos de controle social bem menos coercitivos. Mas, também para os progressivistas, a educação se caracteriza como um meio de diminuir as desigualdades sociais geradas pela sociedade urbana industrial e tem por objetivo a construção de uma sociedade harmônica e democrática. Reconhecem, no entanto, em níveis diferenciados, dependendo dos autores, que a distribuição desigual do poder na sociedade não é um fenômeno natural, mas uma construção social passível de mudança pela ação humana. A educação poderia, portanto, ser um instrumento para formar indivíduos capazes de atuar na busca dessas mudanças.

O nome mais conhecido do progressivismo é o de John Dewey, cujos princípios de elaboração curricular residem sobre os conceitos de inteligência social e mudança. Ele advoga que o foco do currículo é a experiência direta da criança como forma de superar o hiato que parece haver entre a escola e o interesse dos alunos. Nesse sentido, o progressivismo se constitui como uma teoria curricular única que encara a aprendizagem como um processo contínuo e não como uma preparação para a vida adulta. O valor imediato das experiências curriculares se apresenta como princípio de organização curricular em contraposição a uma possível utilização futura.

O foco central do currículo para Dewey[4] está na resolução de problemas sociais. O ambiente escolar é organizado de modo a que a criança se depare com uma série de problemas, também presentes na sociedade, criando oportunidade para ela agir de forma democrática e cooperativa. As atividades curriculares e os problemas são apresentados às crianças para que elas, em um mesmo processo, adquiram habilidade e estimulem sua criatividade. O currículo compreende três núcleos: as ocupações sociais, os estudos naturais e a língua. Os conteúdos — assuntos que se relacionam a problemas de saúde, cidadania

---

4. DEWEY, John. *Dewey on education*: selections. New York: Teachers College Press, 1959.

e meios de comunicação — deixam de ser o foco da formulação curricular, tornando-se uma fonte através da qual os alunos podem resolver os problemas que o social lhes coloca.

Em relação à organização temporal das diferentes atividades ao longo do curso, Dewey defende que as experiências educacionais da escola precisam se conectar com as levadas a cabo em outras instituições da própria sociedade, como, por exemplo, a família. Como é importante que todas as experiências da criança tenham unidade, Dewey argumenta que elas devem ser organizadas a partir das mais contemporâneas. Os assuntos escolares surgem de necessidades práticas e apenas posteriormente devem assumir formas abstratas mais avançadas.

Os princípios de Dewey estão na base das reformas educacionais ocorridas nos anos 1920, em alguns estados do Brasil, levadas a cabo por educadores conhecidos como escolanovistas. Anísio Teixeira e Fernando de Azevedo, por exemplo, foram responsáveis pelas reformas ocorridas na Bahia (1925) e no Distrito Federal (1927). Mais recentemente, a proposta pedagógica dos Centros Integrados de Educação Pública (CIEPs) traz alguns elementos do progressivismo de Dewey.

É importante ressaltar, no entanto, que o progressivismo é o nome dado a um movimento com muitas divisões internas, indo de correntes com uma forte preocupação social a teorias centradas na criança, mas que não possuem tal preocupação. Nesse segundo grupo, destaca-se o trabalho de William Kilpatrick, também muito presente nas experiências brasileiras. Kilpatrick[5] é o responsável pela sistematização de projetos, utilizados por Dewey em diferentes experiências educacionais, visando à construção de um método de ensino — o método de projetos — que, de alguma forma, hibridiza as ideias de Dewey com princípios do comportamentalismo em voga. Ainda que definido apenas como método pelo autor, sua contribuição é inúmeras vezes tomada como uma teoria curricular progressivista, exacerbando um caráter técnico que o progressivismo possui, mas em níveis menos acentuados.

---

5. KILPATRICK, William. *O método de projectos*. Mangualde: Edições Pedago, 2008.

Em 1949, a teoria curricular produz a mais duradoura resposta às questões sobre seleção e organização de experiências/conteúdos educativas/os. Com uma abordagem eclética, Ralph Tyler se propõe a articular abordagens técnicas, como as eficientistas, com o pensamento progressivista. Ainda que sua apropriação do progressivismo tenha sido caracterizada como instrumental e que seu pensamento esteja muito mais próximo do eficientismo, sem dar conta da tensão entre criança e mundo adulto que caracteriza o pensamento de Dewey, a racionalidade proposta por Tyler se impõe, quase sem contestação, por mais de 20 anos, no Brasil e nos EUA.

Os princípios de elaboração curricular de Tyler serão detalhados no capítulo 2. Por ora, interessa-nos apenas entender como ele responde às questões sobre seleção e organização das experiências de aprendizagem. O modelo de Tyler[6] é um procedimento linear e administrativo em quatro etapas: definição dos objetivos de ensino; seleção e criação de experiências de aprendizagem apropriadas; organização dessas experiências de modo a garantir maior eficiência ao processo de ensino; e avaliação do currículo.

Mas a racionalidade tyleriana faz mais do que responder às questões até então centrais da teoria curricular. Estabelece um vínculo estreito entre currículo e avaliação, propondo que a eficiência da implementação dos currículos seja inferida pela avaliação do rendimento dos alunos. Ainda que sua abordagem processual — objetivos/processo educativo/avaliação do atingimento dos objetivos — tenha uma matriz comportamental, tem sido utilizada na formulação de currículos com diferentes aportes teóricos, como veremos no capítulo 2. Tyler define, assim, uma nova agenda para a teoria curricular, centrada na formulação de objetivos, com repercussões que, ainda hoje, podem ser vistas nos procedimentos de elaboração de currículos.

Há alguns elementos comuns a essas três tradições do campo do currículo no que tange à definição de currículo. Em todas elas, é enfatizado o caráter prescritivo do currículo, visto como um planejamento

---

6. TYLER, Ralph. *Princípios básicos de currículo e ensino*. Porto Alegre: Globo, 1977.

das atividades da escola realizado segundo critérios objetivos e científicos. Todo o destaque é dado ao que veio a ser denominado mais tarde currículo formal ou pré-ativo. É bem verdade que não se trata de defender que tudo pode ser previsto. Tanto para Dewey e Teixeira quanto para Tyler, a construção curricular é um processo do qual professores, e mesmo alunos, podem ou devem participar em diferentes momentos. Mas há um nível de decisão curricular anterior a tal participação que já ocorre numa fase de implementação do currículo, quando o que é prescrito passa a ser "usado" nas escolas. A dinâmica curricular envolve, então, dois momentos integrados, mas distintos: a produção e a implementação do currículo. Admitindo-se o caráter científico de sua elaboração, os insucessos são, com frequência, descritos como problemas de implementação e recaem sobre as escolas e os docentes.

O primeiro silêncio: sobre hegemonia, ideologia e poder

> as escolas estão organizadas não apenas para ensinar o conhecimento referente a quê, como e para quê, exigido pela nossa sociedade, mas estão organizadas também de uma forma tal que elas, afinal das contas, auxiliam na produção do conhecimento técnico/administrativo necessário, entre outras coisas, para expandir mercados, controlar a produção, o trabalho e as pessoas, produzir pesquisa básica e aplicada exigida pela indústria e criar necessidades artificiais generalizadas entre a população.[7]

Além de enfatizar o prescrito, separando concepção e implementação, as abordagens científicas do currículo são criticadas por conceberem a escola e o currículo como aparatos de controle social. A importância da escola para o desenvolvimento econômico do país, ressaltada em múltiplos momentos, é uma das expressões dessa crença, assim como o destaque que a ela se dá como espaço de socialização dos sujeitos. Aprende-se na escola não apenas o que é preciso saber para entrar no mundo produtivo, mas códigos a partir dos quais se

---
7. APPLE, Michael. *Educação e poder*. Porto Alegre: Artes Médicas, 1989. p. 37.

deve agir em sociedade. Nessa perspectiva, a harmonia e o progresso social são gestados também na escola.

Uma das críticas mais incisivas da escola e do currículo como aparato de controle social parte do que se convencionou chamar de teorias da correspondência ou da reprodução, produzidas, principalmente, nos anos 1970. Trata-se de teorias marxistas que defendem a correspondência entre a base econômica e a superestrutura, indo de perspectivas mecanicistas, em que a correspondência é total e exata, a concepções em que a dialética entre economia e cultura se faz mais visível. Incluem trabalhos variados do campo da sociologia, alguns dos quais problematizando mais especificamente o currículo escolar. Assim é que, ancorados na concepção de aparelhos ideológicos de Estado, desenvolvida por Louis Althusser[8] no livro *Aparelhos ideológicos de Estado*, em 1971, Baudelot e Establet e Bowles e Gintis, por exemplo, analisam a atuação do sistema educativo na preparação dos sujeitos de cada classe social para assumir os papéis que lhes são destinados pelo sistema capitalista.

Althusser não trata especificamente da escola, ou dos mecanismos através dos quais ela atua como elemento de reprodução. Ao definir os mecanismos pelos quais o Estado contribui para a reprodução da estrutura de classes, cria o arcabouço básico de conceitos com os quais a teoria da reprodução opera. Aponta Althusser para o duplo caráter de atuação da escola na manutenção da estrutura social: diretamente, atua como elemento auxiliar do modo de produção como formadora de mão de obra, indiretamente contribui para difundir diferenciadamente a ideologia, que funciona como mecanismo de cooptação das diferentes classes. É esse caráter de aparelho ideológico ressaltado por Althusser que vai constituir o cerne da teorização crítica em currículo, considerado enquanto mistificação ideológica.

O trabalho de Baudelot e Establet[9] (*A escola capitalista na França*, 1971) assenta-se predominantemente sobre as ideias de Althusser,

---

8. ALTHUSSER, Louis. *Aparelhos ideológicos de Estado*. Rio de Janeiro: Graal, 1998.
9. BAUDELOT, Christian; ESTABLET, Roger. *L'école capitaliste en France*. Paris: F. Maspero, 1971.

buscando explicitar a forma como o sistema escolar atua para garantir a diferenciação social e denunciando a falsa propaganda da escola enquanto espaço que garante oportunidades a todos. Por sua vez, o trabalho de Bowles e Gintis[10] (*Escolarização na América capitalista*, 1976) trabalha a função reprodutora da escola, chamando a atenção para a materialidade da ideologia, já presente, como advertência, nos escritos de Althusser. Os autores estabelecem uma correspondência entre a estrutura social e a estrutura de produção, identificando como as diferentes divisões e hierarquizações necessárias à participação controlada do trabalhador no mercado são construídas a partir da organização das experiências escolares, numa correspondência bastante direta. Apesar de consistentes, ambas as análises têm forte caráter determinista e não se detêm na análise mais aprofundada da escola e do currículo.

Com uma abordagem menos determinista, centrada na importância dos processos culturais na perpetuação das relações de classe, Bourdieu e Passeron,[11] em *A reprodução*, datada de 1970, explicitam a complexidade dos mecanismos de reprodução social e cultural. A ação pedagógica é descrita como uma violência simbólica que busca produzir uma formação durável (*habitus*) com efeito de inculcação ou reprodução. Para os autores, a escola opera com códigos de transmissão cultural familiares apenas às classes médias, dificultando a escolarização das crianças de classes populares, mas, principalmente, naturalizando essa cultura e escondendo seu caráter de classe. Os sistemas dos arbitrários culturais de uma determinada formação social são, assim, definidos como legítimos e sua imposição é ocultada pela ideologia. Nesse sentido, a reprodução cultural opera de forma semelhante à reprodução econômica: o capital cultural das classes médias, desigualmente distribuído, favorece aqueles que o possuem e, com isso, perpetua a desigualdade dessa distribuição.

---

10. BOWLES, Samuel; GINTIS, Herbert. *Schooling in capitalist America*. Londres: Routledge, 1976.

11. BOURDIEU, Pierre; PASSERON, Jean Claude. *A reprodução*. Rio de Janeiro: Francisco Alves, 1975.

Na trajetória das críticas ao papel reprodutivo da escola, a sociologia britânica dos anos 1970 explicita um conjunto de preocupações que se direcionam mais fortemente para questões que podemos chamar de curriculares. Em 1971, o livro *Conhecimento e controle: novas direções para a Sociologia da Educação*, organizado por Michael Young,[12] lança as bases do movimento chamado Nova Sociologia da Educação (NSE). Para entender como a diferenciação social é produzida por intermédio do currículo, os autores da NSE propõem questões sobre a seleção e a organização do conhecimento escolar. Diferentemente das perspectivas técnicas, tais questões buscam entender os interesses envolvidos em tais processos, compreendendo que a escola contribui para a legitimação de determinados conhecimentos e, mais especificamente, dos grupos que os detêm. A elaboração curricular passa a ser pensada como um processo social, preso a determinações de uma sociedade estratificada em classes, uma diferenciação social reproduzida por intermédio do currículo. Ao invés de método, o currículo torna-se um espaço de reprodução simbólica e/ou material. Surgem na agenda dos estudos curriculares questões como: por que esses e não outros conhecimentos estão nos currículos; quem os define e em favor de quem são definidos; que culturas são legitimadas com essa presença e que outras são deslegitimadas por aí não estarem. Abre-se uma nova tradição nesses estudos, qual seja, a de entender que o currículo não forma apenas os alunos, mas o próprio conhecimento, a partir do momento em que seleciona de forma interessada aquilo que é objeto da escolarização. No capítulo 3, abordaremos mais detidamente a relação entre conhecimento e currículo.

É, no entanto, com a publicação de *Ideologia e currículo*, por Michael Apple[13] em 1979, que as análises reprodutivistas passam a tratar especificamente do currículo com enorme popularidade na área. No Brasil, o trabalho de Apple ganha notoriedade nos anos 1980, tendo sido seus livros traduzidos poucos anos depois de publicados. Vivíamos, então, o processo de abertura política depois de 15 anos de ditadura militar,

---

12. YOUNG, Michael. *Knowledge and control*. London: Macmillan, 1971.
13. APPLE, Michael. *Ideologia e currículo*. São Paulo: Brasiliense, 1982.

marcada, no campo da educação, pela valorização do tecnicismo e, no currículo, por abordagens derivadas da racionalidade tyleriana. A redemocratização trazia novos governos estaduais e reincorporava perspectivas marxistas aos discursos educacionais. Retornavam ao cenário as formulações de Paulo Freire, ao mesmo tempo que Dermeval Saviani lançava as bases da Pedagogia Histórico-Crítica ou, na formulação de José Carlos Libâneo, da pedagogia crítico-social dos conteúdos, detalhadas no capítulo 3. Como todos os teóricos da reprodução, Apple defende a correspondência entre dominação econômica e cultural. No entanto, em diálogo, especialmente, com as questões apresentadas pela NSE, o autor retoma os conceitos de hegemonia e ideologia como forma de entender a ação da educação na reprodução das desigualdades, rejeitando perspectivas excessivamente deterministas. De Bourdieu e Passeron, traz a ideia de que nas sociedades capitalistas não apenas as propriedades econômicas, mas também as simbólicas (o capital cultural) são distribuídas de forma desigual. Defende que instituições como as escolas contribuem para a manutenção do controle social, na medida em que ajudam a manter a desigualdade dessa distribuição de capital simbólico. Apple preocupa-se particularmente em entender como a educação age na economia e, nesse sentido, articula reprodução com produção. A reprodução econômica é, portanto, produzida também no interior da escola pela forma como homens e mulheres vivem os mecanismos de dominação no dia a dia de suas atividades. Isso não quer dizer que a base da desigualdade deixe de ser econômica, mas que as contradições econômicas (sociais e políticas) são mediadas nas situações de vida concreta dos sujeitos da escola.

No movimento de ampliar a noção de reprodução, de modo que ela dê conta de questões culturais, Apple lança mão de dois conceitos fundamentais, e articulados, da teoria marxista: hegemonia e ideologia. A hegemonia é tomada na leitura que Raymond Williams[14] faz de Gramsci, referindo-se a um conjunto organizado e dominante de sen-

---

14. WILLIAMS, Raymond. *The long revolution*. London: Harmondsworth, Penguin Books, 1961.

tidos que são vividos pelos sujeitos como uma espécie de senso comum. Algo que satura todo o espaço social e mesmo nossas consciências. Algo total que passa a corresponder à realidade da experiência social vivenciada e que se torna mais poderoso como compreensão do mundo à medida que é vivenciado como sentido de realidade. Ideologia, na tradição marxista de que parte o autor, pode ser resumida como uma espécie de falsa consciência que obriga toda a sociedade a enxergar o mundo sob a óptica de um grupo determinado ou sob a óptica das classes dominantes. As ideologias são um sistema de crenças partilhadas que nos permite dar sentido ao mundo, uma teia de argumentação que visa a legitimar determinada visão de mundo. Nesse sentido, quando hegemônicas, ocultam as contradições sociais.

A partir desses conceitos, as preocupações de Apple podem ser reescritas: como os currículos escolares (re)criam a hegemonia ideológica de determinados grupos dentro da sociedade. Para entender como essa hegemonia é recriada, o autor advoga a necessidade de olhar mais detidamente para a escola, o que não era feito pela quase totalidade dos reprodutivistas. Estudar as interações cotidianas nas salas de aula, o *corpus* formal do conhecimento escolar expresso no currículo e a ação dos professores eram os elementos que permitiriam identificar como as relações de classe são reproduzidas econômica e culturalmente pela escola. Obviamente, tais preocupações são muito diferentes daquelas que deram origem às teorias curriculares científicas. A pergunta central não é "o que ou como ensinar", mas por que alguns aspectos da cultura social são ensinados como se representassem o todo social? Quais as consequências da legitimação desses aspectos para o conjunto da sociedade? Ou, posto de outra forma, quais as relações entre o "conhecimento oficial" e os interesses dominantes da sociedade? Por conhecimento entenda-se não apenas os conteúdos de ensino, mas as normas e os valores que também constituem o currículo.

No movimento de responder a tais questões, Apple reformula o conceito de currículo oculto, definido por Philip Jackson, nos anos 1960, para dar conta das relações de poder que permeiam o currículo.

Defende que subjaz ao currículo formal, e ao que acontece na escola, um currículo oculto, em que se escondem as relações de poder que estão na base das supostas escolhas curriculares, sejam elas em relação ao conhecimento (capítulo 3), sejam no que diz respeito aos procedimentos que cotidianamente são reforçados pelas ações curriculares.

O currículo oculto subjaz a muitas manifestações curriculares. Na perspectiva técnica do fazer curricular que descrevemos no início deste capítulo, há um ótimo exemplo de currículo oculto inscrito na própria forma como os currículos são organizados e pensados. Ao optarem por modelos sistêmicos para a definição do que e do como ensinar, tais perspectivas assumem o fazer curricular como questão técnica, científica, ocultando a dimensão ideológica presente nessa seleção. É como se qualquer decisão sobre o que e o como ensinar não envolvesse disputas ideológicas. A hegemonia dessa visão de currículo elimina um importante aspecto do social: a contradição. A crença na harmonia social daí advinda é um importante princípio que oculta as relações de poder e as desigualdades sociais. Em outras palavras, pode-se dizer que há um currículo oculto a todo currículo organizado segundo os moldes sistêmicos das perspectivas técnicas. O mesmo movimento de ocultação da contradição é reiterado em muitas outras manifestações curriculares vividas nos currículos de muitas disciplinas.

Antes de passarmos a outro grande silêncio da teoria curricular que, como acabamos de ver, produz sentidos ocultos, é importante destacar que as teorias da reprodução e, especialmente, as formulações de Michael Apple foram revistas nessas últimas décadas. Mesmo defendendo a escola como espaço de produção (e não apenas de reprodução), trata-se de uma produção que somente se podia fazer no sentido de atender às necessidades do capital. Com a entrada em cena das teorias da resistência, denunciando o aprisionamento da consciência da classe trabalhadora que está na base do pensamento reprodutivista e das categorias hegemonia e ideologia tal como utilizadas, o caráter contraditório da própria reprodução é acentuado. A resistência devolve ao sujeito a possibilidade, difícil e laboriosa, de mudar a história inviabilizada pelas teorias da reprodução. Tal movimento será enfocado no capítulo 8.

O segundo excluído: o que acontece nas escolas

> *Defendo que não se pode, com sentido, desenhar uma experiência educacional [...]. Quais são minhas objeções a essa ideia? Uma é que não se pode predizer, com alguma certeza, a resposta daquele que nos escuta. A fala, e estou pensando nos professores aqui, não é escutada apenas no contexto no qual é falada (ainda que isso às vezes ocorra), mas também nos contextos em que é ouvida. Estes últimos são os contextos das vidas individuais dos ouvintes. Eles são muito, ainda que não totalmente, diferentes daqueles dos professores. Até reflexões momentâneas revelam esse fato, o fato da individualidade.*[15]

Não são apenas as perspectivas marxistas das teorias da reprodução que criticam as abordagens técnicas de currículo. Poder-se-ia mesmo dizer que os questionamentos a tais abordagens são, em grande medida, função de um novo contexto social. Em fins dos anos 1960, o mundo explode numa série de questionamentos ao *status quo*. Na Europa e nos Estados Unidos, surgem os movimentos de contracultura que também ganham força no Brasil ao longo da década de 1970, ainda no contexto da ditadura militar. Há, no entanto, fragilidades próprias das abordagens técnicas. Ainda que marcadas por preocupações de natureza eminentemente prática — como fazer —, elas não conseguem dar conta da realidade vivida nas escolas. A implementação dos currículos continua a ser um problema para o qual essas abordagens não fornecem solução. Mesmo que desde Dewey se saliente que as experiências curriculares transcendem às atividades planejadas e planificadas nos documentos escritos, mantém-se o hiato entre os planos curriculares e sua aplicação.

---

15. PINAR, William. *Autobiography, politics and sexuality*. New York: Peter Lang, 1994. p. 124--125. Texto original de 1979.

Crescem, assim, as críticas ao conceito restrito de currículo como a prescrição seja do que deveria ser ensinado, seja de comportamentos esperados dos alunos. Teóricos de matriz fenomenológica argumentam em favor de um currículo aberto à experiência dos sujeitos e defendem uma definição de currículo para além do saber socialmente prescrito a ser dominado pelos estudantes. Propõem que a ideia de um documento preestabelecido seja substituída por uma concepção que englobe atividades capazes de permitir ao aluno compreender seu próprio mundo-da-vida. Em certa medida, essas preocupações também se fazem presentes no pensamento crítico, no qual, no entanto, a ênfase no social despreza o individual. Para os teóricos de matriz fenomenológica, essa ênfase torna o pensamento crítico desmobilizante, na medida em que enreda o indivíduo numa estrutura social da qual ele não pode sair.

Paulo Freire é, sem dúvida, uma das importantes influências para as concepções de currículo focadas na compreensão do mundo-da-vida dos indivíduos que convivem no espaço da escola. Ainda que influenciado pelo marxismo, Freire constrói uma teoria eclética para a qual muito colaboram a fenomenologia e o existencialismo. Na *Pedagogia do oprimido*, seu principal livro, datado de 1970, Freire[16] parte da contraposição clássica do marxismo entre opressores e oprimidos para analisar a educação como bancária e antidialógica em raciocínio que o aproxima dos teóricos da reprodução. Propõe uma pedagogia baseada no diálogo e, nesse sentido, vai além da análise das formas de funcionamento da ideologia e da hegemonia, defendendo a possibilidade de a educação se contrapôr à reprodução. Para tanto, é preciso repensá-la para além da transmissão hierárquica e organizada de conhecimentos: como interação entre sujeitos que se dá no mundo. Essa interação começa na própria decisão dos conteúdos em torno dos quais o diálogo se estabelece. Poder-se-ia dizer que, nessa obra, Freire apresenta uma alternativa às concepções técnicas do currículo, propondo procedimentos para a elaboração curricular capazes de tentar integrar

---

16. FREIRE, Paulo. *Pedagogia do oprimido*. Rio de Janeiro: Paz e Terra, 1987.

o mundo-da-vida dos sujeitos às decisões curriculares. No capítulo 2, abordaremos tais procedimentos.

No campo da teoria curricular em âmbito internacional, o conceito de *currere*, proposto por William Pinar[17] em 1975, é a mais relevante contribuição da fenomenologia para a ampliação do conceito de currículo. O currículo como *currere* é definido, pelo autor, como um processo mais do que como uma coisa, como uma ação, como um sentido particular e uma esperança pública. O currículo é uma conversa complicada de cada indivíduo com o mundo e consigo mesmo. Considerando que a experiência educacional dos sujeitos é parte de sua situação biográfica, o currículo deve proporcionar ao sujeito entender a natureza dessa experiência. É através dela, e não apenas dela, que o sujeito se move biograficamente de forma multidimensional. Trata-se de um método constituído de quatro momentos — regressivo, progressivo, analítico e sintético — pelo qual se busca explorar a relação entre o temporal e o conceitual. A experiência dos sujeitos é a fonte dos dados, gerados por associação livre, com os quais a situação educacional deve lidar.

O momento regressivo é um retorno ao passado, não um passado concreto ou literal, mas abstrato, conceitual, subjetivo. No que respeita ao currículo, implica regredir às experiências escolares com o objetivo de reviver o passado sem a preocupação em ser lógico ou crítico. Basta escrever as experiências, tornando-as presentes e conceptualizando-as. O momento progressivo é aquele destinado ao que ainda não está presente, um momento em que o sujeito lida com o futuro, associando livremente seus interesses intelectuais. No terceiro momento, o analítico, é feita a descrição do presente que inclui a resposta do sujeito ao passado e ao futuro. Trata-se de uma fotografia do presente que, juntamente com a foto do passado e do futuro, permite a interpretação do presente vivido. Essa interpretação não pode ser feita de forma racional, seguindo um esquema analítico hierárquico ou temporal, mas visa a perceber as inter-relações complexas entre presente,

---

17. PINAR, William. *Autobiography, politics and sexuality*. New York: Peter Lang, 1994.

passado e futuro. Por fim, o momento sintético, no qual o sujeito deve ser capaz de responder qual o sentido do presente para si, qual, por exemplo, a contribuição da atividade escolar no seu presente como sujeito (intelectual e fisicamente falando). Do regressivo ao sintético, o sujeito desenvolve sua capacidade de arriscar, abrindo-se ao desconhecido. O conhecimento altera o sujeito ao mesmo tempo que é por ele alterado, significado.

Do ponto de vista do currículo, praticamente não se pode falar de uma matriz fenomenológica no Brasil, embora a obra de Joel Martins possua algumas reflexões que podem ser apropriadas pelo campo. O fato de tal matriz ter tido pouca penetração nos estudos curriculares no Brasil não significa, no entanto, que a cultura produzida na escola ou aquelas trazidas por alunos e professores para o seu interior como parte importante do currículo não sejam objeto de atenção. Além da obra de Freire, já destacada, as pesquisas sobre a escola desenvolvidas em diferentes perspectivas, das etnografias da sala de aula e das instituições aos estudos no cotidiano, exemplificam a força da dimensão ativa do currículo no Brasil. Tais pesquisas serão tratadas no capítulo 7.

Ainda que muito diferente em suas concepções teóricas, o conjunto de abordagens que destacamos aqui explicita o quanto a noção de currículo formal é insuficiente para dar conta da multiplicidade de experiências — internas e externas aos sujeitos, individuais e coletivas — que compõem o currículo. Em realidade, os autores que destacamos buscam reconceptualizar o currículo, abandonar, portanto, as perspectivas técnicas para criar uma nova forma de pensar o currículo. Pretendem superar a ideia de que o currículo é algo formal ou escrito a ser implementado numa realidade escolar. Por diversas razões, no entanto, ao invés de uma reconceptualização do currículo, a advertência de que não há lugar no currículo para o mundo-da-vida dos sujeitos dá lugar a uma concepção dupla de currículo: o currículo é o proposto no nível formal, mas também o vivido no cotidiano. Embora ligeiramente diferentes entre si, muitos nomes foram sendo propostos para o nível vivido: em ação, informal, interativo, como prática, ativo, experencial.

Currículo: simplesmente um texto

> *A norma para o currículo, portanto, não é o consenso, a estabilidade e o acordo, mas o conflito, a instabilidade o desacordo, porque o processo é de construção seguida de desconstrução seguida pela construção.*[18]

O caminho que optamos por seguir neste primeiro capítulo nos leva a um conceito multifacetado de currículo, mas, mais do que isso, à sensação de que para descrever o currículo é preciso falar do formal, do oculto e do vivido. Se tivéssemos feito referência a outras definições como, por exemplo, currículo nulo, a tarefa ficaria ainda mais complicada. O que pretendemos agora, para finalizar este capítulo e ajudar na leitura do restante do livro, é tentar recuperar a preocupação posta por Freire, assim como pelo que denominamos matriz fenomenológica, no sentido de pensar o currículo para além das distinções entre os níveis formal, oculto e vivido. Não se trata apenas de integrar esses níveis, mas de pensar sem eles. Faremos isso a partir de aportes teóricos, trazidos pelo pós-estruturalismo para os estudos curriculares, que apontam para outra definição de currículo que cumpre destacar.

Os primeiros estudos pós-estruturais do currículo datam de fins dos anos 1970, no entanto, apenas na década seguinte eles se tornaram mais numerosos. No Brasil, até meados de 1990, não havia praticamente nenhuma menção ao pós-estruturalismo nos estudos curriculares, o que viria a se intensificar fortemente no início deste século, especialmente com os textos e traduções produzidos por Tomaz Tadeu da Silva. Talvez mais radicalmente do que em outras matrizes teóricas, não se pode falar em um único pós-estruturalismo. Isso torna a menção a abordagens pós-estruturais do currículo uma ficção facilitadora de nosso diálogo, mas que precisa ser entendida como tal. Nesse sentido, não daremos destaque aqui à obra de nenhum autor em particular, como viemos fazendo ao longo do capítulo, mas nos deteremos nos

---

18. CHERRYHOLMES, Cleo. *Power and criticism*: poststructural investigations in education. New York: Teachers College Press, 1988. p. 149.

princípios do pós-estruturalismo capazes de nos ajudar a reapresentar o que é currículo em termos pós-estruturais.

Embora por vezes confundido com pós-modernidade, o pós-estruturalismo engloba autores que dialogam especialmente com o estruturalismo, assumindo alguns de seus pressupostos e questionando outros. Na medida em que esse diálogo implica o questionamento de aspectos fundamentais da Modernidade, por vezes ele se aproxima do que é denominado pensamento pós-moderno.

O pós-estruturalismo partilha com o estruturalismo uma série de pressupostos, dentre os quais o mais relevante para a desconstrução dos conceitos de currículo que apresentamos até agora diz respeito ao lugar da linguagem na constituição do social. Ambos adotam uma postura antirrealista, advogando que, ao invés de representar o mundo, a linguagem o constrói. Invertendo a lógica representacional, estruturalistas e pós-estruturalistas defendem que a linguagem cria aquilo de que fala ao invés de simplesmente nomear o que existe no mundo. Como consequência, não se pode pensar em conhecimento sobre o mundo nem em um sujeito que conhece, modificando-se a própria natureza da relação sujeito-objeto estruturante do projeto Moderno, central nas diferentes concepções de currículo que viemos apresentando.

Se há aproximações entre estruturalismo e pós-estruturalismo no que concerne às críticas à Modernidade, há também muitos afastamentos. O estruturalismo tem uma pretensão científica de se constituir em método para as ciências sociais e isso impacta fortemente sua capacidade de lidar com a linguagem. Desenvolvido por autores como Saussure, no campo da linguística, Lévi-Strauss, na antropologia ou Piaget, na psicologia da educação, o estruturalismo advoga a existência de uma estrutura ou sistema ou conjunto de relações que subjaz aos fenômenos. É por isso que dizemos que a realidade é constituída pela linguagem, entendida, em sentido amplo, como um sistema abstrato de relações diferenciais entre as suas várias partes. Qualquer sentido é dado por tal sistema, por uma estrutura invariante que constitui ela mesma a realidade. A criação de sentidos só é possível tendo em vista a estrutura do texto ou a estrutura cognitiva do leitor. Nesse sentido, o estruturalismo elimina o sujeito como até então postulava a Modernidade, seja porque os sentidos estão na estrutura, seja porque a própria "consciência humana" é também ela produzida por estruturas invariantes. Entender o mundo passa a ser entender as estruturas que o constituem, o que pode ser feito por intermédio da análise estrutural da linguagem (da estrutura cognitiva, dos sistemas de parentesco). Essa é uma análise que privilegia o sincrônico (termos localizados em uma situação, sem história), sem atenção ao diacrônico (sucessão dos termos ao longo do tempo).

Contrapondo-se ao estruturalismo, o pós-estruturalismo critica o fato de ele não perceber que a própria ideia de estrutura estaria ela mesma marcada pela linguagem. Nesse sentido, ela não pode ser entendida como realidade, como o fundamento que subjaz aos fenômenos, sob pena de retomar a ingenuidade criticada nas posturas realistas. Além disso, o estruturalismo deixaria de levar em conta a construção sócio-histórica das estruturas, ao negligenciar o diacrônico, e teria dificuldade de entender a passagem de um sistema de relações (estrutura) a outro. A estrutura invariável, no tempo e através dele, funcionaria, portanto, como uma natureza imutável do mundo, algo que poderia ser comparado à ideia de natureza humana.

O abandono proposto pelo pós-estruturalismo da noção de estrutura obriga a releitura da linguagem. Para o estruturalismo, a linguagem é um sistema de signos, compostos por significante (som ou palavra) e significado (seu conceito) que guardam, entre si, uma relação arbitrária. Na medida em que a linguagem não representa a realidade, qualquer significado pode ser atribuído a um significante e isso é um processo cultural. O que nos permite atribuir um significado a um significante é a sua diferença em relação a outros significantes que constituem o sistema linguístico. Assim, o termo aluno não tem correspondência necessária com algo que existe na realidade; a ideia de que ele está associado a um dado conteúdo seria uma ilusão. Aluno só pode ser entendido em relação a professor ou à aluna ou à pessoa não escolarizada, ou seja, em relação a sua diferença. Em cada uma dessas relações, cria-se um significado para aluno.

Com a crítica à estrutura, o pós-estruturalismo é obrigado a desconectar totalmente a ideia de significado do significante. Não há relações estruturais entre dois significantes, não há relações diferenciais fixas entre eles e, portanto, não há significados a eles associados. Cada significante remete a outro significante, indefinidamente, sendo impossível determinar-lhe um significado; este é sempre adiado. Todo significante é, portanto, flutuante e seu sentido somente pode ser definido dentro de uma formação discursiva histórica e socialmente contingente. A questão fundamental se torna: como e em que condições um determinado discurso é capaz de constituir a realidade? No que se refere ao termo aluno, por exemplo, o que interessa é como a ideia de aluno é construída na interseção entre vários discursos e como esses discursos se inserem em uma sociedade específica. É isso que o torna real. Para entender esse processo, o pós-estruturalismo recupera a dimensão diacrônica eliminada da discussão estruturalista.

Tal questão explicita uma imbricada relação entre discurso — e conhecimento como parte do discurso — e poder. Não se trata da máxima moderna de que deter conhecimento confere poder, mas de compreender o poder como função do discurso. A capacidade de unificar um discurso é em si um ato de poder, de modo que as metanarrativas modernas precisam ser vistas como tal e não como expressão da realidade. De forma semelhante, pode-se entender os discursos pedagógicos e curriculares como atos de poder, o poder de significar, de criar sentidos e hegemonizá-los.

Assumindo as preocupações pós-estruturais, muitos questionamentos poderiam ser postos às tradições curriculares que viemos abordando. Por ora, vamos nos fixar naquilo que se vincula centralmente à pergunta *o que é currículo?* Numa perspectiva antirrealista, o currículo não é coisa alguma. Como já se anunciava ao longo deste capítulo, cada uma das tradições curriculares é um discurso que se hegemonizou e que, nesse sentido, constituiu o objeto currículo, emprestando-lhe um sentido próprio. Tais tradições não captam, de diferentes maneiras, um sentido para o termo. Elas o constroem, criam um sentido sobre o ser do currículo. São um ato de poder, na medida em que esse sentido passa a ser partilhado e aceito. Aceitar, como o fizemos, que essas tradições definem o ser do currículo não implica assumi-las como metanarrativas ou como produtoras da verdade sobre o currículo. Ao contrário, a postura pós-estrutural nos impele a perguntar como esses discursos se impuseram e a vê-los como algo que pode e deve ser desconstruído.

A rejeição ao realismo e a aceitação do caráter discursivo da realidade impõem sentidos para termos centrais da discussão curricular, como conhecimento e cultura, que serão discutidos respectivamente nos capítulos 3 e 9, entre outros. Nos conceitos de currículo que viemos abordando até agora, tais termos foram sempre mencionados: uma boa teoria curricular deveria criar mecanismos que permitissem escolher, na cultura universal, o que ensinar; deveria se preocupar com as relações de poder subjacentes a tal escolha; deveria perceber que os conhecimentos (parte das culturas) não são externos ao aluno, interagem com ele; deveria dar conta do processo educativo envolvido no que acontece nas escolas, além da transmissão de conhecimentos selecionados de uma cultura universal. Se, no entanto, a realidade é constituída pela linguagem, nem cultura nem conhecimento podem ser tomados como espelho da realidade material. Ao contrário, eles também precisam ser vistos como sistemas simbólicos e linguísticos contingentes. Não são um repertório de sentidos dos quais alguns serão selecionados para compor o currículo. São a própria produção de sentidos que se dá em múltiplos momentos e espaços, um dos quais denominamos currículo.

Assim como as tradições que definem o que é currículo, o currículo é, ele mesmo, uma prática discursiva. Isso significa que ele é uma prática de poder, mas também uma prática de significação, de atribuição de sentidos. Ele constrói a realidade, nos governa, constrange nosso comportamento, projeta nossa identidade, tudo isso produzindo sentidos. Trata-se, portanto, de um discurso produzido na interseção entre diferentes discursos sociais e culturais que, ao mesmo tempo, reitera sentidos postos por tais discursos e os recria. Claro que, como essa recriação está envolta em relações de poder, na interseção em que ela se torna possível, nem tudo pode ser dito.

O entendimento do currículo como prática de significação, como criação ou enunciação de sentidos,[19] torna inóqua distinções como currículo formal, vivido, oculto. Qualquer manifestação do currículo, qualquer episódio curricular, é a mesma coisa: a produção de sentidos. Seja escrito, falado, velado, o currículo é um texto que tenta direcionar o "leitor", mas que o faz apenas parcialmente.

---

19. MACEDO, E. Currículo como espaço-tempo de fronteira cultural. *Revista Brasileira de Educação*, São Paulo, v. 11, n. 32, p. 285-296, 2006.

Capítulo 2
Planejamento

Conforme explicitado no capítulo anterior, a ação de planejar o currículo se confundiu, por muitos anos, com a própria noção de currículo. A teoria do currículo se dedicava à proposição dos melhores modelos ou métodos de planejamento curricular. O estudo do currículo era o estudo das formas de planejá-lo. Trata-se de uma tradição que inaugura os estudos curriculares, mas que é bastante forte até hoje. Neste capítulo, vamos abordar alguns modelos ou métodos de planejamento curricular. Para escolhê-los, levamos em considerações sua importância histórica, especialmente tendo em conta o planejamento de currículo no Brasil.

Trata-se de uma seleção marcada pela racionalidade tyleriana, sem dúvida, a mais pregnante no que concerne ao planejamento curricular. No Brasil, até meados dos anos 1980, praticamente todas as propostas curriculares são elaboradas segundo o modelo de elaboração curricular de Tyler. Também as publicações sobre (planejamento de) currículo trazem essa marca, sendo adaptações de textos norte-americanos ligados a essa tradição. Iniciamos o capítulo explorando em detalhes, devido a sua relevância, o próprio modelo de elaboração curricular de Tyler. Complementamos essa discussão explorando a tecnologia de construção de objetivos (que se desenvolveu a partir de Tyler) e atualizando-a com uma discussão sobre currículo centrado em competências, aspecto de destaque nas políticas curriculares recentes. Esse procedimento envolve certa dose de liberdade, deslocando temporalmente as proposições de Tyler. Isso só é possível porque as estamos tomando como uma racionalidade que vai além de um mero modelo. Nessa linha de argumentação, abordamos o modelo elaborado por César Coll, em 1987, como parte dessa racionalidade, explicitando sua atualidade na produção de sentidos para o planejamento curricular.

Ao final do capítulo, como fizemos no capítulo anterior e faremos nos subsequentes, salientamos que os sentidos de currículo e planejamento curricular que construímos ao longo do texto são marcados pela centralidade que demos à racionalidade tyleriana. Em um breve panorama, destacaremos alguns sentidos construídos por outras tradições do campo do currículo (ou da pedagogia), sem o destaque que conferimos à racionalidade tyleriana. No geral, tais tradições não constroem um discurso sobre o planejamento do currículo, mas, de alguma forma, falam sobre planejamento ao priorizar outros aspectos da teoria curricular.

A racionalidade de Tyler

Tyler é, indubitavelmente, o nome mais conhecido do campo do currículo, tendo sido o responsável pelo modelo de elaboração curricular mais utilizado no mundo ocidental para o desenho de currículos. Para além de um modelo, poderíamos falar em uma racionalidade ou um discurso que condiciona muitas das experiências de elaboração curricular, a despeito das matrizes teóricas que as alicerçam. Trata-se de uma racionalidade que se poderia chamar técnica ou sistêmica, abordagem preocupada centralmente com a eficiência que estava no auge nos anos 1950. Como visto no capítulo 1, a racionalidade tyleriana se baseia na definição de metas/objetivos e de formas de verificação de sua consecução, secundada pela proposição de experiências que facilitem seu domínio.

A obra central de Tyler data de 1949 e é denominada *Princípios básicos de currículo e ensino*.[1] Trata-se de um livro de pouco mais de 100 páginas, dividido em cinco capítulos, cada um deles dedicado a uma das questões que Tyler considera centrais para o planejamento de um currículo: que objetivos educacionais deve a escola procurar alcançar? Como selecionar experiências de aprendizagem que possam ser úteis na consecução desses objetivos? Como podem ser organizadas as experiências de aprendizagem para um ensino eficaz? Como se pode avaliar a eficácia de experiências de aprendizagem? Como o estafe de uma escola ou faculdade pode trabalhar na elaboração do currículo?

Antes de passarmos as respostas do autor a cada uma dessas questões, é importante ressaltar que, nesta obra, Tyler não se preocupa com a organização do sistema de ensino, pressupondo-a como dada. Decisões sobre, por exemplo, o número de anos de escolarização obrigatória, existência ou não de retenção de alunos, não foram consideradas como princípios básicos de currículo. Mesmo questões sobre a estrutura do currículo — disciplinar, por áreas temáticas, misto ou totalmente integrado; e com componentes que apresentam continuidade temporal (normalmente explicitado por I, II e III a cada período) ou isolados — somente são tratadas de forma periférica ao se abordar a organização das experiências de aprendizagem. Nesse momento, ele defende organizações estruturais que contemplem planejamentos para blocos temporais maiores, evitando a fragmentação, assim como que dividam o tempo diário em uma série de atividades, de preferência conduzidas por mais de um professor. Tyler concebe os princípios básicos de currículo muito mais como a organização das experiências dentro de cada componente curricular.

A primeira é a pergunta a que Tyler deu maior ênfase, na medida em que é da boa definição dos objetivos educacionais que depende parte considerável da eficácia do currículo. Para respondê-la, como mencionado no capítulo 1, Tyler defende que se considere um conjunto de aspectos emanados do que denomina "fontes para os objetivos".

---

1. TYLER, Ralph. *Princípios básicos de currículo e ensino*. Porto Alegre: Globo, 1977.

Tais fontes são os estudos sobre a natureza dos alunos e sobre a vida contemporânea, assim como a opinião dos especialistas sobre a organização do conhecimento. Ou seja, o elaborador de currículos deveria partir de uma análise da realidade para a qual o currículo está sendo desenhado e da resposta de especialistas sobre qual o conhecimento de sua área necessário a um jovem que não vá se especializar nela. Ainda que de forma tímida, é a primeira vez que esse conhecimento surge como relevante para a formulação de currículos. Com a definição de tais fontes, Tyler busca integrar diferentes modelos de planejamento curricular que estavam, como vimos no capítulo 1, ora centrados na criança (natureza dos alunos) ora no adulto socialmente inserido que ela se tornaria (natureza da vida contemporânea). Para além das fontes, Tyler define, ainda, a necessidade de filtros que visam a adequá-los às capacidades das crianças (filtro psicológico) e aos valores que a sociedade pretende perpetuar por intermédio da escola (filtro filosófico). Uma das mais acirradas críticas ao pensamento de Tyler diz respeito ao filtro filosófico que acaba por dar centralidade à manutenção dos valores sociais. Ainda que Tyler aponte a possibilidade de o filtro filosófico indicar o desejo de mudança, o currículo funcionaria, para seus críticos, como instrumento de forte controle social, ajudando a promover a harmonia social.

Além das fontes e dos filtros para a definição dos objetivos, Tyler dá destaque à formulação dos objetivos. Inicialmente, condizente com a abordagem comportamental adotada, Tyler indica que os objetivos devem ser definidos em termos da mudança esperada no aluno ao final do processo e nunca em relação à ação do professor, como era mais comum. Como expressão da mudança esperada, os objetivos não podem se restringir a uma lista de conteúdos, mas precisam associá-los a comportamentos. Nesse sentido, todo objetivo tem, para Tyler, que definir um comportamento e um conteúdo a que ele se aplicam, evitando generalizações como "desenvolver o pensamento crítico". Um objetivo adequado deveria apontar em relação a que conteúdo o pensamento crítico deveria ser desenvolvido, como: "analisar as causas da miséria no Brasil contemporâneo".

Mesmo no exemplo contendo comportamento e conteúdos, o comportamento é expresso de forma ampla com a formulação "analisar", considerado adequado em função das finalidades do currículo. Para o autor, o nível de detalhamento dos comportamentos é função daquilo que se deseja com o currículo, no entanto, é fundamental que a descrição dos comportamentos (e também dos conteúdos, mas essa é geralmente mais fácil) seja precisa o suficiente para guiar a ação. Ao mesmo tempo que se preocupa com a descrição precisa dos comportamentos, Tyler quer evitar a excessiva pulverização de objetivos não relacionados, o que os tornaria menos eficazes no direcionamento da ação. Para tanto, indica como positivo que se estabeleça um conjunto de poucos comportamentos a serem trabalhados em relação a múltiplos conteúdos. Dessa forma, seria possível construir uma tabela em que nas colunas se apreciariam todos os conteúdos aos quais um comportamento se aplica e nas linhas os comportamentos esperados a partir do trabalho com cada conteúdo. A tabela, como exemplificada a seguir, seria um instrumento para facilitar a visualização do currículo pelos professores:

	Comportamento: compreender fatos e princípios	....	Comportamento: aplicar princípios	....	Comportamento: demonstrar atitudes sociais
Conteúdo 1	X				X
Conteúdo 2	X				X
...					
Conteúdo n	X		X		

O detalhamento do capítulo sobre objetivos educacionais contrasta com a pouca atenção dada por Tyler às duas questões subsequentes que discorrem sobre a seleção e organização das experiências de aprendizagem para um ensino eficaz, ou seja, para um ensino capaz de levar à consecução dos objetivos de forma econômica. Inicialmente, cumpre destacar a utilização da expressão experiência de aprendizagem para designar a interação entre o aluno e o ambiente. Fiel ao comportamentalismo, Tyler acredita ser possível aprender apenas pela participação ativa. Assim, o docente deve controlar o ambiente e criar situações estimulantes às quais o aluno deve reagir.

A identificação das experiências capazes de promover os objetivos educacionais desejados segue alguns princípios gerais: que o aluno seja levado a praticar o comportamento desejado e que o faça em relação aos conteúdos a que se referem os objetivos; que o aluno fique satisfeito ao realizar a experiência; que o aluno tenha condições de realizar a experiência com sucesso; que as experiências sejam diversificadas, sem necessariamente estarem todas previstas no currículo; que se observe que cada experiência produz vários resultados, de modo a ser possível escolher experiências que atinjam vários objetivos, mas se deve estar atento a resultados indesejáveis. Especialmente os dois últimos princípios deixam claro que a visão de Tyler sobre seleção das experiências não é tão mecânica e determinada, havendo espaço para a decisão de professores.

No que tange à organização das experiências, Tyler defende que ela se dê horizontal (de uma área com a outra) e verticalmente (no tempo). Assim, os princípios dessa organização são definidos como continuidade, sequência e integração. A continuidade e a sequência relacionam-se com a organização vertical, de modo a um objetivo importante ser reiterado em várias experiências em diferentes fases do currículo. Essa continuidade precisa, no entanto, ser ampliada, o que se consegue fazendo com que cada experiência se torne um pouco mais difícil do que a anterior (sequência). A integração, por sua vez, se refere à organização horizontal. Ela indica que as experiências vividas na mesma fase da escolarização devem interagir de modo que o aluno perceba certa unidade. Tais princípios devem ser efetivados levando-se em consideração seu significado psicológico para o aluno, ou seja, devem se aplicar às experiências dos alunos e não a uma organização lógica abstrata (ambas podem coincidir, mas nem sempre isso ocorre).

Para atingir os princípios de continuidade, sequência e integração, Tyler propõe como primeira tarefa identificar os elementos organizadores do currículo, aqueles capazes de direcionar à organização. Trata-se de conceitos fundamentais que podem ser trabalhados em diferentes níveis de aprofundamento ao longo de toda a etapa de escolarização e em diferentes disciplinas. Apesar de conceitos gerais — como, por exemplo, capacidade de ler e compreender; aptidão para resolver problemas; atitude de respeito ao outro —, não são óbvios nem facilmente determináveis. Sua seleção deve ser realizada por uma equipe, na qual os especialistas desempenham função de destaque, ainda que o privilégio deva ser dado à organização psicológica das experiências.

No que tange à seleção e à organização das experiências escolares, Tyler opera com uma margem ampla para a atuação do professor, diferentemente do que ocorre em relação à definição dos objetivos. Ainda que defina princípios gerais de seleção e organização e forneça numerosas sugestões, há reiteradas menções ao fato de que há muitas outras experiências e formas de organizá-las que podem ser eficazes e de que o planejamento deve ser prévio e se desenvolver também durante o processo de ensino. A participação das escolas na elaboração do currículo é retomada nas últimas páginas dos "princípios para elaboração de currículo e ensino", em que se destaca a importância do professor no processo.

Compondo com a definição dos objetivos educacionais, o cerne do pensamento de Tyler, a avaliação da eficácia da aprendizagem é a última etapa do planejamento curricular. Ela é realizada por intermédio de instrumentos que visam a determinar em que medida os objetivos educacionais de ensino foram atingidos. Trata-se de uma avaliação guiada pelos objetivos e centrada no aluno, mas seu foco é o currículo: fornecer informações sobre a eficácia das experiências de aprendizagem na modificação dos comportamentos dos alunos. Tyler trata a informação que a avaliação fornece a alunos e pais sobre o seu desempenho como um uso acessório da mesma.

Como procedimento para informar sobre a eficácia do currículo, a avaliação, tal como descrita pelo autor, pode ser realizada por amostragem de alunos ou até mesmo de situações em que o comportamento é demonstrado. Deve também ser realizada em diferentes momentos, pelo menos antes e depois da aplicação do currículo (e de preferência também tempos depois), de modo a permitir diagnosticar precisamente os problemas. São múltiplos os instrumentos utilizados para tal finalidade, sendo fundamental que seja medida a consecução de todos os objetivos.

Não é nada simples a construção dos testes mencionada por Tyler. O princípio básico é que os testes devem se reportar diretamente ao conjunto de objetivos; no entanto, a tarefa de criar uma situação capaz de levar o aluno a demonstrar um comportamento nem sempre é fácil. Testes escritos, por exemplo, não servem para uma série de comportamentos; testes práticos são difíceis de aplicar. Além das situações, é preciso ainda definir como será expresso o resultado (notas, conceitos, adjetivos) e o significado de cada um desses resultados. Ou seja, quando se diz que a capacidade de leitura de um aluno é regular, o que isso significa? Para um elaborador técnico de currículos como Tyler, é necessário que essa resposta signifique o mesmo para toda e qualquer pessoa, ou seja, que o teste seja objetivo. Para além da objetividade, os testes devem ser, ainda, fidedignos e válidos. Isso significa, respectivamente, que o resultado possa ser replicado e diga respeito àquilo que está sendo avaliado. Não nos deteremos aqui nos aspectos técnicos de produção dos testes, pois, como viemos destacando, o mais importante é que o resultado de sua aplicação indique pontos fortes e fracos em relação ao alcance de cada um dos objetivos estabelecidos no currículo. É a partir dessa informação que se infere a eficácia do currículo e que se procedem as alterações necessárias.

Como podemos observar, diferentes aspectos da racionalidade tyleriana estão até hoje presentes em vários documentos curriculares. A estrutura definida por Tyler: objetivos/experiências de aprendizagem/avaliação é talvez ainda a mais utilizada. A necessidade de articulação vertical e horizontal das atividades também tem se configurado como uma preocupação importante a ser tratada no capítulo 6. Isso não significa, no entanto, que Tyler tenha sido uma unanimidade.

Muito pelo contrário, como já vimos no capítulo 1, numerosas críticas foram apresentadas ao modelo. Isso não diminui, no entanto, sua importância no campo.

Alguns desdobramentos da racionalidade tyleriana: dos objetivos às competências

Ainda que as críticas à racionalidade técnica no currículo tenham se avolumado a partir dos anos 1970 nos Estados Unidos e na Europa e dos anos 1980 no Brasil, a racionalidade tyleriana tem muitos desdobramentos na teoria curricular. A relevância da definição de objetivos e de sua avaliação no modelo de Tyler cria um amplo movimento no sentido de explorar tecnicamente tais atividades.

Os anos 1950 foram marcados pela Guerra Fria e por uma forte intervenção dos Estados Unidos nos países latino-americanos, o que se alastraria pelas décadas subsequentes. Os investimentos norte-americanos em seus próprios projetos educacionais, buscando a melhoria da educação como forma de fazer frente à corrida tecnológica, eram secundados por pesados aportes financeiros que traziam para o Brasil parte das inovações produzidas nesses projetos. O exemplo mais citado neste sentido é o projeto de elaboração curricular coordenado por Bruner, que será explorado no capítulo 5. Entendemos, no entanto, que do ponto de vista de penetração nos estudos e nas políticas curriculares no Brasil, além do próprio Tyler, as discussões de Benjamin Bloom e Robert Mager foram mais centrais.

O trabalho de Bloom possivelmente só perde em influência para os princípios de Tyler e, na verdade, é um desdobramento de questões por ele desenvolvidas em sua discussão sobre os objetivos educacionais. Mesmo que a proposta de Bloom seja ajustar as condições de aprendizagem às necessidades do aluno (retomando os princípios do progressivismo), sua análise opera com a lógica hierarquizada do comportamentalismo. Sua atenção está voltada, de forma preponderante, para a definição dos objetivos educacionais e para a sua organização em classes que possam guiar as experiências de aprendizagem e a avaliação. Cria o que denominou taxionomias de objetivos educacionais, divididas em três domínios: cognitivo, afetivo e psicomotor. Em cada um desses domínios, o autor propôs um conjunto de níveis em que um conteúdo determinado poderia ser tratado. Ainda que defendendo a importância dos três domínios e denunciando o privilégio conferido pelos currículos ao domínio cognitivo, sua taxionomia mais desenvolvida aplica-se a esse domínio. Em relação aos domínio afetivo e psicomotor, assim como ao cognitivo em menor número, outras taxionomias foram sendo desenvolvidas ao longo dos anos.

A título de exemplo, a taxionomia do domínio cognitivo de Bloom,[2] datada de 1956, é um modelo analítico que propõe a classificação de todos os objetivos cognitivos em seis níveis: conhecimento (de fatos ou conceitos); compreensão; aplicação; análise; síntese; e avaliação. Trata-se de um modelo hierárquico em que os níveis mais altos subsumem os mais baixos. Além de explicitar a natureza do comportamento e, dessa forma, guiar o ensino e a avaliação, a taxionomização dos objetivos seria útil também para facilitar o elaborador dos currículos. Bloom espera ser possível evitar, por exemplo, que todos (ou a ampla maioria) os objetivos pertençam aos níveis mais baixos, o que implicaria poucas oportunidades de uma formação mais ampla. A concentração dos objetivos nos níveis mais elevados também seria indesejável, na medida em que poderia levar a dificuldades em atingi-los por ausência de pré-requisitos. Uma adequada distribuição dos objetivos entre os níveis poderia oportunizar um currículo mais eficaz. Ainda que essa distribuição seja função do tipo de formação pretendida (em cursos profissionalizantes, por exemplo, há concentração no nível de aplicação), para uma formação básica, espera-se que o número de objetivos nos níveis mais básicos seja maior e que esse vá diminuindo na direção do nível de avaliação.

---

2. BLOOM, Benjamin. *Taxionomia de objetivos educacionais*: domínio cognitivo. Porto Alegre: Globo, 1972.

Em sequência ao trabalho de Bloom, em 1962, Mager publica seu manual intitulado *A formulação de objetivos de ensino*.[3] O autor defende a maior precisão na definição dos objetivos educacionais em termos comportamentais, com o argumento de que a avaliação eficiente dos currículos depende dessa definição. Ainda que esse argumento não seja novo, Mager o radicaliza, propondo um conjunto de regras para a elaboração e redação de objetivos precisamente mensuráveis. Com isso, ele pretende responder à demanda de projetos governamentais por parâmetros para avaliar os programas financiados. A precisão na definição do que esperar é a tônica da proposta, de modo que os objetivos precisam explicitar uma audiência; um comportamento esperado; uma condição, ou seja, uma exigência; e um critério, aquilo que indicaria o alcance do objetivo. Assim, passa-se a esperar que os objetivos informem mais do que um comportamento e o conteúdo a que seria aplicado, como se observa no exemplo: dado um conjunto de afirmativas corretas e erradas sobre a conservação ambiental (*condição*), o aluno (*audiência*) deverá ser capaz de identificar as corretas (*comportamento*) com exatidão (*critério*) e explicar por que as selecionou (*comportamento*) em, no máximo, dez palavras (*critério*). Como se pode inferir deste exemplo, a formulação detalhada dos objetivos torna-os muito específicos e incapazes de explicitar comportamentos mais amplos. Com efeito, a ampla aceitação da formulação de Mager leva a currículos que listam inúmeros objetivos para cada unidade de ensino.

Além das mudanças históricas vividas em todo o mundo em fins dos anos 1960, o próprio distanciamento dos currículos, por sua atomização e por seu desejo excessivo de controle da prática concreta das escolas, propicia o aumento das críticas. Algumas dessas críticas mais contundentes foram abordadas no capítulo 1. Cumpre, no entanto, ressaltar que nem todas as críticas visam à superação radical da racionalidade tyleriana em seus desdobramentos. Algumas se dispõem a integrar comportamentalismo e humanismo, seguindo a pretensão do próprio Bloom. Nessa linha, Eva Baker e James Popham advogam em

---

3. MAGER, Robert. *A formulação de objetivos de ensino*. Porto Alegre: Globo, 1978.

favor de reorganizar os objetivos até então vigentes, de modo a construir um sistema de conceitos tecnologicamente útil para a escola em seu esforço na melhoria das condições humanas. Em contraposição a objetivos cada vez mais atomizados, Baker e Popham[4] propõem a noção de competência (ou domínio).

As competências propostas pelos autores são amplas e abarcam um conjunto de comportamentos, denominados habilidades, considerados fundamentais em determinada área e que devem integrar os três domínios propostos por Bloom. A elaboração curricular, assim como a avaliação, têm a competência como meta, e o objetivo do processo de ensino é a maestria ou o domínio das competências. Para tanto, cada competência é analisada e decomposta nas habilidades, fundamentais, embora insuficientes, para o domínio da competência. Embora retomem o sentido de totalidade, as competências mantêm a matriz comportamental, na medida em que são produto do domínio de habilidades intermediárias. A diferença é que, ao invés de se valorizar, como no modelo avaliativo de Tyler, cada habilidade, a proposta de Baker e Popham visa apenas à competência, sendo as habilidades apenas etapas intermediárias do desenvolvimento curricular.

É inegável que tal concepção de competência é parte da ideia de competência como ela hoje vem sendo utilizada pelas políticas curriculares em diferentes países e também no Brasil. Desde as reformas curriculares dos anos 1990, muitas políticas têm dado centralidade à avaliação do desempenho de alunos como forma de inferir a qualidade da educação. Recuperam, assim, o cerne da racionalidade tyleriana — a vinculação estreita entre qualidade do currículo e avaliação dos alunos. Para tanto, reeditam a necessidade de mecanismos que permitam avaliar os alunos e o têm feito com base na definição prévia de competências a serem atingidas, ainda que definam competência de formas diversas.

Como é discutido no capítulo 11, as políticas curriculares envolvem a retomada de sentidos históricos, mas os subvertem na construção de

---

4. BAKER, Eva; POPHAM, James. *Como ampliar as dimensões dos objetivos de ensino.* Porto Alegre: Globo, 1976.

novos sentidos. Assim, ao afirmarmos que a racionalidade tyleriana é reeditada, não queremos dizer que algo como um sentido de currículo por ela proposto é recuperado. Isso seria anacrônico. Nosso argumento vai no sentido de que há fragmentos de sentidos construídos pela elaboração tyleriana que se hibridizam com outros sentidos na construção das políticas atuais voltadas para a competência e fortemente marcadas pela avaliação.

Com essa compreensão, é preciso destacar outra contribuição, também fragmentária, para a noção de competência, tal como vem sendo construída pelas políticas recentes. Trata-se de um discurso de matriz estruturalista desenvolvido na França na década de 1970 e depositário da concepção de esquema de Piaget. Um esquema seria o que há de invariante em uma ação ou operação, no entanto, pequenas acomodações permitem que ele se adeque a situações singulares. Os sujeitos possuiriam um conjunto de esquemas mais gerais que lhes permitiriam, quando acionados em situações concretas, operações diversas como abstração, conceitualização, comparação, síntese, julgamento. Diariamente, os sujeitos acionam, sem notar, vários esquemas — uma espécie de inconsciente prático ou *habitus*[5] —, com o qual criam práticas adaptadas a situações novas. Para situações mais complexas, em que é necessário lançar mão de vários esquemas que competem entre si e se recombinam, os esquemas estabilizados que compõem o *habitus* podem ser insuficientes. Em face de tais situações, torna-se necessária uma intervenção educacional com a função de criar competência para que os sujeitos possam acionar esquemas com eficácia frente a uma situação nova.

Há dois aspectos que diferenciam claramente a noção de competência cognitivo-construtivista da perspectiva comportamental a que viemos nos referindo. O primeiro é que ter competência não significa aplicar conhecimento a situações dadas, um dos níveis da taxonomia cognitiva de Bloom. Trata-se de algo muito mais complexo, que não

---

5. BOURDIEU, Pierre. *Sociologia*. Introdução e organização de Renato Ortiz. São Paulo: Ática, 1983.

pode ser reduzido a uma associação linear (ou multilinear) de esquemas. Os esquemas se reconstroem no processo de associar-se, de modo que toda competência construída, além de uma competência, é ferramenta para a construção de competência. A segunda distinção diz respeito ao fato de que toda competência é construída na prática social concreta. Diferentemente dos comportamentalistas, para quem os alunos também têm que experimentar situações em que o comportamento é expresso, a prática social concreta é mais complexa. Nela, não há uma situação igual à outra na qual a competência pode ser treinada e adquirida, assim como que o sujeito não é mais o mesmo depois de acionar seus esquemas de forma competente em uma dada situação. Se tais diferenças são cruciais e afastam a noção cognitivo-construtivista de competência da racionalidade tyleriana, nem sempre se pode dizer o mesmo quanto ao seu uso para a elaboração de currículos.

Phillipe Perrenoud é um dos autores que têm se utilizado dessa noção de competência no planejamento do currículo. Defendendo as competências transversais, o autor sugere que, para defini-las, sejam analisadas as diferentes práticas sociais. Tal análise visa à extração de características gerais da ação humana que funcionariam como competências. O problema reside em que o exercício de extrair características gerais das práticas sociais corresponde a abstraí-las de seus contextos e de seus conteúdos. Com isso, elimina-se a complexidade inerente à noção de competência, transformando-a em associação linear de esquemas mentais prévios e característicos do humano. Tal linearidade é explicitada pelo autor quando defende que competências de alcance limitado podem funcionar como recursos para o desenvolvimento de competências maiores e propõe que se busque mobilizá-las independentemente e coordená-las para atuar sobre a situação global.

A dificuldade de operar com um conceito complexo de competência, que destaque seu caráter situado, acaba transformando a competência em condição para o desempenho. O desempenho certificaria, então, a competência, tal como o fazia em relação aos objetivos comportamentais. Isso é o que se tem observado em muitos documentos de política, não apenas no Brasil. Ainda que optem por uma matriz cognitivo-construtivista no que concerne ao conceito de competência, ao proporem o currículo, por vezes, explicitam-nas como objetivos cuja consecução implica uma ação externa do sujeito sobre o mundo. Mais do que isso, relaciona-as a metas a serem testadas, integrando fragmentos de sentidos cognitivo-comportamentais com os princípios caros à racionalidade tyleriana.

Como já salientamos, seria, no entanto, um contrassenso defender que a racionalidade tyleriana que percebemos presente nas políticas recentes seja essencialmente aquela proposta por Tyler. Trata-se de uma tradição que veio se deslocando no tempo e no espaço e, se presente hoje nas políticas curriculares, só o é como fragmentos reterritorializados e ressincronizados num mundo no qual as formas de saber e produzir já não são mais as mesmas. Por mais que a noção de competência apareça em muitas políticas expressas como comportamentos, também não é incomum que sejam expressas no que Perrenoud definiria como características gerais da ação humana: saber-fazer, saber-ser, saber-aprender, cooperar ou até viver. O deslizamento entre tais formulações se insere no contexto do que tem sido chamado de pós-modernidade. Se os objetivos comportamentais de Tyler respondiam, entre outras, às demandas de uma industrialização em ascensão, as competências tal como aparecem nas recentes políticas curriculares respondem a uma demanda por trabalhadores polivalentes para um mercado em constante transição. São, portanto, outra e a mesma coisa. Vão no esteio da racionalidade tyleriana (e eficientista) ao estabelecerem para a escola a função de preparar para o mercado de trabalho. Ao mesmo tempo, dela se afastam propondo competências gerais, na medida em que as necessidades desse mercado não mais podem ser precisadas.

O caráter geral de competências como saber-aprender, saber-fazer, saber-ser se insere num panorama de crise do cientificismo. As críticas ao realismo que destacamos no capítulo 1 puseram em xeque o conceito de verdade como adequação do conhecimento àquilo que supostamente representava. Não havendo mais uma única verdade, a ciência e o conhecimento perdem seus principais elementos legitimadores. O conhecimento não pode se pretender válido por representar a realidade e a ciência não pode mais se arvorar relevante porque descobre a verdade. A importância do saber passa a ser sua capacidade de gerar uma ação, a medida do conhecimento é sua utilidade. O saber é performático e será tão melhor quanto mais se adequar aos critérios de competência partilhados pela tradição e pela sociedade a quem cabe avaliá-lo. Assim, as competências gerais apontam as *performances* para as quais o conhecimento é apenas um meio para realizá-las. Mais uma vez, as competências contemporâneas se afastam da racionalidade tyleriana marcada pela cientificidade e, no mesmo movimento, dela se aproximam. Seu caráter performático amplia e aprofunda o papel da mensuração de resultados central naquela racionalidade.

É, nesse sentido, que julgamos possível pensar as políticas curriculares recentes como desdobramentos da racionalidade tyleriana. Aceitando que a tradição em torno de objetivos comportamentais tornou o currículo *accountable*, as aproximações entre essa tradição e as recentes políticas curriculares parecem óbvias. Também elas julgam toda a experiência educativa por quão competentes os sujeitos se tornam em relação a patamares predefinidos, tendo em conta especialmente as demandas do mundo contemporâneo em constante mudança.

O modelo proposto por César Coll

Existe uma clara aproximação entre o modelo de elaboração curricular proposto por César Coll e a racionalidade tyleriana. Com efeito, seu modelo é construído em torno das quatro questões explicitadas anteriormente, cujas respostas, se marcadas pelo fim dos anos 1990 e pela matriz piagetiana do autor, não deixam de guardar profundas semelhanças com as fornecidas por Tyler. Esse é um dos motivos pelos quais abordamos esse modelo de planejamento curricular: mostrar que as perspectivas técnicas de elaboração curricular não são parte do passado. O outro é a importância que o modelo tem em recentes reformas curriculares, não apenas a brasileira, mas também nela.

A matriz para elaboração de currículos é proposta por Coll, em 1987, no livro denominado *Psicologia e currículo*,[6] definido como um testemunho de sua atividade na elaboração da reforma curricular espanhola de fins dos anos 1980. Nesse sentido, seu modelo de elaboração curricular tem por horizonte um projeto curricular para a escolarização obrigatória a ser implementado nacionalmente ou por um poder central. Pressupõe, portanto, a existência de um âmbito legal básico que define a obrigatoriedade da educação escolar e que estabelece sua duração, assim como a duração dos ciclos. Nenhum desses aspectos é objeto de discussão na obra.

Nesse contexto, o currículo de Coll é organizado linearmente, envolvendo as decisões sobre as finalidades do sistema educacional, legalmente estabelecidas; sobre os objetivos gerais do ensino obrigatório; sobre os objetivos gerais de cada ciclo e sobre o projeto curricular básico de cada área para o ciclo. No que respeita aos diferentes níveis de objetivos, tal como Tyler, o autor propõe que tais decisões devem levar em conta, além do âmbito legal, uma espécie de diagnóstico da realidade que funciona como *fontes do currículo*. Tais análises devem levar em conta quatro referenciais específicos: a) socioantropológico, que considera os diferentes aspectos da realidade social em que o currículo será aplicado; b) psicológico, que se volta para o desenvolvimento cognitivo do aluno; c) epistemológico, que se fixa nas características próprias das diversas áreas do saber tratadas pelo currículo; e d) pedagógico, que se apropria do conhecimento gerado na própria sala de aula em experiências prévias. Ainda que todas as fontes sejam relevantes e devam ser consideradas, Coll dá atenção especial à psicológica, na qual articula um conjunto de princípios básicos. Tais princípios podem ser resumidos pelo respeito a conceitos do campo da psicologia da educação: nível de desenvolvimento operatório (psicologia genética); zona de desenvolvimento proximal (Vygotsky); conhecimentos prévios e aprendizagem significativa (Ausubel); assim como na menção a esquemas de conhecimento tal como utilizados por abordagens estruturalistas e sistêmicas.

---

6. COLL, César. *Psicologia e currículo*. São Paulo: Ática, 1997.

O projeto curricular básico do ciclo se inicia com a definição dos objetivos gerais do ciclo e seu desdobramento em objetivos gerais de cada área no mesmo ciclo, assim como a decisão sobre quais áreas abarcadas pelo currículo são as primeiras etapas do projeto curricular básico a serem estabelecidas no primeiro nível de concretização. É a partir da definição das capacidades a serem adquiridas ao final do ciclo em cada uma das áreas que se definem, nessa ordem, os conteúdos, os objetivos finais, na forma de resultados cognitivos esperados dos alunos, e as orientações didáticas. Tais decisões são tomadas no que o autor denomina primeiro nível de concretização curricular, ou seja, no nível de decisão a cargo de uma autoridade central responsável pelo desenho da escolarização obrigatória.

Os conteúdos são definidos como saberes e formas culturais a serem selecionados por facilitarem a aquisição dos objetivos gerais da área. Os critérios dessa seleção relacionam-se diretamente às fontes do currículo, úteis não apenas para a definição dos objetivos gerais da escolarização, mas para definir o que ensinar. Os conteúdos são classificados em três grandes tipos a partir de uma divisão inicial em seis estratos. O primeiro tipo é constituído de conteúdos referentes a fatos/conceitos e princípios, englobando conceitos e os fatos discretos a que se referem, assim como a relação entre eles. O segundo é formado apenas pelos procedimentos correspondentes a um conjunto de ações orientadas para uma meta. Por fim, os conteúdos podem dizer respeito a valores, normas e atitudes, um *continuum* que implica princípios normativos que regem a ação dos sujeitos. Alguns currículos podem apresentar mais conteúdos de um ou outro tipo, sendo importante evitar que todos os conteúdos pertençam a um dos tipos por pura falta de atenção aos demais.

A partir da classificação dos conteúdos, esses são apresentados sob a forma de objetivos finais, ou seja, são relacionados a verbos que explicitam resultados esperados na forma de comportamentos que podem ser discretos ou complexos. Ainda que pressuponha correspondência entre conteúdos e objetivos finais, ela não é absoluta: tanto um conteúdo pode ser expresso por mais de um objetivo quanto os objetivos podem se referir a mais de um conteúdo.

Orientações didáticas gerais fecham o projeto curricular definido no primeiro nível de concretização. Englobam uma tomada de posição construtivista em relação à aprendizagem e à intervenção pedagógica, princípios básicos a serem seguidos na avaliação e orientações didáticas. Tais orientações são guiadas pela opção construtivista, pelos objetivos finais e pelos conteúdos a serem tratados e facilitam a definição de critérios de avaliação compatíveis. Interessante notar que essas orientações de natureza construtivista se articulam com conteúdos taxionomizados e objetivos definidos de forma comportamental. O deslizamento entre essas duas perspectivas é explicitado na discussão sobre avaliação que Coll indica ter duas funções: ajustar a intervenção pedagógica às necessidades individuais e determinar o grau de alcance dos objetivos do projeto curricular.

Uma vez que as principais decisões curriculares tenham sido tomadas pelo poder central, as autoridades educacionais locais (no caso do Brasil, estados e municípios) são as responsáveis pelo segundo nível de concretização curricular. Nesse nível, os conteúdos são analisados e sequenciados ao longo dos ciclos, de modo que os aprendizados possam ser distribuídos no tempo no terceiro nível de concretização. Trata-se de uma tarefa realizada para cada um dos blocos de conteúdos, apoiando-se em uma análise estrutural dos componentes que os constituem de modo a garantir uma aprendizagem significativa. Tendo por horizonte os mapas conceituais de Ausubel, tal tarefa implica a identificação dos componentes principais, a análise das relações entre eles (por exemplo, subordinação, causa-efeito, ordem, prioridade), o estabelecimento de estruturas de conteúdo e, por fim, a sequenciação dos componentes de acordo com essas estruturas. Os critérios de sequenciação propostos por Coll derivam dos princípios da aprendizagem significativa: do mais geral ao mais detalhado e do mais simples ao mais complexo. Seja na sequenciação de conceitos e princípios, seja na de procedimentos ou na de valores, normas e atitudes, deve-se começar daquilo que for mais simples, fundamental e geral/inclusivo para, em seguida, introduzir aspectos que o complexifiquem.

Por fim, o terceiro nível de concretização — a escola ou instituição em que o projeto se materializa — é o responsável pela adaptação do modelo curricular às peculiaridades de cada caso, organizando os projetos educativos e a programação didática. Os elementos centrais são novamente os conteúdos e as aprendizagens, estas expressas na forma de objetivos. Os objetivos da área por ciclo, estabelecidos no primeiro nível de concretização, são redefinidos como objetivos de nível, relativos a blocos de conteúdo mais restritos. Por nível, pode-se estar considerando aqui um ano, como costuma ocorrer nas escolas básicas, seis meses, como é comum nas Universidades, ou dois anos, como acontece nas etapas inicias da escolarização. Também neste nível de concretização, os conteúdos são o elemento central. O primeiro passo é, assim, a distribuição dos conteúdos pelos níveis seguindo os critérios para a aprendizagem significativa. Nos primeiros níveis do ciclo, os conteúdos serão mais gerais e simples e vão sendo diferenciados ao longo dos demais níveis. Fazendo isso, procede-se também à temporalização das aprendizagens, ou seja, a sequenciação dos objetivos de nível ao longo do ciclo, de modo que o aluno seja levado a dominar os objetivos gerais do ciclo. A partir dessa temporalização, são programadas e ordenadas as unidades didáticas dentro de cada nível, seguindo as mesmas regras utilizadas na articulação entre níveis.

Conforme vemos, mais claramente do que a racionalidade tyleriana, Coll distingue a elaboração da implementação curricular e desloca para a elaboração praticamente todas as decisões curriculares relevantes. As atividades propostas para o terceiro nível de concretização curricular limitam-se à ordenação temporal das aprendizagens, mas ainda assim realizadas segundo sequências de conteúdo já estabelecidas. Com efeito, para Coll, esse nível de concretização sequer pode ser entendido como parte do projeto curricular, sendo uma ilustração acerca das possibilidades de uso do projeto. Essa centralização convive com a defesa de um currículo aberto, que respeita as diferenças individuais, e o contexto em que o currículo será aplicado, explicitando uma dualidade presente em todo o modelo. De um lado, temos a centralização das decisões curriculares, a taxionomização dos conteúdos, a definição comportamental das aprendizagens e a preocupação com a avaliação. De outro, a perspectiva construtivista de aprendizagem, principalmente articulada em torno de Piaget, mas também bastante marcada pela noção de estrutura da disciplina de Ausubel. Se esta última parece central em termos metodológicos e de intervenção pedagógica, a primeira é o eixo em torno do qual se assenta o modelo de elaboração curricular de Coll.

Planejar sem compromisso com a *accountability*

Como salientamos, os discursos curriculares em torno dos quais construímos este capítulo definem um sentido de currículo, assim como de planejamento curricular. Em função de nossas opções até agora, poderíamos definir o planejamento curricular como a criação e aplicação de critérios para a formulação de um plano eficaz de ensino, constituído de objetivos e conteúdos, assim como de orientações didáticas e critérios de avaliação. Planejar seria definir metas e estabelecer formas de atingi-las de maneira eficaz com economia de tempo e recursos. As críticas a tal concepção não são poucas. Algumas propõem outras formas de planejar, outras se recusam mesmo a dialogar com o termo planejar.

Muitas dessas críticas à racionalidade tyleriana que subsumem outras concepções de planejamento curricular não têm repercussão no Brasil, ainda que possam ser referidas de forma fragmentária aqui e ali. Apenas como referência, seria possível destacar alguns autores cujas críticas caminham no sentido da revisão dessa racionalidade. Ainda vinculados à matriz racional, Hilda Taba,[7] em 1962, defende que novos objetivos podem surgir da negociação em sala de aula, e Goodlad,[8] em 1975, propõe um modelo curricular em quatro níveis de decisão — social, ideológico, institucional e instrucional — que têm os

---

7. TABA, Hilda. *Curriculum development*: theory and practice. New York: Harcourt, Brace & World, 1962

8. GOODLAD, Joseph. *The dynamics of educational change*: towards responsive schools. New York: McGraw Hill, 1975.

valores como ponto de partida. Fora dessa matriz, Eliot Eisner[9] denuncia, ainda em 1967, a incapacidade dos objetivos educacionais (construídos segundo a racionalidade tyleriana) de darem conta de alguns dos aspectos mais importantes a serem buscados com a educação. Em contrapartida, argumenta a favor de objetivos expressivos, definidos como as consequências dos encontros entre professores e alunos que não podem ser previamente definidas. Com isso, Eisner propôs que a elaboração do currículo se dá na sala de aula e que seus formuladores são os próprios professores. Apostando na substituição da ciência pela arte como referência para o campo do currículo, Eisner define o professor como alguém que é capaz de, ao mesmo tempo, apreciar e criticar o que é relevante em cada evento educativo singular.

Com maior impacto no Brasil, as teorias curriculares de cunho marxista operam muito mais com a crítica aos modelos científicos de currículo e de planejamento curricular do que com propostas sobre como desenvolver currículos. No entanto, alguns norteadores para um planejamento curricular podem ser inferidos do trabalho de muitos autores marxistas, especialmente após o enfraquecimento das teorias da reprodução. Talvez a principal referência para esses trabalhos, como abordamos no capítulo 1, sejam as obras de Paulo Freire, *Pedagogia do oprimido*[10] e *Educação como prática da liberdade*.[11] Nelas, o autor propõe uma educação dialógica visando à emancipação dos sujeitos, como será discutido no capítulo 3. Para tanto, Freire propõe que as contradições básicas das situações concretas vividas por professores e alunos estejam no centro do currículo. Encontrá-las é, pois, tarefa que só pode ser desenvolvida por ambos em um planejamento participativo, única opção pela qual o mundo cultural do aluno pode ser respeitado.

O planejamento se inicia com a identificação das contradições básicas a partir de cuja análise emerge um tema gerador geral. Essa

---

9. EISNER, Eliot. Educational objectives: help or hindrance. *School Review*, n. 75, p. 250-260, 1967.

10. FREIRE, Paulo. *Pedagogia do oprimido*. Rio de Janeiro: Paz e Terra, 1987.

11. FREIRE, Paulo. *Educação como prática da liberdade*. Rio de Janeiro: Paz e Terra, 1999.

identificação se dá pela análise da realidade social em que se insere a escola, mas, diferentemente do que ocorre na racionalidade tyleriana, o que está em destaque é a forma como os sujeitos vivenciam essa realidade. Assim, professores e alunos (e comunidade) são participantes ativos no processo de identificação do tema gerador geral. A segunda etapa do planejamento é a seleção de temas geradores (ou palavras geradoras, no caso da alfabetização) que comporão o currículo e sua codificação e decodificação. Para a seleção desses temas, procede-se a uma análise sistemática, para além de limites disciplinares, de modo a reduzi-los àqueles com maior potencial educativo, ou seja, a partir dos quais a realidade vivencial possa ser problematizada. Cada tema é codificado por uma situação que o representa e o exemplifica (uma fotografia ou um texto, por exemplo), sendo fundamental que essa situação seja existencialmente significativa para os sujeitos. A última etapa do planejamento é a elaboração de material para, utilizando a metodologia dialógica, garantir a problematização dos temas, devolvendo, de forma sistematizada aos alunos, os elementos que eles entregaram de forma desestruturada por ocasião da investigação do universo temático.

Na esteira dessa matriz de forte influência marxista, outros autores defendem o potencial emancipatório da escola e a necessidade de construção de um novo discurso curricular contra-hegemônico. Contrapor-se ao discurso performativo da racionalidade tyleriana exige um contra-discurso capaz de explicitar suas insuficiências tanto em relação a pressupostos teóricos quanto no que concerne a aspectos tidos como mais práticos, a exemplo do planejamento. Henry Giroux, autor cuja obra é grandemente influenciada pelo pensamento de Freire, é um dos mais ativos defensores de uma pedagogia contra-hegemônica capaz de levar o sujeito a se emancipar, uma pedagogia radical. Em texto crítico[12] sobre a função dos objetivos na racionalidade tyleriana, Giroux defende a importância de que os objetivos tradicionais, micro-objetivos, se articulem aos por ele denominados macro-objetivos. Para o autor, os macro-objetivos destinam-se a favorecer os alunos a estabelecerem conexões

---

12. GIROUX, Henry. Superando os objetivos behavioristas e humanísticos. In: GIROUX, Henry. *Os professores como intelectuais*. Porto Alegre: Artes Médicas, 1997. p. 79-90.

entre o que é aprendido na escola e a realidade social mais ampla. Os três macro-objetivos para um ensino emancipador são, segundo o autor: diferenciar conhecimento instrumental destinado a reproduzir os bens e serviços do conhecimento produtivo, especulativo, que produz o novo; explicitar o currículo oculto; e desenvolver a conscientização crítica. A despeito de os currículos estarem organizados por micro-objetivos, o compromisso do professor, como intelectual transformador, com os macro-objetivos cria condições para uma pedagogia radical.

Se, nas pedagogias marxistas, constrói-se um sentido de planejamento diverso do hegemônico na teoria curricular, nas discussões pós-modernas e pós-estruturais talvez seja mesmo impossível pensar em planejamento. Ou, pelo menos, como atividade que prevê e produz um resultado — aprendizagem, emancipação — que lhe é externo. Alguns autores, no entanto, têm trabalhado a possibilidade de repensar a noção de planejamento para além da lógica causal que parece caracterizá-la no pensamento moderno.

Um primeiro movimento nesse sentido já havia sido dado pelo método currere, desenvolvido por Pinar e apresentado no Capítulo 1. Na mesma linha autobiográfica, os estudos de narrativos têm proposto currículos centrados nas histórias de vida dos sujeitos a partir das quais os "conteúdos" curriculares se tornam existencialmente significativos. Não se pode, portanto, dizer que não há um planejamento do currículo como atividade a ser desenvolvida no espaço educativo, mas certamente esse planejamento não remete a um resultado, é um planejamento de atividades capazes de detonar a ação dos sujeitos em direção ao conhecimento que lhe seja significativo.

Em outra direção, a perspectiva pós-estrutural tem apresentado múltiplos questionamentos ao clássico planejamento do currículo, entendido como regras que buscam definir o que pode e o que não pode ser dito. O texto de Cleo Cherryholmes intitulado "Um projeto social para o currículo: perspectivas pós-estruturais"[13] é um clássico

---

13. CHERRYHOLMES, Cleo. Um projeto social para o currículo: perspectivas pós-estruturais. In: SILVA, Tomas Tadeu. *Teoria educacional crítica em tempos pós-modernos*. Porto Alegre: Artes Médicas, 1993. p. 143-172.

nesse sentido; no entanto, pouco avança no projeto pós-estrutural. Uma das poucas tentativas mais explícitas de planejamento curricular com base pós-estrutural é realizada por S. Corazza em textos publicados nos anos 1990.[14] Assumindo a postura de que o planejamento é um texto pedagógico produzido nas escolas e que o ato de planejar é uma prática deliberada de construção de outros significados, a autora narra experiências de planejamento em torno de temas culturais. A escolha de tais temas é realizada pelos professores tendo em conta pressupostos estabelecidos tanto pelo pensamento pós-moderno quanto pelos estudos culturais. Dessa forma, os temas culturais privilegiam deliberadamente os conhecimentos que não têm sido frequentemente objeto de escolarização, relacionados ao que Foucault denomina saberes subjugados. Uma vez selecionados os temas, é importante que eles sejam enfocados em suas diferentes posições discursivas, desnaturalizando as narrativas hegemônicas sobre cada um deles. Isso significa que os conhecimentos normalmente associados à escolarização serão abordados, quando pertinentes aos temas, como uma das múltiplas enunciações possíveis sobre o tema. Para além da explicitação dessa multiplicidade de discursos, no entanto, é necessário discutir as relações de poder garantidoras da (in)visibilidade de alguns deles.

Em outra direção, vai o trabalho de William Doll Jr., conhecido no Brasil pelo livro *Currículo: uma perspectiva pós-moderna*,[15] publicado originalmente em 1993. A proposta do autor é construir uma matriz de currículo pós-moderna, redefinindo um conjunto de critérios alternativos aos propostos por Tyler. Assim, Doll mantém os elementos curriculares da racionalidade tyleriana, defendendo que sejam definidos no processo. Propõe uma visão pós-moderna de matriz, sem início ou fim, com focos que se interseccionam, criando uma rede relacionada de significados. Nessa matriz, não há como pensar em um currículo cujos elementos são ordenados linearmente, a articulação entre tais

---

14. CORAZZA, Sandra. Planejamento de ensino como estratégia de política cultural. In: MOREIRA, Antonio Flavio B. *Currículo*: questões atuais. Campinas: Papirus, 2002. p. 103-141.

15. DOLL JR., William. *Currículo*: uma perspectiva pós-moderna. Porto Alegre: Artes Médicas, 1997.

elementos será complexa e construirá uma rede em processo, transformativa. Seu princípio é a indeterminação e, assim, o currículo estará aberto a uma multiplicidade de efeitos imprevisíveis.

Para o planejamento de tal currículo aberto, Doll lança mão de um sem-número de referências teóricas do campo educacional — indo de Tyler a Piaget, Bruner, Dewey —, mas fundamentalmente da física e da matemática do caos. Ao definir os critérios necessários para um bom currículo, Doll indica alguns princípios que devem nortear o planejamento curricular. Para o autor, o currículo deve ser rico, recursivo, relacional e rigoroso. O conceito de riqueza está associado à potencialidade de o currículo criar múltiplos conjuntos de sentidos pelo diálogo, pela interpretação e pela construção de hipóteses. A recursividade refere-se à reflexão no e sobre o próprio processo, o diálogo com os textos e consigo mesmo, enquanto a relacionalidade diz respeito às conexões dos elementos do currículo entre si e com o mundo, numa espécie de ecossistema. Por fim, Doll aponta a necessidade de rigor como forma de escapar do relativismo sem abrir mão da indeterminação: interrogar os pressupostos das interpretações, fazendo-os dialogar entre si.

Apesar desses exemplos (e de outros não enfocados), a maioria da teorização pós-moderna e, principalmente, pós-estrutural em torno do planejamento de currículo tem-se concentrado em explicitá-lo como um esquema organizador que controla e, com isso, nega a diferença. No capítulo 10, voltaremos a essa discussão ao criticarmos o currículo como projeção (ou documento) de identidade. Por ora, queremos apenas explicitar a ambivalência desse controle como forma de evitar uma leitura reprodutivista das críticas pós-estruturais e pós-modernas da racionalidade tyleriana. Não é possível negar que os modelos de escrever currículos produzidos por tal racionalidade buscam direcionar esses textos levando-os a dizer apenas aquilo e nada além. A questão é que não o fazem. E não o fazem porque os textos são sempre ambivalentes em seu desejo de controle, como anunciamos no capítulo anterior e aprofundaremos no capítulo 9. Nessa ambivalência reside a nossa possibilidade de, a partir de currículos produzidos em sua maioria dentro da racionalidade tyleriana, criar outros sentidos por intermédio da desconstrução dos sentidos que eles projetam. Explicitar o quanto qualquer planejamento curricular é arbitrário e produzido em meio a relações de poder que tornam algumas coisas (in)dizíveis é a tarefa diária que talvez nos possibilite abrir espaço para o desplanejamento. Desplanejar não significa agir sem planejar, mas agir segundo um planejamento que, no mesmo ato, é desmontado.

Capítulo 3
Conhecimento

O debate em torno do conhecimento talvez seja o de maior destaque ao longo da história do currículo. Como discutido no primeiro capítulo, as concepções do que vem a ser currículo se modificam em função das diferentes finalidades educacionais pretendidas e dos contextos sociais nos quais são produzidas. Ainda assim, frequentemente estão relacionadas às perguntas: qual conhecimento deve ser ensinado na escola? Qual conhecimento deve ser incluído no currículo e, por conseguinte, qual deve ser excluído?

As respostas a essas perguntas também se modificam ao longo da história do currículo. Dependendo das finalidades da escolarização e da concepção de conhecimento defendida, diferentes respostas são elaboradas. Pensando em abordar como as principais respostas a essas questões são construídas, este capítulo se inicia com a discussão sobre como o conhecimento vem sendo significado em quatro importantes vertentes do campo do currículo: a perspectiva acadêmica, a perspectiva instrumental, a perspectiva progressivista e a perspectiva crítica.

As discussões sobre conhecimento no campo do Currículo não se esgotam nessas quatro perspectivas, mas entendemos que elas dão conta dos principais embates em torno do tema (retornamos ao tema, de formas distintas, nos capítulos 4 e 5). Cada uma dessas abordagens engloba vários autores, com grandes diferenças entre si, que têm maior expressão em momentos históricos determinados. Isso não significa, porém, que possamos estabelecer uma linha evolutiva entre essas perspectivas ou que possamos pensar que uma perspectiva substitui a outra. Além disso, é necessário considerar as possíveis mesclas entre sentidos dessas diferentes perspectivas. Na atualidade, ainda que na academia a perspectiva crítica se destaque no campo do Currículo, encontramos traços de todas essas perspectivas nas diferentes significações de currículo que disputam espaço no contexto educacional.

Justamente por conta dessa prevalência da perspectiva crítica no debate atual, valorizamos neste capítulo a análise dessa perspectiva. Há de comum em todas as respostas da perspectiva crítica a preocupação em entender as relações entre diferentes saberes no currículo: conhecimento acadêmico e científico, historicamente sistematizado, *versus* saberes populares e saberes experienciados pelos alunos em sua vida cotidiana.

Ao final dessas análises, apresentamos como temos ressignificado o debate sobre o conhecimento, com base em enfoques pós-estruturalistas, modificando as próprias perguntas feitas em torno das relações entre cultura, conhecimento e currículo.

Perspectiva acadêmica

Nessa perspectiva, é defendida a existência de regras e métodos de validação de saberes. Uma vez atendidas a essas regras e métodos, alguns desses saberes — enunciados de todo tipo — são considerados como conhecimento. Nesse sentido, todo conhecimento é um saber, mas nem todo saber é um conhecimento. Só é conhecimento um saber capaz de passar por esses testes de validação no contexto de uma disciplina acadêmica especializada. Conhecimento é assim um conjunto de concepções, ideias, teorias, fatos e conceitos submetidos às regras e aos métodos consensuais de comunidades intelectuais específicas. Esse conhecimento (*episteme*) busca explicar o mundo e definir as melhores formas de atuar nesse mesmo mundo.

A vinculação dessa concepção de conhecimento ao conhecimento científico, ou seja, às diferentes ciências, é muito usual. Nessa perspectiva, contudo, podemos incluir como conhecimento também os saberes que usualmente não são tratados como ciência, como, por exemplo, a literatura. Em certas visões ainda mais restritas de conhecimento acadêmico, como a perspectiva positivista, os padrões estabelecidos para as chamadas ciências naturais são determinantes para a definição das regras e métodos de validação dos demais saberes. Mas não é possível restringir a perspectiva acadêmica ao enfoque positivista. Toda perspectiva que prevê uma razão única para validação de alguns saberes como conhecimento e pressupõe que esse conjunto de critérios de validação é neutro, desvinculado das relações sociais de produção dos saberes, pode ser considerada como uma perspectiva acadêmica.

Com base nessa perspectiva de conhecimento, a resposta à pergunta sobre qual conhecimento deve ser ensinado na escola é encontrada na lógica dos conhecimentos disciplinares acadêmicos. É central, nesse caso, a ideia de cânone: um corpo de conhecimentos selecionados para garantir a transmissão, às gerações mais novas, da lógica do conhecimento produzido pela humanidade. A escola, por meio do currículo, deve ser capaz de ensinar os princípios racionais que garantem a compreensão do cânone e permitem o desenvolvimento da mente do estudante.

Uma corrente de pensamento pedagógico que explicitamente defende essa identidade entre o que se ensina na escola e o que se desenvolve no campo das ciências e do conhecimento acadêmico em geral é a filosofia do currículo de Paul Hirst e Richard Peters. Esses autores entendem que a educação deve ser fundada na própria natureza do conhecimento e deve ser capaz de desenvolver, nos indivíduos, o pensamento conceitual e o domínio de esquemas simbólicos que garantam a perpetuação da cultura humana (confrontar com capítulo 5).

Jerome Bruner e Joseph Schwab, ambos com trabalhos importantes nos Estados Unidos nos anos 1960, também focalizam, de formas distintas, o conhecimento escolar como derivado da estrutura das disciplinas acadêmicas. Para Bruner, se um estudante entende a estrutura de uma disciplina — quais seus problemas e com quais ferramentas resolvê-los de forma a constituir o conhecimento disciplinar — ele passa a ser capaz de compreender a disciplina e avançar no conhecimento. Para Schwab, por sua vez, a estrutura da disciplina deve ser substantiva; portanto, deve focalizar a sintaxe da disciplina, seus cânones de evidências e provas e a forma de aplicação dos mesmos.

De certa forma, podemos considerar que traços desses enfoques da perspectiva acadêmica prevalecem tanto na perspectiva instrumental quanto na perspectiva progressivista. Mas algumas diferenças produzem deslizamentos significativos na forma como são entendidos os conhecimentos considerados relevantes para o currículo em cada uma dessas perspectivas, tratadas a seguir.

Perspectiva instrumental

A perspectiva instrumental de conhecimento tem relação com a perspectiva acadêmica, na medida em que também entende o conhecimento como legitimado pelo atendimento às regras e aos métodos rigorosos no âmbito acadêmico. Mas se distingue dela pelo fato de o conhecimento ter por principal referência a razão instrumental. A razão instrumental, genericamente falando, é a razão que busca sua legitimação pelo atendimento eficiente a determinados fins, sem problematizar os processos que levam a esses fins.

Como apresentam Adorno e Horkheimer,[1] a razão instrumental se torna mero instrumento auxiliar do processo econômico, ao se prestar como ferramenta universal para criação de outras ferramentas, puro órgão com respeito a fins. Nesse processo técnico, complementam os

---

1. Adorno e Horkheimer, apud PUCCI, Bruno (Org.). *Teoria crítica e educação*. Petrópolis: Vozes, 1994. p. 24.

autores, o sujeito se reifica, tem sua consciência extirpada, não participando do processo de significação racional.

No currículo, essa perspectiva se expressa predominantemente nos teóricos da eficiência social, tal como Bobbitt, e nas perspectivas do currículo centrado nos objetivos, construídas a partir do pensamento de Tyler, discutido no primeiro e no segundo capítulos. Essas tendências teóricas compreendem a escola como uma instituição que tem a finalidade de formar cidadãos capazes de gerar um benefício mais amplo para a sociedade. Tendo em vista essa finalidade, o conhecimento a ser selecionado para o currículo deve estar vinculado à formação de habilidades e de conceitos necessários à produtividade social e econômica. O conhecimento relevante a ser ensinado na escola deve ser o conhecimento capaz de ser traduzido em competências, habilidades, conceitos e desempenhos passíveis de serem transferidos e aplicados em contextos sociais e econômicos fora da escola. Essa aplicação é entendida como desejável, na medida em que atende aos fins sociais garantidores da manutenção adequada e do incremento das diferentes funções do sistema vigente.

Por exemplo, como já apresentado, os objetivos do currículo para Tyler têm como fontes: estudos sobre o interesse dos alunos; estudos sobre a vida contemporânea; estudos disciplinares acadêmicos. Assim, por intermédio da ampliação das fontes do currículo para além das disciplinas acadêmicas, Tyler valoriza a influência de diferentes contextos sociais que têm interesse no currículo, incluindo sujeitos sociais como os políticos e as famílias. Mas essas fontes são a base para construção de objetivos que visam a controlar os fins a serem atingidos com o currículo, restringindo o conhecimento ao atendimento desses mesmos fins.

Tendências curriculares atuais, como a do currículo por competências ou de construção dos currículos visando ao atendimento do que são consideradas interesses do mundo globalizado, tendem a se manter na mesma perspectiva instrumental de conhecimento, como abordado no capítulo 2.

Perspectiva progressivista

O principal autor associado a essa perspectiva é John Dewey, amplamente divulgado no Brasil, como já destacado pelo trabalho de Anísio Teixeira. Dewey[2] desenvolve sua teoria do conhecimento tendo em vista que qualquer campo do conhecimento humano representa um corpo de verdades a ser utilizado para a descoberta de novos problemas, novas pesquisas e conclusões. Em uma perspectiva pragmática, o conhecimento deve favorecer a melhor execução das atividades humanas. Por isso, o conhecimento é centralmente embasado na experiência das pessoas, visando a determinados fins. Mas diferentemente da perspectiva instrumental, esses fins devem estar vinculados ao bem-estar da humanidade e não apenas às finalidades do funcionamento do sistema social e/ou produtivo. Para Dewey, esse bem-estar está diretamente relacionado à possibilidade de construção da democracia. A escola deve ser capaz de contribuir para mudanças sociais formando os alunos para serem cidadãos em uma sociedade democrática.

Sua aproximação com a perspectiva acadêmica, de forma geral, reside na manutenção da referência aos saberes disciplinares acadêmicos. Porém, ele introduz a ideia de que o currículo não é dependente apenas da lógica dessas disciplinas. O currículo deve ser construído tendo em vista a dimensão psicológica do conhecimento. Para ele, o conhecimento, do ponto de vista lógico, refere-se ao sistema de fatos válidos, organizados com base em princípios de relação mútua e explicação comum. Por sua vez, do ponto de vista psicológico, o conhecimento precisa ser visto como modo ou forma de experiência de vida individual, um meio pelo qual os indivíduos sentem e pensam o mundo. O conhecimento primeiro deve atender aos princípios psicológicos para depois atender aos princípios lógicos que são o ápice do processo de conhecer.

Nesse sentido, Dewey aproxima-se de Tyler ao considerar que os interesses dos alunos e da vida contemporânea, e não apenas as disci-

---

2. DEWEY, John. *Vida e educação*. São Paulo: Melhoramentos, 1952.

plinas acadêmicas, devem balizar as seleções de conhecimentos que fazem parte do currículo. Mas se afasta igualmente de Tyler por utilizar a inter-relação dessas fontes do currículo para construir uma concepção própria de conhecimento para a escola: a matéria (ou conhecimento) escolar. Para Dewey, o conhecimento escolar deve atender às finalidades educacionais e não submeter a escola, como faz Tyler, aos objetivos estabelecidos com base em uma concepção instrumental. O conhecimento escolar deve levar em conta o desenvolvimento e a maturidade dos alunos, suas experiências e atividades (confrontar com os capítulos 4 e 5).

Por isso, diferentes autores consideram Dewey como o educador que estabeleceu as bases para o construtivismo, ao centrar o processo de ensino na aprendizagem do aluno. Também é possível salientar que sua perspectiva de conhecimento abre possibilidades para se pensar a escola como espaço de produção de conhecimento. Giroux[3] afirma o quanto sua concepção de escola como esfera pública democrática deve muito ao pensamento de Dewey, ainda que dele se afaste em igual medida. Para Giroux, a escola é onde os alunos devem aprender a vida democrática e os conhecimentos necessários ao seu fortalecimento, mas onde também se desenvolve a luta política. Isso porque compreende como essa mesma escola pode bloquear as dimensões materiais e ideológicas da democracia. Ou seja, em sua concepção, a democracia não se restringe à luta pedagógica como em Dewey, mas é também uma luta política e social, da qual a escola faz parte. Este, de forma geral, é o enfoque desenvolvido pela perspectiva crítica de currículo.

Perspectiva crítica

Perspectiva crítica de currículo é uma denominação genérica para um conjunto de autores, com bases teóricas bastante distintas, que se aproximam entre si pela forma como conectam o conhecimento com os

---

3. GIROUX, Henry. Introdução. *Os professores como intelectuais*. Porto Alegre: Artes Médicas, 1997. p. 25-32.

interesses humanos, a hierarquia de classes e a distribuição de poder na sociedade, e a ideologia (confrontar com a seção dois do capítulo 1). As perspectivas de conhecimento até aqui abordadas neste capítulo referendam as regras e métodos previamente definidos nos campos disciplinares acadêmicos. No máximo buscam conexão, como faz Dewey, com as experiências de vida dos alunos e a possibilidade de formação para uma vida democrática. A perspectiva crítica de forma muito mais contundente problematiza o que se entende por conhecimento e lança as bases para que seja questionado *o que conta como conhecimento escolar*.

É por intermédio das discussões críticas que o conhecimento deixa de ser considerado um dado neutro. Para os diferentes autores, não cabe apenas discutir *o que* selecionar, quais critérios utilizar nessa seleção, mas efetuar a crítica do conhecimento produzido e dos seus modos de produção, ao mesmo tempo que problematizam *por que* determinados conhecimentos são selecionados, e outros, não. Esta é uma perspectiva compreensiva, que tanto focaliza como a estrutura político-econômica e social atua nesses processos quanto investiga os modos pessoais de dar significados aos diferentes saberes. Seja de uma forma ou de outra, busca entender por que alguns saberes são classificados como conhecimento, e outros, não.

Selecionamos, então, algumas das principais correntes e autores da perspectiva crítica que têm teorizações importantes sobre o conhecimento, principalmente considerando seu impacto no Brasil. As quatro correntes aqui destacadas têm várias diferenças entre si, mas se aproximam pelo fato de tentarem responder à pergunta sobre o que conta como conhecimento escolar, considerando as relações entre saberes legitimados e não legitimados no currículo.

Michael Young e a Nova Sociologia da Educação

Como já destacamos no capítulo 1, quando o livro *Conhecimento e controle* (*Knowledge and control*) foi publicado em 1971, na Inglaterra, organizado por Michael Young, ele lançou as bases do que viria ser a chamada Nova Sociologia da Educação (NSE). Nesse livro, composto de textos de diferentes autores com programas de pesquisa próprios, há o propósito comum de definir o conhecimento escolar como objeto de pesquisa da Sociologia da Educação. Dessa forma, há também a constituição do que pode ser denominado uma Sociologia do Currículo: o currículo passou a ser considerado um problema de pesquisa a ser investigado sociologicamente, quando até então tendia a ser investigado com base nos princípios da psicologia e da filosofia.

Nessa perspectiva, a questão do conhecimento passa a ser central. Os autores da NSE, e mais particularmente Michael Young, apresentam uma problemática sobre o que conta socialmente como conhecimento. Young, influenciado pelo interacionismo simbólico, afirma que o conhecimento é construído nas interações sociais entre sujeitos, formando um conjunto de significados disponíveis para o ensino. Esse conjunto de significados — relacionados ao que é razoável, ao que é correto, ao que é verdade, bom ou lógico — depende de convenções sociais e de acordos dominantes com os quais interagimos.

Dessa forma, Young[4] assume uma postura polemicamente antipositivista, questionadora de possíveis definições *a priori* para o conhecimento. Seu confronto mais significativo é com as formas de conhecimento de Hirst e Peters, por considerar que essa teoria apenas referenda os saberes dominantes, tratando-os como dados. O objetivo de Young, ao contrário, é se contrapor à ideia de conhecimento como dado objetivo, na defesa de uma concepção de conhecimento condicionada e relativa. Para ele, questionar o que conta como conhecimento implica, inevitavelmente, não oferecer nenhum critério de verdade e nenhuma epistemologia explícita para os diferentes saberes. Sua postura é a de discutir o *status* de quem tem o poder de validar certos saberes como sendo conhecimentos e, portanto, verdades, em detrimento de outros saberes não considerados como verdadeiros. Em sua perspectiva inicial,

---

4. YOUNG, Michael. Taking sides against the probable: problems of relativity and commitment in teaching and the sociology of knowledge. In: JENKS, Chris (Ed.). *Rationality, education and social organization of knowledge*. London: Routledge & Kegan Paul, 1978. p. 86-95.

os únicos possíveis critérios de validação dos saberes são a ética e a política. Em outras palavras, um conhecimento é válido e legítimo se tem capacidade de contribuir para a libertação humana.

Com isso, são rejeitadas todas as perspectivas que buscam afirmar qualquer superioridade do conhecimento acadêmico e/ou científico sobre outros saberes sociais. Isso implica, portanto, desconstruir a ideia de um currículo definido exclusivamente com base no conhecimento científico ou nas disciplinas acadêmicas. Young se confronta com o conhecimento acadêmico e/ou científico no currículo por considerar que a superioridade conferida a esses saberes contribui para manter as desigualdades sociais e as hierarquias entre as pessoas. Os conhecimentos da elite intelectual dominante têm uma ligação com o poder político-econômico. Assim, considerar o conhecimento dessa elite como superior garante a superioridade dessa mesma elite na estratificação social.

Com essa teorização, Young pretendia constituir um novo programa de pesquisa para a Sociologia da Educação com foco no currículo. Nesse primeiro programa, busca entender por que esses acordos e convenções permanecem socialmente e quais exclusões produzem; por que os conhecimentos escolares são distribuídos desigualmente — nem todos têm acesso aos mesmos conhecimentos, nem todos são considerados capazes de serem formados nos mesmos conhecimentos, nem todas as convenções sociais são consideradas da mesma maneira na escola. A diferenciação entre os conhecimentos passa a ser entendida como a condição necessária para que certos grupos tenham seu conhecimento legitimado como superior ou de alto valor e outros grupos tenham seus saberes desconsiderados e excluídos. Quanto mais um currículo é naturalizado, quanto mais ele é compreendido como o único possível, legítimo e correto, mais eficiente é o processo de deslegitimação dos saberes excluídos desse currículo.

Um dos aspectos ressaltados por Young é o das características dos saberes de alto *status*. Na sua interpretação, esses saberes são: vinculados a uma valorização da apresentação escrita em oposição à oral; abstratos, com estrutura e compartimentação independentes dos saberes prévios dos alunos; desvinculados da vida cotidiana e da experiência comum; ensinados, aprendidos e avaliados de modo predominantemente individualista.

Posteriormente, Young[5] questiona essa concepção frente ao conhecimento acadêmico. Segundo ele, dessa forma, a NSE substitui o conhecimento das disciplinas acadêmicas pela consciência popular ou pelo senso comum como fundamento para o currículo, mas de forma completamente acrítica. Com isso, o currículo acadêmico é interpretado como impossível de ser vinculado aos interesses das camadas mais pobres da população. São desconsideradas as possibilidades de o currículo acadêmico contribuir para a libertação dessas pessoas, bem como potencializar sua compreensão do mundo em que vivem. Além disso, havia o que Young considera em obra mais recente *uma rejeição ingênua do conceito de "estrutura social"* e uma desvalorização da análise do papel do Estado nas questões curriculares.[6] Caminho análogo pode ser percebido na obra de Antonio Flavio Moreira, responsável também pela maior difusão do pensamento de Young no Brasil. Tendo sido orientando de Young no doutorado, Antonio Flavio desenvolve hoje trabalhos em políticas de currículo nos quais também reformula algumas de suas primeiras concepções relativas às relações entre conhecimento e estrutura social (ver capítulo 11).

O foco nas relações entre conhecimento e estrutura social, por sua vez, é desenvolvido com maior destaque por Michael Apple, como passamos a destacar.

Michael Apple e a relação entre conhecimento e poder

Michael Apple é um dos curriculistas norte-americanos mais fortemente associado ao que se convenciona chamar reconceptualiza-

---

5. YOUNG, Michael. Currículo e democracia: lições de uma crítica à nova sociologia da educação. *Educação e Realidade*, Porto Alegre, v. 14, n. 1, p. 29-40, jan./jun. 1989.

6. YOUNG, Michael. *O currículo do futuro*: da "Nova Sociologia da Educação" a uma teoria crítica do aprendizado. Campinas: Papirus, 2000.

ção do campo do Currículo nos Estados Unidos, no fim dos anos 1970, e vem se mantendo atuante no campo desde então (confrontar com Capítulo 1). Os reconceptualistas, de forma geral, procuram estabelecer forte relação entre seu trabalho intelectual e o trabalho político de questionar a ordem social estabelecida. Particularmente no campo do Currículo, se contrapõem aos enfoques instrumentais, acadêmicos e progressivistas. Apple assume esse trabalho influenciado pelo marxismo, principalmente de Gramsci, buscando se aliar às classes trabalhadoras na luta pelas transformações históricas da estrutura econômica.

Em um texto clássico da reconceptualização, Apple[7] afirma que os conhecimentos escolares e seus princípios de seleção, organização e avaliação são opções realizadas em um universo amplo de conhecimentos. Tais opções têm base em valores, em ideologias sociais e econômicas, bem como em significados institucionalmente estruturados. Por isso devem sempre ser problematizados.

Por intermédio da transmissão de conhecimentos, valores e disposições, a escola tanto contribui para manter privilégios sociais, definidos pela estrutura econômica capitalista, como também atua no processo de criar e recriar a hegemonia dos grupos dominantes. Por meio desse entendimento, Apple considera importante, mas insuficiente, a investigação do que acontece em sala de aula e das interações entre professores e alunos ao negociarem como significam o mundo. Para ele, o trabalho de investigação no campo do Currículo exige conectar esses processos à estrutura econômica da sociedade. Em suma, conectar conhecimento e economia.

Apple critica os curriculistas instrumentais (confrontar com capítulos 1 e 2) por defenderem que a escola deve distribuir o conhecimento técnico para ampliar o sucesso no mundo produtivo. Na sua análise, essa é uma visão conservadora das relações de estratificação social e da estrutura econômica, pois a distribuição do conhecimento técnico

---

7. APPLE, M.; KING, N. R. ¿Qué enseñan las escuelas? In: SACRISTÁN, J. G.; GÓMEZ, A. P. *La enseñanza y su práctica*. Madrid: Akal, 1989. p. 37-53.

só é realizada por contribuir para a manutenção da estrutura econômica estratificada. Mas ele também não se restringe a conceber a escola como cumprindo a finalidade de distribuir o conhecimento técnico para garantir a reprodução das desigualdades sociais, como fazem os teóricos da correspondência. Para ele, a escola produz os sujeitos que atuam como agentes no sistema econômico e simultaneamente produz conhecimentos que atuam como capital cultural capaz de sustentar esse mesmo sistema econômico. Como capital cultural, o conhecimento está incorporado na tecnologia e na ciência necessárias ao capital econômico. Dessa forma, o currículo contribui para a acumulação do capital cultural e do capital econômico pelas classes dominantes por contribuir para manter a divisão entre trabalho mental e trabalho manual, entre conhecimento técnico e conhecimento não técnico.

Com essa interpretação, Apple[8] problematiza a ideia de seleção de conhecimentos para o currículo escolar. Salienta como não é claro qual o conjunto de suposições sociais e ideológicas capaz de legitimar o conhecimento de certos grupos em detrimento do conhecimento de outros grupos. O currículo, para ele, é produto dinâmico de lutas contínuas entre grupos dominantes e dominados, fruto de acordos, conflitos, concessões e alianças. Esses conflitos e acordos situam não apenas questões socioeconômicas, de classe, mas dinâmicas de raça e gênero. Para analisar esse processo de seleção de conhecimentos, Apple recorre à concepção de *tradição seletiva* de Raymond Williams.

A concepção de tradição seletiva de Williams é elaborada a partir de suas pesquisas em história da cultura.[9] Segundo Williams, a cultura de tradição seletiva é um fator de conexão da cultura vivida — a cultura de uma época e um lugar determinados, somente acessível para aqueles que vivem esta época e lugar —, e a cultura de um período — a cultura registrada, de todo tipo, desde a arte aos mais variados fatos do cotidiano. Teoricamente, a cultura de um dado pe-

---

8. APPLE, Michael W. Currículo e poder. *Educação e Realidade*, Porto Alegre, v. 14, n. 2. p. 47, 1989.

9. WILLIAMS, Raymond. The analysis of culture. In: _____. *The long revolution*. London: Harmondsworth/Penguin Books, 1961. p. 66-70.

ríodo é sempre registrada, mas na prática todo esse registro é absorvido por uma tradição seletiva, que nos faz conhecer determinados aspectos de uma época e outros não. A tradição seletiva cria, então, uma cultura geral humana, o registro histórico de uma dada sociedade e uma rejeição de áreas consideráveis da cultura vivida. O processo de seleção implica continuamente reinterpretações, mesmo porque as seleções são constantemente feitas e refeitas. Trata-se de um processo que não é realizado unicamente pela educação, mas a esta cabe um papel preponderante.

Williams[10] ainda salienta que a educação tende a ser tratada como se fosse uma abstração e o currículo como se fosse um corpo estabelecido de conhecimentos a serem ensinados e aprendidos. Usualmente, não se problematiza a seleção de conteúdos do currículo, apenas sua distribuição: em que quantidade, em que período de tempo, em que série. O conteúdo da educação, no entanto, é sujeito a grandes variações históricas. Como seleção, expressa, consciente ou inconscientemente, certos elementos básicos da cultura: é um conjunto particular de ênfases e omissões. Além disso, há uma relação estreita entre seleção e distribuição dos conteúdos, pois os conteúdos selecionados têm uma relação orgânica com as escolhas sociais envolvidas na organização prática.[11]

Apple apresenta a discussão de tradição seletiva de Williams de forma conectada à análise que o mesmo autor faz da hegemonia. Para Apple, o conhecimento hegemônico é todo um corpo de concepções, significados e valores que constituem as práticas cotidianas e a compreensão humana sobre o mundo. Quanto maior é a capacidade de esse conhecimento hegemônico se constituir como senso comum, mais facilmente exerce sua hegemonia. Quanto mais esse conhecimento hegemônico é transmitido como se fosse o conhecimento universal sistematizado, fruto de uma tradição que o seleciona como se fosse o melhor, mais se traduz como cultura dominante efetiva.

---

10. WILLIAMS, Raymond. Education and british society. In: _____. *The long revolution*. London: Harmondsworth Penguin Books, 1961. p. 145.

11. Ibidem, idem.

Com essa análise, Apple está preocupado em conectar conhecimento e poder. Sua concepção de poder passa centralmente pelas relações entre Estado e poder econômico. Por isso, em trabalhos posteriores,[12] ele associa essa discussão do conhecimento hegemônico, que atua como capital cultural, com o conhecimento legitimado por ações oficiais do Estado. O conhecimento técnico e acadêmico legitimado por relações de poder mediadas pelos órgãos oficiais do Estado — avaliações centralizadas nos resultados, livros didáticos, propostas curriculares oficiais — torna-se um *conhecimento oficial*. Na medida em que o Estado é constituído em uma sociedade capitalista, sua ação é também diretamente controlada pelo mercado. Dessa forma, se organiza uma política do conhecimento oficial que vem instituindo formas de associar uma restauração conservadora com uma política de mercado.[13] Uma das formas mais efetivas dessa política são as ações que visam a um currículo e a uma avaliação nacional controladas pelo Estado, aspecto que desenvolveremos no capítulo 11.

Paulo Freire e a educação popular

Paulo Freire é reconhecidamente o mais importante educador brasileiro, tanto pela extensão de sua obra, iniciada nos anos 1960, quanto pelo impacto dela no país e no exterior. Curriculistas norte-americanos, como Peter McLaren e Henry Giroux, afirmam em diferentes textos a importância da obra de Paulo Freire em suas teorias. Giroux[14] situa, inclusive, o avanço de Freire em relação à Nova Sociologia da Educação, por considerar que o educador brasileiro abre mais espaços

---

12. APPLE, Michael. *Conhecimento oficial*: a educação democrática numa era conservadora. Petrópolis: Vozes, 1997. 267 p.

13. APPLE, Michael. A política do conhecimento oficial: faz sentido a ideia de um currículo nacional? In: MOREIRA, Antonio Flavio; SILVA, Tomaz Tadeu da. *Currículo, cultura e sociedade*. São Paulo: Cortez, 1994. p. 59-91.

14. GIROUX, Henry. Cultura, poder e transformação na obra de Paulo Freire: rumo a uma política de educação. In: GIROUX, Henry. *Os professores como intelectuais*. Porto Alegre: Artes Médicas, 1997. p. 145-156.

para entendermos a produção de significados no currículo. Com isso, também abre espaço para uma linguagem da possibilidade, para além da lógica da reprodução.

A teorização de Freire é a base da educação popular: um projeto de educação que visa a possibilitar a luta dos oprimidos, por meio de sua conscientização política e sua libertação. É no âmbito desse projeto que sua concepção de conhecimento deve ser inserida. Porém, esse projeto não é concebido por Freire como algo a ser feito *para* os oprimidos, mas *com* os oprimidos. Por isso, também deve levar em conta os saberes e a existência real dos oprimidos.

Freire[15] se contrapõe aos conteúdos da educação tradicional, interpretada como de cunho fortemente acadêmico. Para ele, esses conteúdos são compartimentados, estáticos, transmitidos de forma desvinculada da realidade concreta dos educandos. Por sua vez, os educandos são tratados como se fossem sujeitos sem saber, passivos e não pensantes, *tabula rasa* à espera de que os conteúdos dos professores (os sábios) venham a preencher esse espaço vago em suas consciências. Para Freire, essa é uma educação bancária.

Contra essa concepção de conhecimento estático da educação bancária, Freire propõe os saberes de uma educação problematizadora e crítica. Ele parte da compreensão de que os seres humanos são históricos, vivem realidades concretas em situação de opressão. Pensar nos saberes associados a essa realidade implica conceber a possibilidade de inserção crítica e de transformação dessa mesma realidade. Esse processo tanto é intelectual quanto político: exige reflexão e ação transformadora.

No processo de alfabetização de trabalhadores rurais, foco central de Freire, há que se trabalhar com temas — os temas geradores — que abram a possibilidade de conhecimento crítico da totalidade em que vivem. Na medida em que a realidade tende a ser conhecida como se fosse formada por partes que não se conectam, alcançar um conhecimento crítico dessa mesma realidade requer a possibilidade de

---

15. FREIRE, Paulo. *Pedagogia do oprimido*. Rio de Janeiro: Paz e Terra, 1983.

articular essas partes na análise de um tema significativo na existência das pessoas.

A palavra *terra*, por exemplo, é aprendida de forma mais significativa se é conectada à luta dos oprimidos pelo direito de trabalharem a terra para seu sustento e moradia, se é conectada às razões de não haver o direito à terra para todos.

Essa outra forma de construir o conhecimento crítico e a conscientização dos seres humanos requer a prática do diálogo. Para Freire, pronunciar a palavra capaz de modificar o mundo pressupõe produzir o diálogo. O diálogo para Freire é o encontro dos homens, mediatizados pelo mundo. Com base nessa perspectiva, ele considera não ser possível o diálogo entre "os que querem a *pronúncia* do mundo e os que não a querem",[16] entre os que estão em posição de negar aos outros o direito à palavra e os que têm esse direito negado. Para haver diálogo, é preciso haver a reconquista do direito à palavra, humanizando-se nesse processo.

Em contraposição à postura de narrador das histórias do mundo que o professor tem na educação bancária, Freire propõe a atuação dialógica na educação problematizadora. É pelo diálogo que os conhecimentos são construídos no currículo. O conhecimento não possui um significado em si, mas é contextualmente produzido nas lutas contra a opressão. Havendo diálogo, também há um questionamento da hierarquia do saber do educador sobre o saber do educando: ambos aprendem na atividade dialógica. Não há finalidades *a priori*, estabelecidas pelo educador, fora das condições concretas de existência dos educandos. Nesse caso, o educador é também educando, na medida em que é dialógico, problematizador. Para tal, o conteúdo escolar não pode ser doação ou imposição, mas a *devolução organizada, sistematizada e acrescentada ao povo, daqueles elementos que este lhe entregou de forma inestruturada.*[17]

O impacto das concepções de conhecimento de Freire no campo do Currículo no Brasil e no exterior pode ser percebido por vários

---

16. FREIRE, Paulo. *Pedagogia do oprimido*. Rio de Janeiro: Paz e Terra, 1983. p. 93.

17. Idem, p. 98.

textos. No período após a abertura política pós-ditadura militar, se amplifica no país o debate em torno da pedagogia crítica, havendo grande discussão das ideias de Freire. Uma das principais autoras a realizar pesquisas em Currículo com base no pensamento de Freire é Ana Maria Saul. Suas investigações inicialmente se dirigem para análises e proposições sobre a avaliação emancipatória e em seguida desenvolvem mais diretamente investigações no campo das políticas de currículo.

Esse impacto do trabalho de Freire também pode ser percebido pelo embate travado entre os educadores que defendiam a educação popular e os educadores que defendiam a pedagogia crítico-social dos conteúdos, que passamos a abordar.

Libâneo e a pedagogia crítico-social dos conteúdos

A pedagogia crítico-social dos conteúdos é uma corrente pedagógica brasileira com expressão em diferentes áreas da Educação, com destaque especial na Didática, por intermédio do trabalho de José Carlos Libâneo. O pensamento deste autor tem por base a perspectiva histórico-crítica de Dermeval Saviani, um dos mais expressivos educadores brasileiros com atuação na pesquisa e pós-graduação desde os anos 1970, e orientador de doutorado de Libâneo na segunda metade dos anos 1980.

Saviani[18] desenvolve os princípios da pedagogia histórico-crítica em contraposição tanto aos enfoques instrumentais e progressivistas quanto aos enfoques da teoria da correspondência. Para ele, uma teoria crítica da educação é obrigatoriamente uma teoria desenvolvida a partir do ponto de vista dos dominados. Porém, não se limita a analisar como a escola contribui para a reprodução dos processos de exclusão social. Sua intenção é defender, com base na perspectiva de Marx

---

18. SAVIANI, Dermeval. *Escola e democracia*. São Paulo: Cortez, 1984. 96 p.

e Lênin, como a escola pode contribuir para a modificação das relações de produção. Para tal, o diálogo entre professores e alunos e a valorização dos interesses dos alunos não podem prescindir da valorização do diálogo com a cultura acumulada historicamente. O conhecimento a ser trabalhado na escola deve levar em conta a problematização da prática social, mas os problemas de tal prática só podem ser equacionados se os alunos se apropriarem de instrumentos que lhes permitam tal ação. Todo conhecimento parte, então, da prática social para a ela retornar, como aplicação e superação. Mas sem o conhecimento historicamente acumulado e analisado de forma crítica não há possibilidade dessa superação.

Em sintonia com o pensamento de Saviani, Libâneo desenvolve a pedagogia crítico-social dos conteúdos visando a investigar as questões relativas ao ensino. A despeito disso, sua teorização tem grande impacto no campo do Currículo, uma vez que problematiza os processos de seleção de conteúdos usualmente desenvolvidos nas escolas.

Em suas proposições, há uma defesa da centralidade dos conteúdos na escola. Os conteúdos incluem os conhecimentos sistematizados, as habilidades e hábitos cognitivos de pesquisa e estudo, mas também atitudes, convicções e valores.[19] Libâneo considera esses conteúdos selecionados de uma cultura mais ampla como uma cultura essencial, transmitida não exclusivamente, mas prioritariamente, pela escola. Essa cultura deve garantir aos alunos ferramentas conceituais para entender e lidar com o mundo, tomar decisões e resolver problemas. Ao mesmo tempo, deve garantir esquemas conceituais que permitam ampliar seu universo para além do cotidiano imediato e prover os alunos de capacidade crítica sobre esse mesmo cotidiano.

Os conhecimentos sistematizados não são considerados neutros ou descontextualizados, mas é defendida a possibilidade de sua objetividade, construída historicamente. São conhecimentos selecionados das ciências e dos modos de ação humana, ao longo de suas múltiplas experiências sociais. Esses conhecimentos, por serem históricos e crí-

---

19. LIBÂNEO, José Carlos. Produção de saberes na escola: suspeitas e apostas. In: CANDAU, Vera. *Didática, currículo e saberes escolares*. Rio de Janeiro: DP&A, 2000. p. 11-45.

ticos, são aprendidos pelos alunos em um processo de reelaboração das matérias de estudos.

Para Libâneo,[20] os seres humanos necessitam conhecer a realidade natural e social, de maneira a enfrentá-la na atividade prática. Nesse sentido, o conhecimento é necessário ao desenvolvimento histórico-social. Os resultados do confronto humano com o ambiente natural e social para produzir as condições de sua existência são objetivados na cultura, ciência, técnica, arte. Esses objetos de conhecimento devem ser apropriados ativamente pelas novas gerações. É possível, então, concluir que o conhecimento para Libâneo é uma atividade prática objetiva e social, orientado para as situações reais e concretas.

Nesse processo, o professor deve buscar que o aluno passe de um conhecimento sincrético de sua prática social para um conhecimento sintético, mediado pelos conhecimentos científicos historicamente situados. Os conhecimentos não são estáticos nem definitivos; há uma história, com suas relações socioeconômicas particulares, que define as mudanças nos conhecimentos.

O embate com a educação popular e com o pensamento de Freire se desenvolve pela desconfiança em relação a sua concepção de diálogo entre professor e aluno sem admitir uma hierarquia entre os mesmos, pelo menos no início do processo pedagógico, quando os saberes dos alunos são vistos como desorganizados. É também considerado que essa teorização acaba por se aproximar de alguns princípios do progressivismo de Dewey e com isso estimula os professores a se desinteressarem pela transmissão de conteúdos sistematizados aos alunos das classes populares. Em nome de um processo de conscientização, os conhecimentos sistematizados podem vir a ser negligenciados, prejudicando a possibilidade de visão crítica das classes populares, entendida como necessariamente dependente desses conhecimentos.

Por sua vez, os teóricos da educação popular criticam a pedagogia crítico-social dos conteúdos por ser excessivamente valorizadora dos

---

20. Apud OLIVEIRA, Maria Rita. *A reconstrução da didática*: elementos teórico-metodológicos. Campinas: Papirus, [19_]. p. 109.

conhecimentos acadêmicos, correndo o risco de separar a transmissão do conhecimento da produção do conhecimento. Para eles, como para Freire, há uma intrínseca relação entre esses processos, de forma que um não existe sem o outro. Nessa perspectiva, a educação popular não está preocupada com que o conhecimento ensinado esteja vinculado a alguma forma de inserção dos oprimidos no sistema dominante de relações sociais, por exemplo, pela entrada no mercado produtivo. O conhecimento ensinado deve estar a serviço da inserção desses sujeitos em atividades coletivas que permitam melhoria de suas vidas e em movimentos sociais que permitam a luta por seus direitos.[21]

A despeito das múltiplas diferenças entre as quatro tendências da perspectiva crítica aqui abordadas, permanece em comum o constante debate entre, por um lado, os saberes dos alunos, os saberes populares, o conhecimento comum e os saberes não legitimados e, por outro lado, o conhecimento acadêmico, o conhecimento científico, os conhecimentos sistematizados e os saberes legitimados. Diferentes respostas de cada uma dessas tendências são aqui apresentadas e os confrontos entre essas respostas se estabelecem.

Mas defendemos que a superação desses embates passa pela mudança das perguntas até então formuladas: será que cabe pensar o currículo como embate entre saberes legitimados e deslegitimados? Será que devemos entender o currículo apenas como uma seleção de conhecimentos?

Mudando as perguntas e superando os embates entre saberes

A discussão sobre o conhecimento no campo do Currículo parece oscilar entre o relativismo da aceitação de múltiplos saberes como igualmente válidos como conhecimentos e o universalismo de consi-

---

21. BRANDÃO, Carlos R. *O ardil da ordem*. Campinas: Papirus, 1986. 113 p.

derar a existência de alguns saberes com um valor de verdade superior aos demais. Esse valor superior de verdade de alguns saberes, capaz de fazer com que eles sejam legitimados como conhecimentos em detrimento de outros saberes que não o são, nem sempre é fundamentado nos mesmos critérios. Os critérios podem ser acadêmicos, instrumentais, pragmáticos, científicos, historicamente situados, vinculados à capacidade de libertação humana ou à capacidade de produzir mudanças na estrutura social e econômica. Os diferentes embates acontecem entre os que defendem ora um ora outro critério, ou que mesclam esses diferentes critérios. Os embates também se desenvolvem por não ser possível um consenso final em relação ao que vem a ser pragmatismo, libertação humana, capacidade de produzir mudanças na estrutura social e econômica e tantos outros conceitos aos quais recorremos para tentar ir construindo um discurso sobre nossas opções sociais, políticas e educacionais. Não são apenas palavras que estão em jogo, mas significados teóricos e práticos que disputamos para operar no mundo. São discursos com os quais constituímos a significação do mundo.

Com base nesse debate, são postos em lados opostos os sujeitos que dominam os saberes considerados legítimos e os sujeitos que dominam os saberes deslegitimados. Também estão em lados opostos, de forma absoluta, os sujeitos que selecionam os saberes do currículo e os sujeitos que são submetidos a uma seleção previamente feita, podendo apenas resistir ou sucumbir a essa dada seleção. Por sua vez, o currículo é entendido como produto dessa seleção de saberes.

Vários problemas decorrem dessas interpretações que até hoje têm sido dominantes no campo do Currículo. Podemos elencar, neste momento, alguns desses problemas. Outros serão enunciados de diferentes formas ao longo deste livro. Um deles é o de colocar em lados opostos saberes sociais com os quais interpretamos o mundo, como se pudéssemos sempre estar categorizando os diferentes saberes, do ponto de vista epistemológico, sem considerar o hibridismo entre os saberes e os diferentes contextos das práticas sociais de legitimação e de produção desses mesmos saberes. Deixamos de considerar que em nossa disputa pela produção de significados também entram em jogo o que consideramos como ciência, como acadêmico, como capacidade de atender a fins sociais.

O segundo relaciona-se com o fato de pressupor que existe sempre a escolha de um único projeto para o currículo, projeto este que está relacionado a apenas uma categoria de saberes. É desconsiderado que as múltiplas finalidades associadas a diferentes saberes estão sempre em disputa, negociando o espaço e a possibilidade de significação no currículo. Terceiro, e talvez o mais importante, essa forma de estabelecer classificações entre saberes pressupõe posições fixas na luta política: a posição dos que têm seus saberes legitimados e dos que não têm; a posição dos que detêm os saberes populares ou não, os saberes científicos ou não, em todos os contextos e situações. A partir das posições fixas de saberes e sujeitos são construídos também antagonismos fixos entre uns e outros.

Defendemos, diferentemente, que saberes, sujeitos e antagonismos não são fixos e definidos para todo o sempre. As classificações do que vem a ser dominante ou dominado, legítimo ou não legítimo, científico ou não científico são construídas em lutas sociais por cada uma dessas significações. Se os saberes e as posições dos sujeitos em relação a esses saberes dependem dessas lutas políticas, os antagonismos entre eles também dependem dessas mesmas lutas. Não há uma posição de classe social, por exemplo, na qual possamos fixar um sujeito e categorizá-lo como dominado ou oprimido, em oposição a um dominante que sempre será o mesmo em qualquer situação e contexto, em cujo saber será o mesmo também em qualquer situação ou contexto, em qualquer relação de poder.

Nessa perspectiva, o currículo também não é fixo nem é um produto de uma luta fora da escola para significar o conhecimento legítimo. O currículo não é uma parte legitimada da cultura que é transposta para a escola. O currículo faz parte da própria luta pela produção do significado, a própria luta pela legitimação. Nesse sentido, é uma produção de cultura.

Por isso, propomos outra forma de pensar o currículo, não mais como seleção de conteúdos ou mesmo como seleção de cultura, mas como uma produção cultural. O currículo é uma produção cultural por estar inserido nessa luta pelos diferentes significados que conferimos ao mundo. O currículo não é um produto de uma luta fora da escola para significar o conhecimento legítimo, não é uma parte legitimada da cultura que é transposta para a escola, mas é a própria luta pela produção do significado.

Assim sendo, não cabe falar em disputa pela seleção de conteúdos, mas disputas na produção de significados na escola. Essa disputa não é restrita à escola, mas vincula-se a todo um processo social que tem a escola como um lócus de poder importante, mas que não se limita a ele. E como tal só pode ser compreendido em outra concepção de cultura, a qual detalhamos no capítulo 9.

Capítulo 4

Conhecimento escolar e discurso pedagógico

As discussões sobre conhecimento no campo do Currículo, apresentadas no capítulo anterior, têm em comum a preocupação em analisar a especificidade do conhecimento escolar e do discurso pedagógico, também denominado matéria escolar ou conteúdo de ensino. Mesmo as teorizações em uma perspectiva acadêmica, defensoras de que a matéria escolar seja referenciada nos conhecimentos disciplinares, não deixam de analisar que esses conhecimentos, para serem curricularizados, devem sofrer algum processo de tradução para fins de ensino. Assim, questões curriculares estão diretamente relacionadas ao processo de transformar os saberes legitimados socialmente em matéria escolar. Como também vimos no capítulo sobre Conhecimento, esses saberes legitimados socialmente tendem a ser associados ao conhecimento disciplinar acadêmico.

Algumas teorias com impacto na discussão curricular se desenvolveram procurando entender centralmente as mudanças que a pedagogização para fins de ensino acarreta na organização do conhecimento. Nessas teorias, um saber curricularizado ou conhecimento escolar ou ainda um discurso pedagógico é um conteúdo produzido para fins pedagógicos, sejam eles em uma instituição com finalidades específicas para tal — a escola — ou em qualquer processo de produção e reprodução cultural. Entender a organização curricular é, assim, entender a organização do conhecimento mediado pedagogicamente.

A primeira concepção desse campo da organização curricular que abordamos é a transposição didática de Yves Chevallard. Ainda que essa discussão tenha se desenvolvido na França no campo da Didática, principalmente nos anos 1980, suas conclusões são incorporadas ao campo do Currículo, tanto em virtude das significativas interfaces entre Currículo e Didática quanto em virtude de curriculistas brasileiros se apropriarem da teoria da transposição didática para afirmar o caráter produtivo do conhecimento e da cultura escolar.

A segunda teorização que abordaremos é a da recontextualização, desenvolvida por Basil Bernstein em uma obra também dos anos 1980. A discussão de Bernstein não é especificamente relativa ao conhecimento escolar, mas ao discurso pedagógico. Isso porque sua preocupação não é epistemológica, não focaliza o conhecimento curricularizado. Seu enfoque, simultaneamente sociológico e linguístico, o leva a se preocupar com as regras que regem a apropriação pedagógica dos mais diferentes conteúdos a serem ensinados, independentemente da especificidade desses conteúdos.

Este capítulo se dedica, portanto, ao desenvolvimento dessas concepções, procurando reforçar a análise sobre as especificidades do conhecimento escolar e do discurso pedagógico em relação a outras formas de conhecimento e discursos, notadamente o conhecimento ou discurso científico.

A transposição didática

A concepção de transposição didática é desenvolvida por Chevallard no âmbito de suas investigações sobre as diferenças epistemológicas entre o conhecimento matemático produzido por investigadores do campo e o conhecimento matemático ensinado na escola. Em suas pesquisas, ele evidencia como um determinado conceito na Matemática dos matemáticos é modificado, normalmente para ser simplificado, quando é ensinado na disciplina escolar Matemática. O conceito é deslocado: (i) das questões que permitem resolver e dos conceitos com os quais constitui uma rede de relações (descontextualização); (ii) do período histórico (descontemporalização); (iii) dos vínculos que possui com as pessoas que o produziram e suas práticas científicas (despersonalização). Simultaneamente, o conceito é naturalizado, como se sua produção respondesse a verdades incontestáveis. O exemplo exaustivamente discutido por Chevallard[1] é o da noção de distância. Distância é uma noção introduzida na Matemática por Fréchet e traduz uma ideia de semelhança: a distância entre dois pontos mede uma semelhança entre objetos representados. Trata-se de uma noção elaborada no âmbito das questões relativas aos sistemas não lineares. Ao ser apropriada pelo sistema de ensino, a noção de distância é transformada em medida do segmento de reta entre dois pontos, esvaziando-se da noção inicial.

Ao analisar essa transformação, Chevallard não considera que a escola ensina conceitos errados ou que a escola deveria ensinar os conceitos tal como os matemáticos desenvolveram ao longo da história da ciência. Tampouco está considerando que não existem modificações nos conceitos matemáticos, ou científicos de forma geral, ao longo da própria história da ciência. O didata francês busca apenas salientar as mudanças conceituais que acontecem pela transposição de um determinado conceito da ciência para a relação didática.

Ele denomina relação didática à relação existente entre o professor, o aluno e o conhecimento ensinado. Esta é uma relação própria, pois nela existe a intenção de um sujeito — o professor — ensinar um conhecimento a outro sujeito — o aluno. O conhecimento ensinado não é qualquer conhecimento, mas apenas o corpo de conhecimentos selecionados pela sociedade para serem ensinados, tanto pela possibili-

---

1. CHEVALLARD, Yves; JOHSUA, Marie-Alberte. Un example d'analyse de la transposition didactique: la notion de distance. *Recherches en Didactique des Mathematiques*, Paris, v. 1, n. 3, p. 159-239, 1982.

dade de serem ensinados quanto pela importância conferida socialmente a esses conhecimentos.

Por isso, a transposição didática é definida por Chevallard tanto em função das diferenças existentes entre o conhecimento em geral e o conhecimento escolar (esse corpo de conhecimentos selecionados) quanto em função do trabalho realizado para produzir tais diferenças. Para ele,[2] a transposição didática é precisamente a transição de um conhecimento, considerado como uma ferramenta a ser colocada em uso, para algo a ser ensinado e aprendido. Assim, ao mesmo tempo que é uma transição entre saberes, a transposição didática consiste no trabalho de realizar essa transição, o trabalho de transformar um objeto de saber a ensinar em um objeto de ensino.[3]

Esse trabalho não é realizado, exclusivamente, ou mesmo prioritariamente, por professores e professoras, pois a relação didática — estudantes, docentes e saber ensinado — se desenvolve em um sistema de ensino que possui uma autonomia relativa nesse processo. Professores, ao organizarem o planejamento de uma aula sobre determinado assunto, não fazem a transposição didática, mas trabalham em uma transposição já previamente realizada pela compatibilização necessária entre o sistema de ensino e as exigências do contexto social no qual se insere.

O sistema de ensino, portanto, é um sistema aberto. Sua legitimidade depende de sua capacidade de ensinar o conhecimento que socialmente se espera ser ensinado. Assim, professores e professoras não controlam a transposição didática. A *noosfera* ou *intelligentsia* do sistema de ensino, condicionada pela estrutura social mais ampla, organiza e controla os modelos dessa transposição. Essa *noosfera*, para Chevallard, é composta pelos círculos intermediários entre a pesquisa e o ensino — representantes do sistema de ensino, associações científicas e sindi-

---

2. CHEVALLARD, Y. On didactic transposition theory: some introductory notes. *Communication à l'International Symposium on Selected Domains of Research and Development in Mathematics Education*. Bratislava, 3-7 ago. 1988.

3. CHEVALLARD, Y. *La transposición didáctica*: del saber sabio al saber enseñado. Buenos Aires: Aique, 1991.

cais, especialistas, professores militantes. É a instância onde são pensadas e prescritas as práticas pedagógicas e os conteúdos de ensino. Como instância social, não é composta exclusivamente por pessoas, mas pelas instituições às quais essas pessoas estão ligadas.

Nessa perspectiva, o conhecimento não é um dado, diz Chevallard;[4] é construído e transformado no processo de ser transposto de um contexto a outro. Por isso, Lopes,[5] em publicação do início dos anos 1990, interpreta a transposição didática como um processo de mediação para salientar que não se trata de transpor sem modificações um saber de um lugar a outro, mas efetivamente transformar esses saberes para fins de ensino.

Assumir essa transformação na qual o conhecimento é submetido quando inserido nas relações de um sistema didático é assumir uma diferença intrínseca entre conhecimento escolar e conhecimento científico. Tal diferença epistemológica é decorrente das diferenças entre as finalidades sociais das instituições produtoras do conhecimento científico e as finalidades sociais conferidas pela sociedade à escola.

Caso ampliemos a teoria da transposição didática, como o faz Develay,[6] temos que considerar que o conhecimento escolar não tem apenas o conhecimento científico como saber de referência. Os saberes de referência dos conhecimentos escolares, ou seja, os saberes que são submetidos a uma transposição didática quando são escolarizados, incluem as chamadas práticas sociais de referência: diversas atividades sociais de pesquisa, produção, engenharia, bem como atividades domésticas e culturais. Assim, Develay define a transposição didática como todas as transformações que afetam os saberes eruditos/científicos e as práticas sociais de referência pelas quais derivam não apenas os saberes a ensinar, mas também os saberes ensinados e assimilados

---

4. CHEVALLARD, Y. Readjusting didactics to a changing epistemology, September, 2006. *European Educational Research Journal*, v. 6, n. 2, p. 9-27, 2007.

5. LOPES, Alice Casimiro. *Conhecimento escolar*: ciência e cotidiano. Rio de Janeiro: EdUerj, 1999. Disponível em: <www.curriculo-uerj.pro.br>.

6. DEVELAY, Michel. *De l'apprentissage à l'enseignment*: pour une épistémologie scolaire. Paris: ESF, 1995.

pelos alunos. Para o autor, trata-se de um duplo trabalho de didatização e de axiologização: ao mesmo tempo que os saberes são didatizados, a eles são incorporados determinados valores sociais.

Com a teoria da transposição didática, Chevallard, simultaneamente, tem como finalidade construir um objeto de pesquisa para o campo da Didática. Caberia à Didática, pela Didática geral e pelas Didáticas específicas, entender teoricamente a passagem do saber dos sábios ao saber ensinado, compreender os condicionantes sociais dessa transformação e investigar essa epistemologia própria do contexto escolar.[7] A partir dessa compreensão, assume menor interesse a noção de erro: nem toda diferença entre o saber de referência e o saber escolar é um erro. Mesmo em se tratando de um erro em relação aos princípios estabelecidos pelo saber de referência, o mais importante não é a identificação desses erros (ainda que essa identificação possa ser eventualmente desejável). O mais importante é a compreensão de quais mediações existem entre os saberes de referência e os saberes escolares e entender as razões das diferenças entre esses saberes. Cabe ao investigador entender como os saberes escolares são introduzidos pela *noosfera* em uma nova economia do saber, de forma a atender a outras finalidades sociais.

Recontextualização

O conceito de recontextualização de Bernstein faz parte de uma teorização muito mais ampla e complexa[8] relacionada com sua crítica às teorias da reprodução, mencionadas no capítulo 1, particularmente aquelas enunciadas por Pierre Bourdieu.

O foco de Bernstein é nas relações de classe, entendidas como as relações estabelecidas socialmente em função de ser desigual o poder

---

7. CHEVALLARD, Y. A theoretical approach to curricula. *Journal für Mathematikdidaktik*, v. 13, n. 2/3, p. 215-230, 1992.

8. BERNSTEIN, Basil. *A estruturação do discurso pedagógico*: classe, códigos e controle. Petrópolis: Vozes, 1996. BERNSTEIN, Basil. *Pedagogía, control simbólico e identidad*. Madrid: Morata, 1998.

entre os grupos sociais (homens e mulheres, brancos e negros, ricos e pobres, dentre outros). Tudo o que valorizamos socialmente, tanto do ponto de vista simbólico quanto material, é distribuído, legitimado e reproduzido de forma desigual, em consequência das relações de classe, bem como para manter essas mesmas relações. As teorias da reprodução, particularmente a de Bourdieu, analisam como as relações de classe atuam seletivamente sobre a cultura, tendo em vista o propósito de sua própria legitimação e reprodução. Por intermédio dessas teorias, julga-se que a educação seja desmistificada: as relações de poder são expostas, de forma a demonstrar como essas relações são capazes de moldar a prática e distribuir formas de consciência. É entendido como as mensagens da comunicação pedagógica ensinam às crianças e aos jovens, dentre outras relações, as de gênero, de raça e de classe social (como devem ser os comportamentos e visões de mundo de meninos e meninas, negros e brancos, ricos e pobres).

Bernstein questiona, todavia, que, dessa forma, a comunicação pedagógica é entendida como um condutor de padrões de dominação externos a ela própria, como se o meio pedagógico que conduz essa comunicação não alterasse em nada a comunicação conduzida. É como se, quando estudássemos a comunicação pedagógica, nos preocupássemos apenas com a mensagem possível, sem nos preocuparmos com a forma como essa mensagem é transmitida, o dispositivo que permite a sua transmissão.

Associado a isso, Bernstein está preocupado em investigar o que há de comum entre os princípios e práticas educacionais em diferentes contextos sociais, a despeito de possíveis diferenças contextuais. Coerente com sua perspectiva estruturalista, seu objetivo é construir uma teoria capaz de permitir o entendimento das estruturas sociais, decorrentes da divisão social do trabalho, que garantam o controle simbólico e a reprodução das relações de poder em qualquer contexto. Ele tem a preocupação com uma teoria das relações de classe que seja capaz de efetuar a tradução entre os níveis macro (estrutura socioeconômica) e micro (microestruturas nas salas de aula, por exemplo), utilizando os mesmos conceitos, a mesma linguagem. Com isso, ele espera poder explicar não apenas a comunicação desenvolvida nas escolas, mas toda e qualquer comunicação pedagógica, tal como as que se desenvolvem entre médico e paciente, assistente social e cliente.

Por isso, sua principal crítica às teorias da reprodução é de que elas estão preocupadas apenas em compreender como as relações externas de poder são transportadas pelo sistema, e não focalizam a descrição do transportador. A esse transportador ele denomina dispositivo pedagógico.

O dispositivo pedagógico é definido por analogia com o dispositivo linguístico. O dispositivo linguístico é o sistema de regras formais que regem as distintas combinações que fazemos ao falar ou escrever. A aquisição deste dispositivo é inata, todo ser humano a possui, mas a aquisição e compreensão das regras do dispositivo depende das relações de classe, da interação social e da cultura.

Nessa perspectiva, Bernstein define o dispositivo pedagógico como o condutor da mensagem pedagógica. O condutor consiste nas regras relativamente estáveis e o conduzido consiste nas regras que variam segundo o contexto. Por exemplo, a comunicação pedagógica é o condutor; as relações de classe são aquilo que é conduzido.

O dispositivo pedagógico é o que regula o conteúdo suscetível de ser pedagogizado, restringindo ou reforçando sua realização. Não importa qual seja esse conteúdo, ele é sempre introduzido em regras contextuais do dispositivo pedagógico que limitam os possíveis significados transmitidos. Do amplo conjunto de ideias, conhecimentos, saberes teóricos e práticos já produzidos ou a serem produzidos socialmente, com toda a carga de valores éticos e morais que lhe estão associados, o dispositivo pedagógico é que regula a seleção e distribuição daquilo que é encaminhado aos diferentes grupos da sociedade, por meio de uma comunicação pedagógica, regulando também o para quem, para quê, por quem, como, quando e onde dessa comunicação.

Dentre as diferentes regras do dispositivo pedagógico constam as regras de recontextualização. São elas que regulam a formação do discurso pedagógico específico. Para entender o que Bernstein conceitua por discurso pedagógico, é preciso considerar que, para ele, o discurso é um conjunto de regras, fruto de uma rede complexa de relações sociais, não é apenas uma linguagem ou o que falamos e escrevemos. O discurso também não é resultado das intenções livres de um sujeito ao escolher os significados das palavras que utiliza.

Para Bernstein,[9] o sujeito está sempre atravessado pela ordem discursiva na qual está situado e na qual situa seus enunciados. Essa ordem discursiva é associada intrinsecamente às demandas da ordem não discursiva dominante. Nesse sentido, o discurso é uma categoria na qual os sujeitos e objetos se constituem, cada discurso é um mecanismo de poder.

Assim, o discurso pedagógico não tem um conteúdo próprio, é um conjunto de regras de apropriação de outros discursos, produzidos fora do contexto pedagógico. Portanto, o discurso pedagógico é em si um princípio recontextualizador. Ele desloca e recoloca os discursos originais em novas bases sociais e em novas relações de poder e de controle. Como um conjunto de regras, o discurso pedagógico engloba e combina dois discursos: o *discurso instrucional* (DI), que é técnico e serve para veicular competências especializadas, conceitos e suas relações, e o *discurso regulativo* (DR), que é moral e serve para criar ordem, relações e identidade. Nesse processo de embutir um discurso instrucional em um discurso regulativo para produzir o discurso pedagógico, o discurso regulativo é sempre dominante. Esse predomínio se desenvolve de tal forma que não é possível, na comunicação pedagógica, separar o discurso instrucional do discurso regulativo. Sempre há apenas um discurso — o discurso pedagógico —, ainda que o processo pedagógico dissimule sua existência, buscando parecer que só transmite o discurso instrucional, os conceitos e as competências.

Bernstein exemplifica esse processo analisando o ensino de Física na escola. A Física — enquanto atividade no campo de produção da ciência — é diferente da Física como discurso pedagógico. Ao se apropriarem da ciência Física, os agentes recontextualizadores selecionam algumas práticas da totalidade de práticas que compõem a ciência

---

9. BERNSTEIN, Basil; DIAZ, Mario. Towards a theory of pedagogic discourse. *Collected Original Resources in Education (CORE)*, v. 8, n. 3, 1984.

Física e as insere em regras de ordem escolares: sequência e ritmo próprios, relações professor-aluno (mais ou menos hierarquizadas), relação com outras disciplinas (mais ou menos integrada), princípios didáticos, teorias pedagógicas, práticas escolares. Tais regras não são derivadas do discurso instrucional da Física. São construções sociais que variam com os princípios dominantes de cada sociedade, com as relações de controle e poder que se efetivam socialmente e, dessa forma, produzem o discurso pedagógico.

O mesmo acontece, como discutido por Bernstein em outro exemplo, quando transferimos atividades como a carpintaria para o contexto escolar. Nesse processo, produzimos outro discurso que é o ensino do trabalho com madeira. Esse discurso guarda relação com a carpintaria, no sentido de que algumas atividades e técnicas isoladas da carpintaria aparecem no trabalho com madeira, mas dele se diferencia. Na escola, não se trabalha com a carpintaria, pois não se pode reproduzir todas as relações de trabalho e todas as características sociais da prática de um carpinteiro, já que essas relações e características não são passíveis de serem introduzidas no discurso regulativo da comunicação pedagógica.

Esses discursos pedagógicos produzidos pela introdução de discursos instrucionais em discursos regulativos são assim discursos mediados, virtuais ou imaginários. A Física escolar é uma Física imaginária, descontextualizada de seu campo de produção, assim como o ensino do trabalho em madeira é uma carpintaria imaginária, dissociada de toda gama de práticas contextuais da marcenaria.

Cada vez que um discurso instrucional é deslocado de sua posição anterior para uma nova há, segundo Bernstein, espaço para intervenção da ideologia, criando as regras de ordem social. Para Bernstein, a entrada da ideologia no discurso pedagógico confere ao processo de recontextualização uma característica de deturpação, pelo distanciamento do discurso de referência considerado importante e válido de ser ensinado. Por isso, o sociólogo da educação inglês defende a aproximação entre agentes da recontextualização e agentes da produção do conhecimento. Isso porque é impossível impedir que exista uma recontextualização: na passagem de discursos de um contexto a outro sempre estamos recontextualizando. Então a forma de minimizar os efeitos ideológicos de uma recontextualização é desvelar como a recontextualização é realizada.

A recontextualização, como processo social, não é desenvolvida por uma pessoa, o professor, por exemplo. Existe um contexto recontextualizador que reposiciona e refocaliza os diferentes textos sociais produzidos. Na recontextualização, os diferentes textos são simplificados, condensados e reelaborados. Partes são aproveitadas, outras são desconsideradas, releituras são feitas e ideias inicialmente propostas são inseridas em contextos outros, que permitem sua ressignificação.

Esse contexto, formado por agentes, posições e práticas recontextualizadoras, regulam a circulação dos textos entre o campo de produção (por exemplo, o campo científico) e o campo de reprodução (por exemplo, as escolas). Bernstein distingue o campo recontextualizador oficial (CRO), dominado pelo Estado (o governo e suas agências) e o campo recontextualizador pedagógico (CRP), composto pelos pedagogos, revistas especializadas, faculdades de educação, instituições de pesquisa. Para ele, se o CRP pode produzir algum efeito no discurso pedagógico com independência do CRO, tem-se certa autonomia. Se o CRO domina, não existe autonomia, e ele se transforma em um campo recontextualizador pedagógico oficial (CRPO), situação que acontece quando pesquisadores e professores passam a trabalhar diretamente para o Estado. Em outras palavras, quanto mais as universidades e instituições de pesquisa são autônomas em relação às agências governamentais, mais chances há de que os discursos sejam recontextualizados com menos efeitos ideológicos.

Principais contribuições da recontextualização e da transposição didática para as teorias de Currículo

No campo do Currículo, uma das principais contribuições das teorias da transposição didática e da recontextualização diz respeito ao caráter produtivo do processo pedagógico. Ambas as teorias apresentam argumentos que permitem sustentar a tese de que a escola não é apenas um receptáculo de saberes produzidos em outras instâncias, mas participa de uma esfera mais ampla que reinterpreta diferentes saberes sociais para fins de ensino. Com isso, ainda que em ambas as teorizações sejam apresentados limites para a atuação do professor na pedagogização dos saberes, não deixa de ser evidenciado que ele tem uma atuação nesse processo.

É conferida assim uma configuração epistemológica própria para o conhecimento escolar e uma dimensão sociológica particular para o discurso pedagógico. Essa dimensão epistemológica própria favorece a leitura de que a escola não deve ser analisada de forma submissa à lógica do conhecimento científico. Compreender o conhecimento escolar e suas características passa a ser importante se quisermos entender o currículo e suas finalidades sociais.

Não é, contudo, discutido pela teoria da transposição didática o processo de hierarquização de saberes escolar e científico. A análise desse processo é aprofundada pela história das disciplinas escolares, analisada no capítulo 5. Igualmente a teoria da transposição didática não analisa mais profundamente as mesclas entre saberes, a impossibilidade que temos de definir classificações na cultura contemporânea (confrontar com a discussão final do capítulo 3 e com a discussão do capítulo 9). Entender o saber escolar apenas como o saber que circula na escola é diferente de pressupor que existe uma identidade fixa desse saber, como a teoria da transposição didática parece conceber. Se considerarmos que os saberes circulam socialmente, fazem parte da cultura, e estão sempre se hibridizando a outros saberes, não parece muito possível discutir que um saber possa ser categorizado de forma fixa como escolar ou científico por alguma característica epistemológica definitiva. A referência pode ser feita aos contextos e relações de poder que produzem esses saberes. Essa discussão já se torna mais consistente na teoria de Bernstein.

A dimensão sociológica da recontextualização favorece o entendimento de que não basta conhecermos o discurso instrucional e buscarmos sua transmissão na escola. O discurso pedagógico e sua dimensão regulativa precisam ser compreendidos, caso se busque entender as finalidades sociais da comunicação pedagógica.

Na medida em que é uma teoria mais potente do que a transposição didática, a recontextualização em Bernstein também tem sido utilizada em estudos das políticas de currículo. A recontextualização é um conceito que, de forma mais ampla, busca entender as modificações discursivas pela circulação de textos nos diferentes contextos sociais, para além dos processos de produção e reprodução nas salas de aula. Assim, vem sendo utilizada para entender os processos de reinterpretação aos quais textos políticos são submetidos, na medida em que circulam nas diferentes instâncias de governo e destas para as escolas. Ou ainda para entender como a apropriação de textos internacionais vem sendo feita em um dado contexto nacional.

Essas pesquisas[10] também têm contribuído para reconfigurar alguns aspectos da teorização de Bernstein, particularmente no que concerne ao caráter negativo (ideológico) conferido à recontextualização. É salientado como a recontextualização é um processo inerente à circulação de discursos e textos, pois quanto mais circulam mais se multiplicam diferentes leituras contextuais. Novas interpretações se fazem e com isso novos sentidos são produzidos, para atender a outras finalidades pedagógicas, sem que necessariamente essas novas finalidades possam ser consideradas negativas ou o conhecimento produzido possa ser considerado um erro ou uma deturpação. Assumir o discurso pedagógico como uma instância discursiva própria, ainda que compatibilizada às exigências sociais da sociedade mais ampla, abre espaços para compreendermos a pluralidade de saberes que circulam no contexto social. Mais que isso, permite conceber que a recontextualização pode se desenvolver pela produção de híbridos culturais.

---

10. LOPES, Alice Casimiro. Discursos nas políticas de currículo. *Currículo sem Fronteiras*, v. 6, p. 33-52, 2006.

Capítulo 5
Disciplina

O conteúdo a ser ensinado na escola, também denominado conhecimento ou matéria escolar, pode ser organizado para fins de ensino de diferentes maneiras. É possível organizar atividades de ensino individualizado do aluno, trabalhos em grupo para pesquisa de determinados temas sob orientação docente, atividades práticas em laboratório ou em instituições fora da escola, como museus e parques, aulas expositivas dirigidas a alunos de diferentes faixas etárias e níveis de formação, dentre tantas outras. Muitas dessas atividades, em maior ou menor medida, fazem parte do currículo escolar ao longo dos tempos. Os conteúdos de ensino, contudo, foram e são predominantemente curricularizados em uma organização disciplinar. Essa predominância é tão significativa que as várias atividades anteriormente citadas, quando realizadas, também são submetidas à lógica da organização disciplinar.

Estamos considerando como organização disciplinar uma tecnologia de organização e controle de saberes, sujeitos, espaços e tempos em uma escola. Trata-se de uma sistemática de organização do trabalho pedagógico que se expressa em um quadro de horário, no qual temos um professor designado para uma turma, em um dado horário e em determinado espaço, para ministrar um conjunto de conteúdos previamente definidos no currículo. Esses conteúdos são submetidos a um sistema de avaliação, sob responsabilidade do professor da turma.

Tais conteúdos podem fazer referência a um dado conhecimento acadêmico (História, Matemática, Química) ou podem ser uma construção própria para fins escolares (Ciências, Direitos Humanos, Moral e Cívica, Trabalhos Manuais), com relações mais difusas com os saberes acadêmicos. Mas em ambos os casos, nunca é a mera reprodução de saberes sociais no contexto escolar. Como discutimos no capítulo 4, os conteúdos de ensino sempre são saberes didatizados ou discursos recontextualizados.

Defendemos que a organização disciplinar escolar se mantém dominante nos currículos de diferentes países, ao longo da história, porque é concebida como uma instituição social necessária. A organização disciplinar traduz conhecimentos que são entendidos como legítimos de serem ensinados às gerações mais novas; organizam as atividades, o tempo e o espaço no trabalho escolar; a forma como professores diversos ensinam, em sucessivos anos, a milhares de alunos. A organização disciplinar também define princípios para a formação de professores, para os exames, dentro e fora da escola, constitui métodos de ensino e orienta como os certificados e diplomas são emitidos.

De forma geral, os autores no campo do Currículo teorizam sobre as disciplinas escolares tendo em vista a relação destas com as disciplinas acadêmicas (disciplinas dos cursos universitários) e com as disciplinas científicas (campos de conhecimento derivados da investigação científica). Mas nesse âmbito três posições se distinguem. Há os que consideram a disciplina escolar como centrada na vida social dentro e fora da escola, em uma linha progressivista. Há os que questionam essa posição e defendem a perspectiva acadêmica de abordagem das disciplinas escolares, ou seja, um currículo centrado na estrutura das disciplinas acadêmicas. Há, também, aqueles que problematizam essa relação do ponto de vista histórico e crítico, tendo em vista não submeter as disciplinas escolares à lógica científica e acadêmica. Como podem perceber, esses enfoques podem ser relacionados com perspectivas de conhecimento distintas, já abordadas no capítulo 3.

Neste capítulo, discutimos essas três posições sobre disciplinas escolares, tendo em vista a defesa não apenas das diferenças entre disciplinas escolares, científicas e acadêmicas, mas também a crítica à naturalização da organização disciplinar no currículo. Para tal, analisamos o currículo centrado nas matérias escolares vinculadas à vida social mais ampla, o currículo centrado na estrutura das disciplinas acadêmicas e os enfoques históricos sobre disciplinas escolares.

Currículo centrado nas disciplinas escolares

Ainda que nos pareça muito usual na atualidade vincular as disciplinas escolares às disciplinas científicas e acadêmicas, na história do currículo essa vinculação nunca foi óbvia ou obrigatória. Há toda uma tradição de conceber o currículo como centrado nas disciplinas ou matérias escolares, concebendo-as como construções pedagógicas a serem definidas em função das finalidades sociais a serem atendidas. A posição central do pensamento de Dewey, com destaque nos anos 20 e 30 do século XX, é o exemplo mais significativo dessa abordagem difundida em todos os autores progressivistas, no Brasil e no exterior. Para ele, o currículo não pode ser um anexo externo à vida da criança nem pode, como o currículo clássico, se basear em princípios de rotinização e recitação de informações. A escola para Dewey deve ser vista como expressão da comunidade. O aprendizado não deve ser uma preparação para uma possível vida futura do aluno, nesta ou naquela organização social, mas um processo contínuo e ativo que faça sentido para a vida atual do aluno. Sua concepção, todavia, diferencia-se dos eficientistas sociais (ver capítulos 1 e 2), pois sua preocupação não é de que a escola reflita a comunidade, visando a preparar os alunos para nela se inserirem. Para Dewey, a democracia é suprema, portanto cabe à escola ser democrática para desenvolver a democracia na comunidade e na sociedade como um todo. Em virtude desse princípio, Dewey acredita ser possível a solução dos problemas sociais por um foco no currículo.

Assim sendo, as disciplinas escolares devem oferecer atividades que visam a desenvolver a vida social e comunitária. Atividades e problemas curriculares são construídos e apresentados de forma que a criança seja encorajada a utilizar a criatividade e a adquirir, simultaneamente, habilidades acadêmicas básicas. As disciplinas entendidas como necessárias para cumprir essa finalidade do currículo são aquelas que desenvolvem (e lidam com) problemas de saúde, cidadania e meios de comunicação.

As matérias de estudo são construídas a partir da retirada dos fatos de seu lugar original e de sua reorganização em vista de um princípio geral, buscando interpretar a natureza infantil.[1] Cada matéria ou ciência tem dois aspectos diversos, sendo um para o cientista e outro para o professor. Como discutimos no capítulo 3, Dewey introduz a ideia de que o currículo não é dependente apenas da lógica dessas disciplinas. O currículo deve ser construído tendo em vista a dimensão psicológica do conhecimento.

Tais aspectos, ainda que não se oponham, não são idênticos. Enquanto o conhecimento de qualquer campo representa um corpo de verdades a ser utilizado para a descoberta de novos problemas, pesquisas e conclusões, o professor deve ver a matéria escolar como um saber a ser inserido em certa fase do desenvolvimento da experiência viva e pessoal do aluno. Essa matéria precisa fazer sentido na vida do aluno, deve ser capaz de ser utilizada na interpretação dos desejos e atividades infantis, com foco na descoberta do meio em que a criança será colocada para que seu crescimento nesse meio venha a ser devidamente orientado.

Assim, as disciplinas escolares são organizadas com base em três dimensões: a experiência de vida dos alunos; o desenvolvimento gradual da complexidade do conhecimento, começando com atividades concretas, associadas à manipulação de objetos e observação de fenômenos, até alcançar um discurso mais amplo e profundo; vinculação a aspectos da vida social mais ampla, como emprego, relações sociais

---

1. DEWEY, John. *Vida e educação*. São Paulo: Melhoramentos, 1972.

e comunitárias, trabalho e problemas cotidianos.² A despeito destas últimas preocupações, o ensino não assume características vocacionais, sob pena de tornar a formação limitada a apenas um dos aspectos da vida social.

Nessa perspectiva, a produção das disciplinas escolares é uma tarefa de professores da escola, orientados por educadores e curriculistas. Uma disciplina escolar é uma forma de oferecer uma experiência particular aos alunos. Mas a despeito da grande influência do pensamento de Dewey e da valorização de suas ideias em diferentes autores, o currículo centrado na estrutura das disciplinas acadêmicas assumiu e ainda assume maior destaque.

Currículo centrado na estrutura das disciplinas acadêmicas

A teorização sobre o currículo centrado na estrutura das disciplinas de referência não pode ser delimitada a um período de tempo preciso. É possível afirmar que ela tem suas bases em Johann Friedrich Herbart, no século XIX, é ampliada pelos trabalhos dos filósofos da educação Paul Hirst e Richard Peters, nos anos 1960 e 1970, e atinge seu auge nos anos 1960, com a primeira fase do pensamento de Jerome Bruner e com as proposições de Joseph Schwab.

Como apontamos no capítulo 3, os autores desta matriz do pensamento curricular valorizam as disciplinas de referência e o conhecimento especializado como fontes para o currículo e para as finalidades da escolarização. Segundo eles, o processo de ensino deve transmitir aos alunos a lógica do conhecimento de referência: os conceitos e os princípios a serem ensinados aos alunos são extraídos do saber especializado acumulado pela humanidade.

Os filósofos da educação defendem que o currículo deve ser fundado na própria natureza do conhecimento, de maneira a ser capaz de

---

2. DENG, Z.; LUKE, A. Subject matter — defining and theorizing school subjects. In: CONNELLY, F. M. *The Sage Handbook of Curriculum and Instruction*. Los Angeles: Sage, 2008. p. 66-87.

desenvolver, nos indivíduos, o pensamento conceitual e o domínio de esquemas simbólicos que garantam a perpetuação da cultura humana. Eles constituem o que pode ser considerado uma filosofia do currículo — ou uma filosofia para organizar currículos — sem um foco central na prática institucionalizada das escolas. Nessa perspectiva, defendem que o currículo seja centrado na definição de objetivos. Diferentemente, contudo, das perspectivas instrumentais que elaboram objetivos comportamentais (ver capítulo 2), Hirst e Peters consideram que todos os objetivos educacionais fundamentais são de tipo cognitivo. Em outras palavras, os objetivos estão necessariamente relacionados à aquisição de certas formas de experiência, compreensão e conhecimento. A partir daí, esses autores desenvolvem o conceito de formas de conhecimento: trata-se de articulações básicas por meio das quais o conjunto da experiência humana torna-se inteligível.

As formas do conhecimento são, para Peters e Hirst, a realização fundamental da mente humana. Criadas por grupos de estudiosos, normalmente nas universidades, elas são posteriormente traduzidas para uso na comunidade escolar. Constituem-se em oito áreas de conhecimento: matemática, ciências físicas, ciências humanas, literatura, belas-artes, moral, religião e filosofia. Tais formas de conhecimento, ainda que relacionadas entre si, pertencem a categorias distintas, pois mesmo quando incorporadas a outros domínios permanecem com sua validade única.[3]

As disciplinas escolares devem ser decorrentes dessas formas de conhecimento, mantendo, portanto, relação estreita com as disciplinas acadêmicas e científicas. Com isso, os autores esperam ver garantido o acesso aos conhecimentos e padrões de raciocínio básicos e comuns. Mais do que os conteúdos das ciências, são suas linguagens e suas lógicas que precisam ser ensinadas — determinados sistemas de pensamento. Todos esses sistemas de pensamento devem compor o currículo de maneira a propiciar o acesso à cultura humana. Mas isso não

---

3. HIRST, Paul H. Liberal education and nature of knowledge. *Knowledge and the curriculum*: a collection of philosophical papers. Londres: Routledge/Kegan Paul, 1980. p. 30-53. HIRST, Paul H.; PETERS, Richard S. *A lógica da educação*. Rio de Janeiro: Zahar, 1972.

significa que cada forma de conhecimento corresponda a uma disciplina escolar. As disciplinas escolares são equivalentes às ciências de referência, mas ao mesmo tempo são versões didatizadas das ciências. Ao caráter lógico do conhecimento deve ser associado o caráter psicológico sobre aprendizado e motivação. Nessa associação, contudo, não é prevista nenhuma alteração de seu caráter lógico, o que se distingue da visão psicologizante de Dewey. Enquanto Dewey compreende a dimensão psicológica como associada à possibilidade de inserir a matéria escolar na experiência de vida dos alunos, Hirst e Peters entendem a dimensão psicológica como a possibilidade de tornar a lógica da disciplina assimilável pelos alunos.

A teoria curricular de Bruner,[4] por sua vez, defende que cada disciplina científica tem uma estrutura particular que pode ser tornada acessível a todos os alunos. Para ele, por mais complexo que um domínio científico seja, ele pode ser representado por processos menos complexos. Esses processos compõem a estrutura da disciplina. Ao compreender a estrutura, o aluno assimila como a disciplina trabalha: quais seus problemas, as questões metodológicas e conceituais utilizadas para resolver tais problemas, no que constitui o conhecimento disciplinar. Também permite captar a matéria em estudo, compreendê-la de modo a correlacionar, de maneira significativa, fatos e conceitos. A compreensão da estrutura fundamental de uma disciplina é assim considerada como um requisito mínimo para o uso do conhecimento, de forma a torná-lo aplicável a problemas e acontecimentos fora da escola. Porém, não basta o aluno captar princípios gerais. É preciso formar no aluno uma atitude em relação à aprendizagem e à investigação, de maneira que ele seja capaz de resolver problemas reais.

Nessa perspectiva, qualquer assunto pode ser ensinado, de forma honesta e sem erros, a uma criança em qualquer idade, desde que se limite aos princípios da estrutura da disciplina acessíveis a essa criança. Com a metáfora de um currículo em espiral, Bruner defende que, ao longo dos anos de formação, é possível ir retornando aos princípios

---

4. BRUNER, Jerome. *O processo da educação*. São Paulo: Editora Nacional, 1975.

da estrutura da disciplina de forma cada vez mais complexa. O ensino é iniciado com uma descrição intuitiva do conhecimento, representada na forma de ações, voltando ao mesmo conhecimento para representá-lo como um conjunto de imagens gráficas, de forma a alcançar, em uma terceira fase, mais formal e profunda, a possibilidade de representação simbólica. Dessa maneira, o ensino é um guia que permite ao aluno aprender por sua própria conta.

O currículo com base na estrutura das disciplinas é previsto para ser desenvolvido pelos especialistas disciplinares em cooperação com os professores e psicólogos. São os especialistas que podem garantir a formação das atitudes científicas requeridas para o aluno compreender os princípios e ideias fundamentais da disciplina como exemplos de questões mais gerais.

Apoiado em princípios da psicologia cognitiva, o trabalho de Bruner teve mais impacto nas teorias curriculares que as discussões dos filósofos do currículo. Especialmente, porque sua teoria foi uma resposta à crise instaurada na educação nos Estados Unidos nos anos 1950, expressa em profundas críticas às escolas, que culminou com o lançamento do Sputnik pelos soviéticos, em 1957. Suas concepções embasaram o movimento de reforma curricular nesse país nos anos 1960, visando a particularmente atualizar o ensino das Ciências, suposto como inadequado a ponto de prejudicar o desenvolvimento tecnológico do país e dificultar a disputa científica com o bloco soviético durante a Guerra Fria.

A teoria da estrutura da disciplina levou à construção de mapas de conceitos fundamentais, utilizados em vários projetos para o ensino de ciências, produzidos por cientistas norte-americanos e exportados para vários países, inclusive o Brasil. Tais projetos contaram com altos investimentos do governo norte-americano na época. Um deles, o Biological Sciences Curriculum Study (BSCS), contou com a participação de Joseph Schwab, biólogo que se dedicou a teorias educacionais e se constituiu como um dos mais importantes difusores e ampliadores dessa teorização.

Tal como Bruner, Schwab defende as disciplinas acadêmicas como fontes para o conteúdo curricular, porém ele considera que o ponto de partida deve ser o entendimento do aluno. Para Schwab, as estruturas substantivas são as que condicionam como o conhecimento é produzido, pois definem as questões e os caminhos de pesquisa. Em seu modo de ver, não devemos ensinar os resultados da pesquisa, mas as estruturas sintáticas de produção do conhecimento, acompanhando como o conhecimento é produzido. As disciplinas escolares são assim meios para os alunos redescobrirem o conhecimento já descoberto pelos cientistas e desenvolverem uma aprendizagem significativa. Definir quais são as estruturas substantivas e como entender a estrutura sintática das disciplinas, seus cânones de evidências e provas e a forma de aplicá-los, juntamente com a definição de quem são os integrantes e qual a organização das disciplinas, de forma a também entender como elas se relacionam entre si, são considerados por Schwab os problemas a serem solucionados para entender a estrutura das disciplinas.[5] Para tal, ele defende que os estudos de currículo devem se dirigir para a perspectiva pragmática de resolver problemas nas escolas, por meio de pesquisas empíricas em sala de aula. Com isso, busca conferir ao currículo uma dimensão disciplinar e uma dimensão prática.

Nesse ponto se diferencia de Bruner, pois não considera que uma dada teoria unificada, seja ela psicológica ou não, possa orientar a elaboração de um plano curricular. Para Schwab, um currículo só pode ser construído na prática pela deliberação em torno de diferentes teorias e do estudo empírico dessas mesmas práticas[6] (confrontar com capítulo 7).

As ideias de Bruner e Schwab são incorporadas por educadores brasileiros, principalmente no campo de Ensino de Ciências, muitas vezes de forma indireta. Por meio da valorização da estrutura da dis-

---

5. DENG, Zongyi. Transforming the subject matter: examining the intellectual roots of pedagogical content knowledge. *Curriculum Inquiry*, v. 37, n. 3, p. 279-295, 2007.

6. SCHWAB, Joseph. Un enfoque práctico como lenguaje para el curriculum. In: SACRISTÁN, J. G.; PÉREZ Gómez, A. *La enseñanza*: su teoría y su práctica. Madrid: Akal, 1989. p. 197-209.

ciplina, do modelo de ensino em espiral e da aprendizagem significativa, são elaboradas propostas curriculares para o ensino das disciplinas da área de Ciências calcadas em mapas conceituais. Com esses mapas, busca-se representar as relações significativas entre conceitos que permitem a compreensão de um dado tema. Os conteúdos das disciplinas escolares são então pautados pelos conceitos organizados nesses mapas conceituais.

Isso favoreceu também a influência dos estudos de David Ausubel e de Joseph Novak, autores muito valorizados em meados dos anos 1970 e nos anos 1980 no Brasil, principalmente nas investigações de Roseli Schnetzler, no ensino de química, e Marco Antonio Moreira, no ensino de física. Marcado por forte influência da psicologia cognitiva, o campo de Ensino de Ciências tem a preocupação de valorizar o ensino da estrutura lógica da disciplina acadêmica, por meio do entendimento da estrutura cognitiva do aluno. Nesse sentido, a teoria sobre a estrutura cognitiva é que fundamenta a construção de uma didática e de um currículo.

A teoria da aprendizagem significativa de Ausubel e Novak reside no fato de que ideias expressas simbolicamente são relacionadas de forma substancial com o que o aluno já sabe. Mas, para isso, o conhecimento deve se tornar significativo para o aluno: tanto o material de aprendizagem deve ter uma coerência interna e uma sequência lógica quanto os conteúdos devem ser compreensíveis para a estrutura cognitiva do aluno. O aluno também deve estar afetivamente disposto a aprender. Com isso, é estabelecida uma relação intrínseca entre aprendizagem e desenvolvimento.

Muitas críticas são desenvolvidas em relação à concepção das disciplinas escolares com base na estrutura das disciplinas de referência. É questionada a ausência de curriculistas nas discussões mais amplas sobre a reforma educacional norte-americana organizada com base nesses enfoques. Igualmente é fortemente questionada a vinculação dos projetos norte-americanos para o ensino de ciências com objetivos geopolíticos de dominação de países periféricos. Mais especificamente no campo das discussões sobre ensino de ciências, são construídas muitas críticas ao cientificismo vinculado ao método da redescoberta e à homologia entre ensino e atividades científicas. O próprio Bruner, em trabalhos posteriores, critica o currículo com base na estrutura das disciplinas por não ser capaz de dar conta de outras finalidades educacionais vinculadas a questões sociais e políticas mais amplas. Em meio a essas críticas, os curriculistas norte-americanos se organizam no movimento de reconceptualização do campo (confrontar com capítulos 1 e 3). É com base nos estudos da reconceptualização que Ivor Goodson desenvolve seu trabalho sobre história das disciplinas escolares e contribui significativamente para desnaturalizar as disciplinas escolares.

Enfoques históricos sobre as disciplinas escolares

As pesquisas empíricas voltadas para dar conta do projeto mais amplo da Nova Sociologia da Educação, visando a entender o que conta como conhecimento escolar (ver capítulo 3), são desenvolvidas pelos pesquisadores que se dedicam a investigar a história das disciplinas escolares. Dentre os principais autores nessa área, situa-se Ivor Goodson, com trabalhos de destaque nos anos 1980 e 1990 na Inglaterra.

Goodson parte do que foi excluído da problematização dos filósofos da educação e dos educadores de base cognitiva: a constituição e manutenção de disciplinas no currículo escolar. O educador inglês não se dispõe a uma análise epistemológica, mas busca entender a constituição sócio-histórica das disciplinas, as razões da estabilidade da organização disciplinar no currículo e as mudanças que ocorrem com o passar do tempo nos conteúdos disciplinares e nas disciplinas elencadas para o ensino. Para tal, estabelece formas de investigação que se concentram nas relações de poder nos sistemas de ensino, não considerando vínculos com as disciplinas científicas. Ainda que possa identificar influências do campo científico nas escolas, é na história das disciplinas escolares e na sua relação com disciplinas acadêmicas, particularmente na formação de professores, que ele encontra elementos para construir sua problematização.

Para tentar entender a evolução das disciplinas escolares, Goodson aplica um modelo desenvolvido por David Layton para o estudo das ciências naturais, buscando questionar o caráter monolítico que frequentemente é conferido às disciplinas escolares.

O modelo de Layton define três estágios de evolução de uma disciplina escolar. No primeiro estágio, uma disciplina é introduzida no currículo escolar com base em argumentos de pertinência e de utilidade social. O interesse dos alunos está relacionado à capacidade de a disciplina dar conta de questões que façam sentido em seu cotidiano e os professores raramente têm formação específica para o ensino.

No segundo estágio, começa a se estabelecer certa tradição acadêmica para a disciplina e inicia-se o processo de formação de especialistas que passam a atuar como professores. Nesse estágio, a lógica interna da disciplina começa a funcionar como direcionadora da seleção e da organização dos currículos, afastando-se do interesse dos alunos. É um momento em que se misturam dois mecanismos de legitimação da disciplina no currículo: a utilidade e o *status* acadêmico.

No terceiro estágio, a disciplina passa a contar com um corpo de professores treinados e um conjunto de regras e valores estabelecidos. São essas regras e valores que direcionam a seleção e a organização dos conteúdos. Os alunos passam a se inserir em uma tradição escolar aceita, valorizada em função de seu *status* acadêmico e não mais em função dos interesses dos alunos. Nesse estágio, é considerado que a disciplina escolar torna-se consolidada no currículo.

Muitos estudos brasileiros questionam a linearidade do modelo de Layton e chamam atenção para as muitas possibilidades de romper com esse caminho: nem todas as disciplinas seguem a mesma trajetória.[7]

---

7. MACEDO, Elizabeth Fernandes de; LOPES, Alice Casimiro. A estabilidade do currículo disciplinar: o caso das ciências. In: _____; _____ (Orgs.). *Disciplinas e integração curricular*: história e políticas. Rio de Janeiro: DP&A, 2002.

Mas esses mesmos estudos não deixam de considerar o modelo útil para que se perceba um movimento geral das disciplinas escolares: a introdução de uma disciplina no currículo está vinculada a finalidades pedagógicas e utilitárias, mas sua consolidação depende de sua vinculação a uma tradição mais acadêmica.

Na análise de Goodson,[8] a tradição curricular acadêmica se associa à formação universitária e à formação profissional a qual o aluno esta destinado, envolvendo o interesse em formar os estudantes na maneira de pensar e agir característica de uma dada disciplina acadêmica ou científica. As tradições utilitárias, por sua vez, referem-se ao conhecimento prático de baixo *status* e estão relacionadas às vocações não profissionais, nas quais a maioria das pessoas trabalha na maior parte de suas vidas. Elas envolvem, assim, habilidades básicas utilizadas no trabalho de uma forma geral e conhecimentos entendidos como necessários à formação ampla do cidadão e à solução dos problemas práticos da vida cotidiana. Por último, as tradições pedagógicas estão associadas à ênfase nos processos de como as crianças aprendem.

Com essa conclusão, Goodson desnaturaliza as disciplinas escolares, pois argumenta que elas não têm por referência disciplinas acadêmicas ou científicas. Uma disciplina escolar não é a decorrência de uma simplificação de conhecimentos de nível superior para o nível escolar. A disciplina escolar é construída social e politicamente nas instituições escolares, para atender a finalidades sociais da educação. Essa construção é desenvolvida em meio a relações de poder, de maneira que os atores envolvidos, formadores da comunidade disciplinar, empregam recursos ideológicos e materiais para desenvolverem suas missões individuais e coletivas. O debate curricular pode ser, então, interpretado em termos de conflito por *status*, recursos e território entre as disciplinas. Com isso, as disciplinas escolares tornam-se amálgamas mutáveis de subgrupos e tradições.

---

8. GOODSON, Ivor. *School subjects and curriculum change*: case studies in curriculum history. Londres: Croom Helm, 1983.

A análise de Goodson mantém os vínculos com a perspectiva crítica de currículo de cunho estrutural. Ele está interessado em entender as conexões entre as escolhas e as mudanças curriculares, regidas pela organização disciplinar, com a estrutura de classes sociais. Encontra-se no cerne de seus estudos a vinculação entre as características acadêmicas das disciplinas escolares e os processos de exclusão social. No seu entendimento, tornar as disciplinas cada vez mais próximas de padrões universitários, por exemplo, afasta o ensino de uma perspectiva de educação de massas, na qual o conhecimento é associado à linguagem comum e aos interesses dos alunos.

Outras abordagens sobre a história das disciplinas escolares, por outro lado, incorporam interpretações discursivas conferindo novos sentidos ao entendimento de disciplina escolar. Ancorado em Foucault, Popkewitz[9] analisa as disciplinas escolares como sofrendo uma transmutação mágica no contexto escolar, sendo assim a expressão de uma alquimia. Essa transmutação é desenvolvida pela inserção do conhecimento acadêmico no contexto pedagógico: a comunicação da criança, a organização dos níveis e tempos escolares, os recursos didáticos, os modelos pedagógicos de desenvolvimento da criança, as práticas de avaliação que conectam subjetividade e conhecimento. Esses dispositivos nos quais o conhecimento se insere constituem uma estratégia de governo e de subjetivação das crianças visando a formar o futuro cidadão. Constituindo o "governo da alma", o currículo configura regras e padrões de construção da razão e da individualidade por meio das disciplinas escolares. Estas podem ser então concebidas como tecnologias de regulação social.

Nessa perspectiva, Popkewitz também argumenta que as disciplinas escolares pouco se relacionam com as práticas culturais de produção do conhecimento acadêmico. A disciplina escolar matemática, por exemplo, pode ter mais relação com a formação de indivíduos éticos e autodirigidos, assumindo a forma de um dispositivo moral, do que com a formação nas práticas científicas dos matemáticos.

---

9. POPKEWITZ, Thomas. The alchemy of the mathematics curriculum: inscriptions and the fabrication of the child. *American Educational Research Journal*, v. 41, n. 1, p. 3-34, 2004.

Pensando no conhecimento disciplinar como um discurso

A organização disciplinar, como veremos no capítulo 6, ao mesmo tempo que é das mais questionadas ao longo da história do currículo, permanece como uma tecnologia de organização curricular das mais estáveis. Defendemos que essa estabilidade não se deve à valorização de sua estrutura ou de seu sentido epistemológico — seus saberes, métodos e dispositivos de pensamento comuns capazes de produzir e reproduzir esses mesmos saberes. Concordando com Goodson e Popkewitz, defendemos que as disciplinas são construções sociais que atendem a determinadas finalidades da educação e, por isso, reúnem sujeitos em determinados territórios, sustentam e são sustentadas por relações de poder que produzem saberes. Como constituições sociais e históricas próprias do processo de escolarização, envolvem lutas, conflitos e acordos vinculados a essa instituição. Na perspectiva mais próxima a Popkewitz do que a Goodson, não há um saber *a priori* que, uma vez dominado, nos faculta a ser de uma disciplina. Mas construímos este saber no processo de nos tornarmos disciplinares. Por diferentes lutas políticas hegemonizamos campos disciplinares e constituímos nossas identidades nessas lutas.

Estamos com isso defendendo que uma disciplina não se vincula ao processo de fixação de identidades. Quem são os sujeitos posicionados como membros de uma comunidade disciplinar e como se dá esse posicionamento dependem dessa luta política, e não do que possa ser compreendido como "saberes em si". As vontades coletivas dessas comunidades são formadas a partir de uma articulação hegemônica, na qual determinadas tradições constituem os sujeitos dessa luta. Tais tradições também condicionam seus modos de vida e suas formas de interpretar. Não se trata, no entanto, de tradicionalismos que fixam a luta política, mas tradições sujeitas a diferentes interpretações nessa mesma luta. Essas tradições hibridizam sentidos pedagógicos, científicos, sociais, psicológicos e vão constituindo um discurso disciplinar que contribui para a ideia de que existe uma cultura comum que deve ser ensinada a todos. Dessa forma, a organização disciplinar é uma das tecnologias que sustentam e justificam a ideia de um currículo universal.

Também por essa interpretação, não cabe almejar uma totalidade do saber. A pluralidade de saberes é decorrente da pluralidade de demandas, de articulações, de uma política que não tem uma única direção, um único processo de significação. Isso não impede, entretanto, que trabalhemos no sentido de inter-relacionar sujeitos e saberes, principalmente se levarmos em conta que as finalidades educacionais são diferentes das finalidades científicas. Mas essa inter-relação é tensionada pela disciplinarização, como discutimos no próximo capítulo.

Capítulo 6
Integração curricular

Ao longo da história do currículo, podem ser situadas inúmeras propostas de currículo integrado, sob denominações distintas: currículo global, metodologia de projetos, currículo interdisciplinar, currículo transversal. É possível mesmo afirmar que toda forma de proposição de uma organização curricular, mesmo aquelas que defendem o currículo centrado nas disciplinas acadêmicas (analisadas no capítulo 5) consideram importante discutir formas de integração dos conteúdos curriculares. Para cada modalidade de organização disciplinar discutida no capítulo anterior temos, assim, diferentes modos de interpretar a integração. Igualmente podemos ter propostas de currículo integrado que passam pela tentativa de superar as disciplinas. A integração não é, portanto, exclusivamente associada às perspectivas críticas, muito menos às teorias mais atuais de educação.

Podemos agrupar as diferentes propostas de integração curricular em três modalidades diversas organizadas em função dos princípios utilizados como base da integração: integração pelas competências e habilidades a serem formadas nos alunos; integração de conceitos das disciplinas mantendo a lógica dos saberes disciplinares de referência; integração via interesses dos alunos e buscando referência nas demandas sociais e, eventualmente, nas questões políticas mais amplas.

A primeira modalidade de integração já foi abordada no capítulo 2. Não voltamos a desenvolvê-la neste capítulo por se tratar de uma perspectiva instrumental de currículo, não sintonizada com enfoques críticos. Além disso, o currículo por competências vem sendo desenvolvido nos dias atuais de forma correlacionada ao currículo disciplinar, abordado no capítulo anterior. Muitas das atuais propostas curriculares no mundo ocidental têm apresentado um currículo em que as competências a serem ensinadas são listadas por disciplina.

Neste capítulo, nos dedicamos a apresentar as duas outras modalidades, mais frequentemente vinculadas ao que se entende por currículo integrado. A partir delas, discutimos apenas aquelas propostas que expressam os princípios gerais de cada modalidade de organização curricular integrada, não pretendendo com isso apresentar todas as diferentes metodologias de desenvolvimento da integração. A nosso ver, essas metodologias assumem múltiplas características na prática curricular e importa teoricamente entender os princípios que as orientam. A eles procuramos dar destaque, pela análise de alguns exemplos emblemáticos.

Na primeira modalidade, incluem-se o currículo por projetos e por temas transversais. Na segunda modalidade, incluem-se as mais variadas propostas em defesa da interdisciplinaridade. Procuramos não apenas apresentar suas principais características, mas também as principais teorizações críticas às propostas de integração curricular. Por fim, questionamos a separação usual entre currículo disciplinar e currículo integrado. Menos do que defender esta ou aquela proposta de currículo integrado, buscamos a problematização sobre o que se entende por integração curricular e sobre as formas de compreender a organização curricular.

Integração com base nos interesses dos alunos e na vida social

Em muitas propostas curriculares, os conteúdos visam aos interesses dos alunos. Esses interesses podem estar vinculados às finalidades da educação progressivista, como em Dewey, ou podem fazer referência à perspectiva crítica aos saberes que sustentam a ordem instituída, como, por exemplo, em Paulo Freire. A proposta integradora dos temas geradores de Paulo Freire (mencionada no capítulo 2) assume um enfoque político e por isso é mais valorizada pelos autores em uma perspectiva crítica.

O entendimento do que vem a ser interesses dos alunos e vida social se modificam em função das diferentes concepções da relação entre educação e sociedade, como discutimos nos capítulos anteriores. Tais propostas curriculares, contudo, têm em comum o questionamento à lógica das disciplinas acadêmicas, levando ao desenvolvimento dos trabalhos mais expressivos sobre integração curricular.

Um dos primeiros trabalhos de maior destaque é o de William Kilpatrick, divulgado em 1918 com grande aceitação (confrontar com o capítulo 1). Kilpatrick propôs o projeto como um método para o desenvolvimento do currículo integrado, mas foi interpretado à época como teoria de organização de qualquer currículo. Esse método busca desenvolver uma ação no ambiente social de maneira que os alunos resolvam em sala de aula problemas reais de seu cotidiano. Com isso, não apenas se desenvolve maior socialização dos alunos, como se busca ajudar as pessoas a terem uma qualidade de vida melhor. Essa qualidade de vida é associada a novas habilidades e atitudes aprendidas pelo estudante vistas como possíveis de serem aplicadas no seu meio social. O projeto é desenvolvido em quatro etapas que facilmente podem ser relacionadas com as perspectivas instrumentais de planejamento: definição do objetivo; definição do plano de trabalho para solucionar o projeto; execução do plano; avaliação do projeto realizado. Essas etapas estão relacionadas às perguntas que norteiam a proposição de um projeto: como o aluno aprende? Como a aprendizagem contribui para uma vida melhor? Que tipo de vida é melhor? As atividades são organizadas basicamente pelos alunos, em função de suas necessidades pessoais, cabendo ao professor orientar a inter-relação dos saberes necessários à solução das questões colocadas pelo projeto.[1]

---

1. TORRES SANTOMÉ, Jurjo. *Globalização e interdisciplinaridade*. Porto Alegre: Artes Médicas, 1998.

A pretensão de Kilpatrick era a de empregar leis de ensino, de forma a combinar Dewey e Thorndike. Com isso, sua proposta acaba por assumir um perfil instrumental, sem, por exemplo, se preocupar em colocar as disciplinas escolares a serviço da formação para a democracia, como propõe Dewey. Seu enfoque torna-se bem mais pragmático do que o progressivismo prevê. O próprio Dewey manifesta críticas ao método de projetos, dado o caráter efêmero dos interesses dos alunos, valorizados na proposta. Para ele, os projetos podem ser utilizados caso preencham condições verdadeiramente educativas. Entre essas condições ele inclui: a) o interesse do aprendiz, capaz de abranger o pensamento e envolver uma ação duradoura; b) o valor intrínseco da atividade para a vida, em vez de uma concentração em atividades triviais, relacionadas apenas ao prazer imediato; c) a inclusão de problemas que despertem curiosidade e exijam novas informações — afinal, nada existe de educativo em uma atividade agradável que não dirija o espírito para novos campos; d) o prolongamento do projeto por um apreciável intervalo de tempo, a fim de permitir essa passagem para novos campos.[2]

Variações do método de projetos são utilizadas até hoje em propostas curriculares, frequentemente de forma conjugada às atividades disciplinares. Há escolas que introduzem as atividades de projetos em um espaço do quadro de horário, sob a direção de um professor, como usual, de formação disciplinar. Não necessariamente é mantida a ideia de solução de um problema da vida social do aluno de forma tão restritiva quanto delineada por Kilpatrick. Mas mantêm a ideia de que a integração de saberes possa se desenvolver pela realização de alguma atividade em equipe pelos alunos visando a refletir sobre uma temática que seja de seu interesse.

Um dos trabalhos nessa direção com divulgação destacada no Brasil é o de Hernández e Ventura.[3] Para esses educadores espanhóis,

---

2. DEWEY, John. *Como pensamos*. São Paulo: Companhia Editora Nacional, 1959.

3. HERNÁNDEZ, Fernando; VENTURA, Montserrat. *A organização do currículo por projetos de trabalho*. Porto Alegre: Artmed, 1998.

a pedagogia de projetos deve criar estratégias de organização dos conhecimentos escolares que busquem abordar a informação a ser ensinada, de forma a correlacionar os diferentes conteúdos em torno de problemas ou hipóteses. Com isso, almejam que se desenvolva um ensino que favoreça a construção dos conhecimentos por parte dos alunos. Na apresentação de suas propostas metodológicas, baseadas nas experiências em escolas, percebe-se a vinculação que os autores realizam entre as ideias de Kilpatrick e as perspectivas construtivistas, principalmente relacionadas à aprendizagem significativa.

A mesma ideia voltada aos temas do cotidiano, mais próximos dos interesses dos alunos, também é identificada na proposta de temas transversais. Recentemente, os temas transversais adquiriram maior destaque, pois foram incorporados à reforma curricular espanhola, de 1990, e aos parâmetros curriculares nacionais para o ensino fundamental, no Brasil, em 1996, ambos os projetos realizados com a colaboração de César Coll, educador espanhol (ver capítulo 2). Além disso, muitas obras de autores espanhóis, divulgando princípios associados aos temas transversais, foram amplamente divulgadas em nosso país nos anos 1990, contribuindo para reforçar a valorização de propostas de currículo integrado.

Tal como no caso dos projetos, não é possível definir uma única orientação a respeito dos temas transversais. De forma geral, a pretensão é de que determinados temas, entendidos como vinculados ao cotidiano dos alunos e às questões de importância social, sejam escolhidos para fazerem parte do currículo *atravessando* todas as disciplinas escolares, mantidas em um eixo considerado como longitudinal. A partir dessa ideia geral, diferentes interpretações são construídas, frequentemente de forma associada à pretensão de não abrir mão dos chamados conteúdos tradicionais nem das disciplinas escolares.

Os temas transversais incorporados na reforma curricular espanhola foram: Educação Ambiental, Educação para a Saúde e Sexual, Educação para o Trânsito, Educação para a Paz, Educação para a Igualdade de Oportunidades, Educação do Consumidor, Educação Multicultural e, como tema central articulado a todos os demais, Educação

Moral e Cívica. No Brasil, no tema mais amplo, Convívio Social e Ética, foram propostos os temas transversais: Ética, Pluralidade Cultural, Meio Ambiente, Saúde e Orientação Sexual.

Do ponto de vista metodológico, o currículo por temas transversais pode ser desenvolvido segundo três possíveis formas não excludentes. A primeira possibilidade é não fazer distinções entre os conteúdos do eixo longitudinal das disciplinas escolares e o eixo transversal. A segunda possibilidade é a realização de projetos pontuais, em alguns momentos do currículo, abrindo espaço no eixo longitudinal para os temas transversais. Nesse caso, há certa aproximação à própria metodologia de projetos, porém sem superar as disciplinas escolares. Na terceira possibilidade, são organizadas atividades entre uma ou mais disciplinas escolares que garantam a abordagem dos temas transversais.

A pretensão é que, por meio dos temas transversais, sejam alcançadas as finalidades não alcançadas pelas disciplinas escolares, uma vez que estas são consideradas como tendendo a se afastar do cotidiano do aluno e de seus interesses em virtude de se aproximarem de enfoques acadêmicos. Essas finalidades pretendidas são vinculadas às problemáticas das sociedades contemporâneas: formar para a paz, para a defesa da igualdade de direitos, respeito às diferenças, autoconsciência, preservação do meio ambiente.[4]

No caso das duas reformas curriculares citadas, os temas transversais foram articulados a uma proposta de ensino-aprendizagem construtivista, tanto no que concerne à valorização dos saberes prévios dos alunos quanto na ideia de que, para tornar a aprendizagem significativa, o aluno deve incorporar novos saberes a esses saberes prévios e entender a utilidade dos mesmos na sua vida cotidiana.

A despeito de sua tentativa de valorizar os saberes dos alunos, tais propostas de temas transversais apenas evidenciam a incongruência da própria organização disciplinar proposta. Na medida em que

---

4. BUSQUETS, Maria Dolors; CAINZOS, Manoel; FÉRNANDEZ, Teresa; LEAL, Aurora; MORENO, Montserrat; SASTRE, Genoveva. *Temas transversais em educação*. São Paulo: Ática, 1998.

(como discutimos no capítulo 5) as disciplinas escolares podem ter referências a diferentes finalidades e saberes, que não apenas aos acadêmicos, considerar a organização disciplinar como obrigatoriamente submetida aos fins acadêmicos é supor como natural uma dada construção social. Nesse caso, não se submete a uma efetiva crítica a organização disciplinar nem os fins acadêmicos a ela vinculados, tampouco são criticadas as relações entre currículo e sociedade que sustentam tal vinculação. Se os temas transversais referem-se a questões entendidas como importantes para a sociedade contemporânea, por que esses temas não servem de referência para construir os conteúdos das disciplinas escolares? Nesse sentido, os temas, entendidos como relevantes, são colocados em uma posição inferior — transversal — frente ao currículo realmente valorizado — o eixo longitudinal —, o qual permanece regulando a produção dos conteúdos curriculares.

O mesmo pode ser identificado na reforma curricular inglesa dos anos 1990. Os temas transversais nas escolas secundárias estiveram em permanente tensão com as disciplinas escolares. Só alcançaram maior destaque na prática aqueles temas que se converteram em "quase-disciplinas", com forte isolamento em relação às demais disciplinas escolares.[5] A transversalidade permanece assim submetida à lógica da organização disciplinar e não consegue inserir no currículo finalidades entendidas como mais vinculadas à perspectiva crítica.

Um autor que na atualidade tem se dedicado a buscar retomar em novas bases as propostas de currículo integrado, tentando articulá-lo a uma perspectiva crítica de educação, é James Beane. Em parceria com Michael Apple,[6] ele atualiza concepções de Dewey, particularmente a concepção de formar para uma sociedade democrática, retirando o foco da psicologia e tentando associá-la à questão das desigualdades sociais e à crítica à introdução de princípios da racionalidade econômica nas escolas. Em sua proposta, os professores inter-re-

---

5. WHITTY, Geoff; ROWE, Gabrielle; AGGLETON, Peter. Subjects and themes in the secondary school. *Research Papers in Education Policy and Practice*, v. 9, n. 2, p. 159-79, 1994.

6. APPLE, Michael; BEANE, James. *Escolas democráticas*. São Paulo: Cortez, 1997.

lacionam mais profundamente essas finalidades com a integração das disciplinas escolares. Para tal, é proposto que o currículo seja organizado em temas, aos quais se conectam conceitos, dos quais, por sua vez, se derivam atividades.[7] Os temas são definidos em função dos interesses dos alunos e da perspectiva de desenvolvimento crítico da comunidade da escola. Tal como em Dewey, os saberes devem fazer sentido para a vida dos alunos e favorecer experiências democráticas na escola. A ordem dos conteúdos das disciplinas, constituída a partir de uma lógica acadêmica e/ou científica, não é respeitada, sendo reorganizada em função das questões que o tema suscita.

James Beane destaca, contudo, a necessidade de que as condições de trabalho na escola também sejam modificadas para a realização do currículo integrado: professores precisam ser valorizados e priorizados no planejamento, a carga horária em sala de aula precisa ser reduzida, as turmas devem ter menor número de alunos e os livros-textos e provas não podem ser normatizados. Por isso, ele considera que uma das grandes dificuldades para implementar essa organização curricular é a oposição da direita fundamentalista, contrária à democracia nas escolas, e as exigências dos testes centralizados aplicados nos alunos, os quais se baseiam nos saberes das disciplinas escolares de cunho acadêmico.

Ele não desenvolve, contudo, uma teorização sobre por que há uma estabilidade da organização curricular e, com isso, também deixa de fornecer elementos capazes de compreender as razões para o insucesso de propostas curriculares integradas. Mantém também certo cientificismo ao defender as disciplinas acadêmicas criticando que a escolarização é que as faz se afastar de finalidades voltadas aos interesses dos alunos.

Essa matriz de organização curricular acaba por se constituir como a matriz dominante nas discussões sobre integração. Em virtude dessa tradição, o discurso sobre currículo integrado tende a assumir, na

---

7. BEANE, James. *Curriculum integration*: the core of democratic education. Texto apresentado no IV Colóquio sobre Questões Curriculares. Portugal, Braga, Universidade do Minho, 2000.

história do currículo, uma conotação eminentemente progressivista, a qual, nas teorias curriculares atuais, vem sendo recuperada e exacerbada pela associação com o discurso da perspectiva crítica.

Frequentemente é desconsiderada a possibilidade de que a integração possa ser pensada a partir de princípios diversos daqueles situados nas experiências e interesses dos alunos. Passamos, então, a discutir as propostas de integração curricular desenvolvidas, tendo por referência a lógica das disciplinas acadêmicas.

Integração com base na lógica das disciplinas acadêmicas

Bruner, ao defender o ensino da estrutura das disciplinas, igualmente defende que aprender a estrutura é uma forma de aprender como as coisas se relacionam. Hirst e Peters, por sua vez, criticam o currículo integrado, na medida em que entendem que ele favorece a perda da especificidade do conhecimento e produz uma articulação artificial de conceitos de domínios distintos. Mas ainda assim consideram que a integração pode ser pensada quando uma dada disciplina escolar incorpora objetivos de formas de conhecimento diversas, genuinamente articulados. Nesse caso, a integração torna-se importante, pois permite desenvolver a existência de inter-relações entre os objetivos.

É possível afirmar que a perspectiva integrada de tais enfoques curriculares permanece hoje na concepção de interdisciplinaridade. Na medida em que as disciplinas escolares têm suas fontes de organização situadas no conhecimento de referência, é também a partir do conhecimento de referência que é pensada a integração. Trata-se de uma concepção de currículo integrado que valoriza as disciplinas individuais e suas inter-relações. Defender a interdisciplinaridade pressupõe considerar a organização disciplinar e, ao mesmo tempo, conceber formas de inter-relacionar as disciplinas a partir de problemas e temas comuns situados nas disciplinas de referência.

Tal como nos EUA, muitos estudos realizados sobre interdisciplinaridade no Brasil investigam ou analisam a educação em nível superior, ou mesmo o conhecimento no campo científico. Dada a relação ainda mais próxima das disciplinas escolares do nível médio de ensino com as disciplinas acadêmicas, os projetos interdisciplinares também são destacados nesse nível de ensino. Na própria reforma curricular do ensino médio no Brasil no fim dos anos 1990, a interdisciplinaridade é um dos princípios básicos do currículo, com a constante afirmação nos textos políticos de que não se trata de uma superação das disciplinas.

Em nosso país, do ponto de vista teórico, a interdisciplinaridade é divulgada especialmente a partir do trabalho de Hilton Japiassu, problematizando o tema do ponto de vista filosófico, no fim dos anos 1970. Suas análises, apesar de não terem interlocução com o campo do Currículo, tiveram impacto no campo educacional. Isso, ao menos em parte, se deve à incorporação de suas ideias por Ivani Fazenda, autora com expressão no campo da Didática.

Japiassu[8] parte da definição de disciplina como sinônimo de ciência, indicando o resultado do trabalho científico especializado, um conjunto de conhecimentos com homogeneidade de métodos, planos de ensino e formação, de maneira a garantir a reprodução desse conhecimento no mesmo domínio. A partir dessa concepção de disciplina, ele define interdisciplinaridade como um conjunto de definições e de regras de demonstração e dedução — uma axiomática — comum a um grupo de disciplinas conexas, expressado em nível hierárquico imediatamente superior a essas disciplinas, garantindo a unidade das mesmas. Há, portanto, a noção de finalidade, com o horizonte epistemológico sendo a unidade do conhecimento.

Para o desenvolvimento da interdisciplinaridade, há que existir cooperação e coordenação entre os campos disciplinares, de maneira a serem incorporados resultados das várias especialidades disciplinares, bem como instrumentos, técnicas, conceitos. Essa incorporação

---

8. JAPIASSU, Hilton. *Interdisciplinaridade e patologia do saber*. Rio de Janeiro: Imago, 1976.

implica crítica do que é incorporado, comparação e julgamento para escolha do que mais se adéqua ao objetivo em questão. Trata-se de uma religação de fronteiras entre conhecimentos, interpretados como isolados ao longo do tempo, sendo capaz de gerar um enriquecimento — e não uma superação — das disciplinas envolvidas na atividade interdisciplinar.

Japiassu analisa diferentes obstáculos à realização da atividade interdisciplinar na pesquisa e na Universidade, em níveis epistemológico, cultural, institucional, psicossociológico ou, de forma mais ampla, cultural. Mas ao invés de buscar entender do ponto de vista teórico por que a disciplinaridade permanece, se preocupa em apontar as exigências para a realização da atividade interdisciplinar, vinculadas à superação dos obstáculos elencados. Dentre essas exigências, são elencadas a alta competência de cada especialista disciplinar; o reconhecimento do caráter parcial e relativo dessa especialidade; o caráter orientado da pesquisa em direção a um problema concreto da vida social; e a capacidade de ultrapassar as disciplinas, sem negá-las. Como é possível identificar, tais exigências tanto se situam em questões epistemológicas como em atitudes pessoais do pesquisador.

Ainda que afirme não se tratar da busca de uma unidade do conhecimento na perspectiva idealista do século XIX, Japiassu insiste que se trata de um processo de reencontrar a unidade do conhecimento do fenômeno humano, algo imposto pela própria atividade científica e pela complexidade dos problemas a serem enfrentados. Por isso, utiliza a metáfora de considerar que a divisão disciplinar do saber é uma *patologia*, para a qual o *remédio* só pode ser a totalidade tanto do ser humano quanto do conhecimento interdisciplinar.

A apropriação do pensamento de Japiassu por Ivani Fazenda[9] se desenvolve menos no âmbito epistemológico e mais na perspectiva da mudança de atitude dos sujeitos na prática das escolas ou, como ela

---

9. FAZENDA, Ivani. *Interdisciplinaridade*: história, teoria e pesquisa. Campinas: Papirus, 1995.

mesma afirma, em uma perspectiva ontológica e antropológica. Nessa perspectiva, Ivani considera que integrar via interdisciplinaridade significa alcançar um nível de profundidade, ao mesmo tempo ampla e sintética, capaz de fazer emergir potencialidades ocultas nos alunos. É assim um processo de autodescoberta e de interação com o Outro, processos que teriam sido obstaculizados pelas ordens culturais estabelecidas. Na relação entre professor e aluno, o trabalho interdisciplinar exige um novo olhar do professor, disposto a aprender com o aluno e ajudá-lo na sua autodescoberta. É por meio dessa cumplicidade e dessa mudança do ser em cada um que Ivani espera ser possível uma sociedade mais justa. Cabe destacar que o projeto de totalidade permanece nessa dimensão do ser, na medida em que o processo de autoconhecimento é o conhecimento de uma totalidade, obrigatoriamente, interdisciplinar. Mesmo nessa orientação humanista e essencialista, a interdisciplinaridade pressupõe as disciplinas, pois só pode ser desenvolvida a partir delas, como uma mudança de atitude diante das disciplinas.

Muitas são as críticas dirigidas a essas concepções de interdisciplinaridade, seja por seu idealismo ou por não problematizarem questões históricas e políticas que sustentam a organização disciplinar. Especificamente no campo do Currículo, a crítica mais consistente é desenvolvida por Alfredo Veiga-Neto.[10] Para Veiga-Neto, a interdisciplinaridade não deve ser compreendida como uma metodologia mágica, capaz de garantir a mudança educacional. Nem tampouco como o resgate da Razão transcendental unificadora, como se fosse possível por meio desta razão alcançar o saber absoluto, abarcar todos os saberes ou o projeto *utópico* da unidade do saber. Com base no pensamento de Foucault, Veiga-Neto questiona o entendimento da disciplinaridade como uma patologia do saber, pelo fato de que a metáfora da patologia traz em si a concepção de que um agente externo contribuiu

---

10. VEIGA-NETO, Alfredo. *Disciplinaridade versus interdisciplinaridade*: uma tensão produtiva. VII ENDIPE. Goiânia: UFGO, 1994. p. 145-157. VEIGA-NETO, Alfredo. Interdisciplinaridade: uma moda que está de volta? In: SILVA, Luiz Heron da; AZEVEDO, José Clóvis de (Orgs.). *Paixão de aprender II*. Petrópolis: Vozes, 1995.

para o mal identificado. Diferentemente, ele argumenta como a disciplinaridade é um dos fundamentos do conhecimento na Modernidade, o qual não pode ser dissipado pela vontade dos sujeitos, por novas opções epistemológicas ou novas arquiteturas curriculares. Não há uma essência do sujeito a ser modificada para que ele possa assim construir um conhecimento intrinsecamente não disciplinar. Assim como não há uma essência da ciência, capaz de *adoecer* ou se corromper, fora das relações éticas constituídas pelos sujeitos.

Na sua interpretação, o conhecimento disciplinar não é decorrente da fragmentação do objeto a ser investigado, mas da separação entre o pensamento e suas produções e o que é pensado, incluindo aí a nós mesmos. Com isso, a busca de uma Razão unificada é não apenas vã, mas nos leva a uma perspectiva essencialista e idealista. A Razão é uma produção histórica e humana a ser problematizada, não existe de forma transcendental, portanto não tem um passado mítico unificado a ser resgatado. Igualmente, para Veiga-Neto, trata-se de uma valorização da perspectiva iluminista pressupor um progresso na História e uma crença em uma totalidade a ser alcançada (ou resgatada) em nome de uma epistemologia também única. Também a epistemologia depende de construções sociais, de relações de poder e de regimes de verdade que a constituem como tal. Não há um sujeito centrado, unificado, coerente e coeso que possa construir o saber unificado sustentado pela razão.

Por isso, Veiga-Neto prefere a contingência dos projetos pluridisciplinares. Não porque sejam os melhores, mas porque implicam aceitar a legitimidade das disciplinas, seja do ponto de vista epistemológico, seja do ponto de vista contextual. Existem pessoas que se formam por intermédio das disciplinas, que lutam por seus limites ou que operam segundo essa divisão. Assim, não é uma razão transcendental que sustenta as disciplinas, mas relações de poder contingentes que as tornam legítimas para muitos.

Com essa interpretação, Veiga-Neto não se dispõe a ser um defensor das disciplinas. Com sua teorização, ele constrói um entendimento de por que os currículos são organizados assim e que disposições e efeitos esse currículo produz. Em trabalhos mais recentes,[11] ele discute como o currículo, ao ser geometrizado, nos geometriza: o currículo organiza rotinas e ritmos de tempo e nos faz relacionar o tempo com determinado espaço. Dessa forma, nos ensina, direta ou indiretamente, a engendrar essa geometria para além da escola. Ao operar a distribuição de saberes por intermédio das disciplinas, o currículo hierarquiza, matiza e classifica os saberes. Dessa forma, é um dispositivo pedagógico geometrizante.

Ao se preocupar com esse caráter geometrizante do currículo, voltado para uma *arquitetura curricular*, Veiga-Neto busca se afastar de perspectivas que focalizam o que ele considera ser uma *engenharia curricular*, ou seja, tendências que querem dar conta de como pensar a organização e o planejamento curricular para atender às demandas do mundo contemporâneo. Suas preocupações, portanto, são outras. Ele tenta entender as relações entre organização curricular e transformações espaçotemporais. Como, na sua interpretação, através dos tempos, o currículo tanto é um produto quanto é capaz de produzir formas de pensar, sua preocupação é entender hoje tais relações.

A organização disciplinar para ele é então uma estrutura disciplinadora, sendo produto e ao mesmo tempo produtora de uma nova ordem e de uma nova representação (atribuição de significado) na Modernidade. Por ela, saberes são hierarquizados e classificados, fronteiras são ordenadas, somos subjetivados. O currículo assim organizado, diz Veiga-Neto, institui uma nova ordem para as coisas e torna-se um artefato aberto para o mundo.

Em um mundo cada vez mais volátil, onde tudo é transitório, móvel e extremamente rápido, as formas de conceber o espaço e o tempo geram modificações na estrutura curricular. As fronteiras se dissipam e passa a importar, sobretudo, a capacidade de criar novos lugares que favoreçam a mobilidade: mudar de lugar para lugar, em constante *lugarização* e mobilização. Propostas de flexibilização das

---

11. VEIGA-NETO, Alfredo. De geometrias, currículo e diferenças. *Educação & Sociedade*, ano XXIII, n. 79, p. 163-186, ago. 2002. VEIGA-NETO, Alfredo. As duas faces da moeda: heterotopias e emplazamientos curriculares. *Educação em Revista*, Belo Horizonte, v. 45, p. 249-264, jun. 2007.

estruturas disciplinares e de proposição de currículos integrados — interdisciplinares, por temas transversais — se apoiariam nessas tentativas de engenharia visando a adequar o currículo às mudanças espaçotemporais. Também é na perspectiva dessa adequação que se inserem propostas curriculares que buscam abrir mais espaço para o aluno selecionar o que deseja estudar, muitas vezes caracterizando-o como um consumidor que tem a liberdade de escolher, entre diferentes mercadorias, a mais adequada aos seus interesses. As disciplinas são cada vez mais não lugares que deixam de ter identidades fixas, ficando ao sabor da volatilidade dos tempos pós-modernos.

Com essa interpretação, Veiga-Neto não se dispõe a refutar tais organizações, mas visa a entender por que tais mudanças se desenvolvem de maneira a tentar fazer com que elas possam contribuir para o maior equilíbrio nos recursos oferecidos a todos e na distribuição de justiça social, simultaneamente questionando as relações de consumo individualistas que podem engendrar.

Por intermédio dessas teorizações, consideramos que deixa de fazer sentido a separação usual entre organização disciplinar e organização integrada como polos opostos e excludentes. Assim, nos dispomos a discutir com os autores que, ao longo da história do currículo, se preocuparam em problematizar tal polarização, seja na perspectiva crítica ou pela apropriação de enfoques discursivos.

Para além da dicotomia entre currículo disciplinar e currículo integrado

Uma das primeiras teorizações a operar com a integração e a disciplinaridade de forma inter-relacionada é a de Basil Bernstein (confrontar com capítulo 4). Em uma perspectiva estruturalista, Bernstein[12] analisa os processos de compartimentação dos saberes,

---

12. BERNSTEIN, Basil. On the classification and framing of educational knowledge. In: YOUNG, Michael (Org.). *Knowledge and control*. New York: Macmillan, 1981. p. 47-69.

pela introdução dos conceitos de classificação e enquadramento. Classificação refere-se aos limites impostos às relações entre categorias, dentre elas, os conteúdos, ou seja, ao grau de manutenção de fronteiras entre eles. Classificações fracas estão relacionadas a relações de poder menos assimétricas. Quanto mais fraca a classificação, maior a inter-relação dos conteúdos. O enquadramento refere-se à forma do contexto no qual é feita a transmissão do conhecimento, à força da fronteira entre o que pode e o que não pode ser transmitido numa relação pedagógica. Em outras palavras, deve ser entendido como se referindo ao grau de controle de professores e alunos sobre a seleção, organização e ritmo do conhecimento transmitido e recebido nas relações pedagógicas.

Por esta perspectiva de análise, a estrutura básica de mensagem do sistema curricular é dada por variações no grau de classificação e a estrutura básica de mensagem do sistema pedagógico é dada por variações no grau de enquadramento. Um forte enquadramento reduz o poder do aluno sobre o conhecimento que ele recebe, quando e como, e aumenta, por sua vez, o controle do professor nas relações pedagógicas. Por outro lado, um alto grau de classificação reduz o poder do professor sobre o que ele transmite, uma vez que ele tem de se manter nos limites impostos entre as disciplinas.

A partir desses conceitos, Bernstein organiza uma tipologia de códigos de organização curricular. Para o autor, qualquer organização curricular que envolve alto grau de classificação e alto nível de enquadramento pode ser denominada currículo segundo um *código coleção*. O *código integrado*, por sua vez, refere-se a qualquer organização curricular que tenha por objetivo reduzir o nível de classificação e de enquadramento. Tanto o código coleção quanto o código integrado devem ser compreendidos como exemplos extremos e ideais, conceitos que permitem a análise da estrutura da organização curricular. São códigos extremos de um conjunto contínuo de organizações curriculares com variados graus de enquadramento e de classificação. É possível termos currículos altamente classificados, porém pouco enquadrados, nos quais alunos e professores têm maior controle sobre o ritmo da transmissão de conteúdos, por exemplo. Igualmente é possível existir um currículo fracamente classificado, com maior inter-relação de conteúdos, mas com processos altamente estratificados e centralizados de definição de como essa inter-relação se desenvolve. Bernstein adverte, portanto, que o código integrado não é garantido apenas pelo fato de uma disciplina utilizar conhecimentos de outra. Essas são apenas inter-relações intelectuais. A integração pressupõe minimamente um grau de subordinação das disciplinas a determinados temas gerais e maior controle por parte de professores e alunos no processo de planejamento curricular.

O conceito de disciplina é, então, um conceito-chave na compreensão do currículo segundo um código coleção. Para Bernstein, disciplina implica não apenas uma dada seleção e organização de conteúdos, mas também um ritmo do conhecimento, certo enquadramento pedagógico. Assim, um currículo disciplinar já se encontra associado a níveis fortes de classificação e de enquadramento.

Basil Bernstein parece crer nas inúmeras vantagens dos currículos em código integrado. Estes seriam capazes de, a partir do abrandamento dos enquadramentos e das classificações, conferir maior iniciativa aos professores e alunos, maior integração dos saberes escolares com os saberes cotidianos dos alunos, de maneira a combater a visão hierárquica e dogmática do conhecimento. Em suma, a modificação na estrutura do conhecimento escolar alteraria relações de poder na escola, com implicações sociais nítidas.

Concordamos com a consistência da análise sociológica de Bernstein que retira a interpretação das disciplinas de um enfoque centrado na vontade individual do sujeito e conecta-a às relações de poder e de controle. Também consideramos pertinente em Bernstein a tentativa de conectar integração e disciplinaridade, usualmente representadas como polos opostos e que não se implicam mutuamente. Mas ainda permanece em Bernstein a ideia de que o importante é questionar o currículo disciplinar e defender o currículo integrado, em uma contraposição binária que nos parece pouco produtiva para o entendimento do currículo.[13]

---

13. LOPES, Alice Casimiro. *Políticas de integração curricular*. 1. ed. Rio de Janeiro: EdUerj/Faperj, 2008.

Diferentemente, consideramos mais produtivo entender como as disciplinas escolares nos formam, investigar como as inter-relações entre saberes são desenvolvidas nas escolas, quais sentidos as diferentes comunidades disciplinares conferem ao currículo. Questionar as finalidades sociais atendidas pelos currículos, sejam disciplinares, integrados ou ainda simultaneamente disciplinares e integrados, nos parece mais promissor, inclusive para a própria crítica ao currículo disciplinar — e, sobretudo, para a crítica às relações de poder engendradas nas organizações curriculares.

Se compreendemos as disciplinas discursivamente, não cabe defini-las como boas ou ruins, mas são produções decorrentes de determinados significados que conferimos ao mundo, de relações de poder que embasam as articulações — sociais e institucionais — que organizam comunidades disciplinares. As disciplinas nos formam e se conectam com demandas sociais, estão em constante modificação e, muitas vezes, ao organizarmos o currículo de forma integrada, produzimos novas estruturas disciplinares. Tais novas estruturas produzem outros efeitos sobre os sujeitos e o social. Cabe entender a quais finalidades esses efeitos se vinculam e se nos permitem, ou não, alguma possibilidade de ampliar o que acordamos chamar de justiça social e de democracia.

Capítulo 7
Prática e cotidiano

A prática é uma temática que acompanha o desenvolvimento da teoria curricular, assumindo diferentes sentidos. Já em Dewey, a preocupação de aproximar o pensar da vida prática, da experiência humana, ganha destaque, sendo a defesa da aplicabilidade do conhecimento central em sua noção de currículo. A escolarização só faz sentido na medida em que constrói condições para que os sujeitos possam resolver problemas sociais reais. A prática está também no horizonte do eficientismo ou de modelos curriculares vinculados à racionalidade tyleriana. Por um lado, o mundo concreto, especialmente o mercado de trabalho, é a fonte última para a definição de metas educacionais. Por outro, a luta por conferir eficiência e racionalidade às decisões curriculares é uma forma de legitimação que tem a prática por referência.

Ainda assim, as críticas à hegemonia da racionalidade tyleriana na definição do que é currículo são em grande medida imputadas ao seu desprezo pelo que ocorre nas escolas, pela prática cotidiana dos sujeitos, como vimos no capítulo 1. Parece que mesmo tendo a prática como seu foco declarado, a teoria curricular se afasta perigosamente da prática concreta, se desprega da realidade em malabarismos que visam preferencialmente ao seu controle. A recuperação de sua relação com a prática concreta dos sujeitos e com o mundo real surge, então, como uma das reivindicações centrais de autores que buscam criar uma teoria curricular conceitualmente diferente.

Como sabemos, o final dos anos 1960 traz movimentos revisionistas em diferentes áreas da sociedade com os movimentos estudantis e *hippies* crescendo em muitos países. A contracultura começa a se firmar na academia com uma visão alternativa das questões sociais. Os princípios comportamentais, os excessos empiristas e a sociologia quantitativa perdem espaço. Associados a isso, fundos educacionais para o desenvolvimento de programas norte-americanos dos anos 1960 e para sua exportação, por exemplo, para a América Latina, entram em crise.

No campo do Currículo, as críticas à racionalidade tyleriana têm sido sintetizadas por uma expressão de Joseph Schwab: o campo do Currículo está moribundo, proclama o autor,[1] por sua adesão acrítica a modos de pesquisa que não dão conta de melhorar a vida das escolas. Para o autor, trata-se de uma crise da relação entre teoria e prática. Como saída, Schwab propõe que o campo passe a operar de modo prático (quase-prático e eclético) em contraposição ao predomínio anterior do teórico. Em um conjunto de textos publicado em 1970, o autor define a arte do prático como arte da deliberação e redefine a relação entre elaboração e implementação do currículo. Assumindo que as mudanças curriculares são lentas e complexas, Schwab defende que cada escola deveria ter um grupo de professores responsáveis por desenvolver e rever os currículos, coordenados por um especialista que faria parte dos profissionais da escola. Esse profissional deveria supervisionar o desenvolvimento das atividades e a preparação de materiais didáticos, assim como dinamizar a discussão dos valores subjacentes aos currículos. A ideia é nomeada de currículo centrado na escola, que obviamente pode contar com consultores periódicos, sejam eles especialistas nas disciplinas, sociólogos ou psicólogos. Ela redefine o papel da escola na produção do currículo e aproxima o

---

1. SCHWAB, Joseph. Un enfoque práctico como lenguaje para el curriculum. In: SACRISTÁN, J. G.; PÉREZ Gómez, A. *La enseñanza*: su teoría e su práctica. Madrid: Akal, 1989. p. 197-209. Originalmente publicado em 1969.

desenvolvimento curricular da formação de professores em situação de trabalho, preocupação que se atualiza nas contemporâneas discussões sobre professor reflexivo.

Mais ou menos simultaneamente, na Inglaterra, se desenvolve a discussão sobre professor-pesquisador. Embora com aportes teóricos diversos, há aproximações que a nós interessa destacar. No caso inglês, ainda que haja também uma discordância em relação à racionalidade tyleriana a essa altura dominante na teoria curricular ocidental e não apenas nos Estados Unidos, a principal crítica se direciona à perspectiva acadêmica de currículo, discutida no capítulo 3. O movimento em torno do professor-pesquisador, que dá origem às pesquisas em sala de aula com a colaboração de professores, é iniciado por Lawrence Stenhouse. De 1967 a 1972, ele coordena um grande projeto curricular na Inglaterra e, em 1970, publica o que seria um dos clássicos mais importantes da área (não traduzido no Brasil): *Uma introdução à pesquisa e ao desenvolvimento curricular*.[2]

Assumindo os vínculos entre currículo e pesquisa, Stenhouse[3] define o primeiro como um conjunto de hipóteses a serem pesquisadas por docentes no sentido de desenvolver um currículo comprometido com a diversidade cultural e capaz de desenvolver habilidades de pensamento. O modelo de elaboração curricular de Stenhouse, diferentemente dos modelos de Tyler ou da tradição acadêmica de currículo, é um modelo processual no qual os professores são levados a pensar sobre a prática e sobre seus procedimentos como forma de estabelecer a melhor relação entre meios e fins do currículo. Obviamente, essa mudança no sentido de currículo deve ser acompanhada por novas concepções de avaliação, uma das áreas em que o trabalho de Stenhouse, baseado no modelo de avaliação responsiva de Robert Stake, mais se destaca. Defendendo que também a avaliação deveria ser guiada pelos docentes, com a utilização de métodos qualitativos

---

2. STENHOUSE, Lawrence. *An introduction to curriculum research and development*. Londres: Heineman, 1975.

3. STENHOUSE, Lawrence. *La investigación como base de la enseñanza*. Selección de textos por Rudduck y Hopkins. Madrid: Morata, 1996.

em uma espécie de pesquisa-ação, o autor aposta na autonomia do docente para definir os resultados do próprio trabalho. Essa autonomia e o compromisso do professor com a produção do currículo são as garantias para a qualidade da educação, na visão de Stenhouse.

No capítulo 1, acompanhamos alguns desdobramentos dos movimentos críticos da racionalidade tyleriana em que Schwab e Stenhouse foram figuras centrais. Destacamos, naquele momento, duas correntes do que ficou conhecido como reconceptualização do campo do Currículo, explicitando a importância que tiveram no Brasil: o marxismo e a fenomenologia. Em ambas, a preocupação com a vida diária da escola está bem clara. Na fenomenologia, a ênfase em estudos autobiográficos e a valorização das narrativas são estratégias para reintroduzir a vida cotidiana no currículo, pensando-o em sua relação com os sujeitos concretos da escola. No marxismo, ainda que como menor relevo, o estudo das interações em sala de aula são valorizados, em diálogo com Paulo Freire e com a Nova Sociologia da Educação inglesa.

Neste e no próximo capítulo, nosso objetivo é discutir um pouco mais detidamente abordagens da teoria do currículo que dão centralidade à discussão da prática e do cotidiano dos sujeitos. Neste capítulo, o foco será a desnaturalização da separação entre desenvolvimento e implementação do currículo, um prolongamento (definido de forma pouco ortodoxa) dos movimentos iniciados por Schwab e Stenhouse. Nosso fio condutor será a apropriação e o desenvolvimento no Brasil de estudos curriculares centrados na escola, que dividimos em dois grupos: os estudos da escola de matriz etnográfica participante, com seus desdobramentos em discussões como professor reflexivo e histórias de vida de professores; e os estudos nos/dos/com os cotidianos, cuja principal referência é a visão de cotidiano de Michel de Certeau. Para finalizar, questionamos as noções de prática e cotidiano tendo por contraponto as abordagens pós-modernas, introduzindo uma discussão que será objeto do capítulo 9.

Os estudos de natureza claramente marxista, parte importante dos estudos de currículo centrado na escola a partir das teorias da resistência, serão enfocados no próximo capítulo. Essa decisão é justificada pelo fato de a maioria desses estudos entrar na escola com a preocupação de construir práticas emancipatórias pela explicitação das contradições vividas pelos sujeitos, tema do referido capítulo.

Estudos da escola

Os estudos da escola vêm sendo desenvolvidos no Brasil principalmente pela via da etnografia participativa. Originária do campo da antropologia, a etnografia vem sendo muito utilizada na educação e nos estudos curriculares desde a década de 1970, como forma de compreender como o currículo acontece nas escolas. Há, pelo menos, duas vias principais para entender a entrada da etnografia na discussão educacional e curricular. A primeira é ligada aos estudos avaliativos e às metodologias de pesquisa e se desenvolve enormemente nos Estados Unidos a partir da crise dos paradigmas técnicos. Embora seu foco não seja o currículo, são muitas as interseções com o campo, o que é compreensível pela estreita vinculação que a racionalidade tyleriana criou entre currículo e avaliação. Metodologias qualitativas, como as propostas, por exemplo, por Robert Stake ou Erik Erikson, permitem perceber a relevância do estudo do cotidiano da escola ou da sala de aula e são importantes na reconceptualização do campo do Currículo, como explicitado na introdução. A segunda via é a do interacionismo inglês, que se torna influente na sociologia inglesa dos anos 1970 como resposta aos excessos do estruturalismo-funcionalista. Sua importância no campo do Currículo vai além da defesa de estudos etnográficos, pois, como parte da Nova Sociologia da Educação, tem influência nas discussões de conhecimento e currículo, como vimos no capítulo 3.

Uma e outra via estão presentes no desenvolvimento do campo do Currículo no Brasil. Talvez até se possa dizer que a discussão sobre abordagens qualitativas em educação e sobre a etnografia da escola tem papel de destaque na tradução e popularização de alguns estudos curriculares centrados na prática curricular. O movimento em defesa das metodologias qualitativas e da etnografia chega ao Brasil no início dos anos 1980 num diálogo preferencial com autores norte-americanos. O livro *Abordagens qualitativas em educação*, de autoria de Menga Lüdke e Marli André,[4] datado de 1986 e ainda hoje a obra mais citada em estudos de currículo com foco na escola, é um exemplo desse diálogo. Neste e em outros textos que a ele se seguem, as autoras se apropriam da tradição americana, ainda que se perceba a influência do interacionismo inglês em referências, por exemplo, a Stenhouse. A visibilidade das etnografias da escola é ampliada, no país, com a tradução de estudos etnográficos ligados ao interacionismo inglês, como Peter Woods e os marxistas Paul Willis e Andy Hargreaves.

Na impossibilidade de abordar todas as etnografias da escola relevantes para o campo do Currículo, daremos destaque ao interacionismo inglês e a concepções que vamos assumir, não sem certo perigo, como alguns de seus desdobramentos. Entendemos que se trata da tradição com maior destaque, nem sempre explícito, na discussão curricular brasileira. Por interacionismo inglês entendemos toda a tradição da sociologia da educação britânica denominada Nova Sociologia da Educação, iniciada nos anos 1970. Retomando o que abordamos no capítulo 3, a NSE se caracteriza como uma reação à sociologia de matriz positivista que opera com modelos de entrada/saída, sem nenhuma atenção ao que ocorre no interior das escolas. Pretende, como explicitado na obra seminal do movimento, de autoria de David Hargreaves,[5] deslocar o foco da sociologia para a análise da escola como espaço em que ação e conhecimento eram socialmente construídos. Operando com uma macroclassificação, pode-se dizer que a NSE é quase que imediatamente após seu surgimento dividida em dois grandes grupos: os interacionistas e os marxistas. Iniciaremos esta seção com o interacionismo simbólico, analisando o trabalho de Peter Woods — em que defende a etnografia como método de compreensão da vida nas escolas — e pela discussão de professor reflexivo que se

---

4. ANDRÉ, Marli; LÜDKE, Menga. *Abordagens qualitativas em educação*. São Paulo: EPU, 1986.

5. HARGREAVES, David. Social relations in secondary school. In: NISBET, John. *Educational research in action*. Londres: University of London Press, 1967. p. 179-192.

apropria de preocupações de Woods e dos trabalhos de Stenhouse. Finalmente, como um desdobramento (e contraposição) dessa tradição, trataremos dos estudos sobre a vida de professores, de Ivor Goodson.

O interacionismo simbólico: Peter Woods

A corrente interacionista da NSE é composta por grupos diversos, contando com autores ligados à fenomenologia, à etnometodologia e ao interacionismo simbólico, este último com maior impacto no campo do Currículo no Brasil. Comum a todas elas, o pressuposto de que a realidade objetiva somente pode ser percebida de forma parcial. Em relação ao interacionismo simbólico, pode-se dizer que advoga a necessidade de entender como os protagonistas de determinadas situações sociais sentem, interpretam e constroem significados para as suas ações em um dado contexto. Sua ênfase recai sobre a construção de sentidos pelos sujeitos, sobre sua capacidade de se adaptar e administrar seus interesses em uma complexa rede de interações, muitas vezes ambíguas e conflituosas. Interessa ao interacionismo entender como os sujeitos negociam com os outros e criam estratégias de ação capazes de levá-los a conseguir aquilo que almejam. Diferentemente de perspectivas centradas na macrossociologia, o interacionismo se pergunta como as pessoas constroem sua autonomia mesmo em situações em que não são detentoras do poder formalmente estabelecido. Nesse sentido, embora centrado nas interações cotidianas, o interacionismo mantém a preocupação de entendê-las como particularidade, mas também como produto de redes sociais mais amplas.

Na educação, o interacionismo simbólico se propõe a compreender a interação social que ocorre no contexto da escola, explicitando como os processos educacionais são construídos. Parte do princípio que professores, alunos, pais, funcionários constroem a cultura da escola em que estão imersos, de modo que a compreensão dessa cultura somente pode se fazer a partir de seu interior. Essa opção não implica esquecer que relações mais gerais de classe ou raça, por exemplo, desempenham importante papel na definição de diferentes ordenamentos para a ação dos sujeitos. Implica apenas não considerá-las suficientes, recuperando o potencial da interação social na geração de sentidos para além das possibilidades de predição. Da mesma forma que não são diretamente determinados por condições sociais, tais sentidos também não podem ser inferidos por seus efeitos. A forma como os sujeitos interpretam o mundo e agem a partir dessa interpretação sempre cambiante só pode ser entendida a partir da compreensão da interação social com seus conflitos, contradições e inconsistências.

Considerando a obra de Peter Woods, educador britânico cujo primeiro livro data de 1979, talvez seja possível levantar alguns conceitos centrais do interacionismo simbólico no campo do Currículo. O primeiro é o conceito de situação, que integra as noções de contexto e perspectiva. As ações que, realizadas diariamente, somente podem ser compreendidas em uma situação, definida a partir de perspectivas assumidas pelos sujeitos. A situação funciona como uma espécie de contexto, um quadro das interpretações e das ações realizadas, mas também algo que, tornado real, acaba por criar as condições para a própria ação. O interacionismo simbólico é, portanto, avesso à interpretações generalizantes porque só se age dentro de um contexto.

Um segundo conceito relevante na obra de Woods é o de cultura. Na medida em que a escola é vista como um espaço em que sentidos e ações são construídos por intermédio da interação entre os sujeitos, ela tem uma cultura própria. O funcionamento dessa cultura é o foco dos estudos de Woods. O autor, no entanto, não se prende à cultura da escola, aquela produzida no contexto específico, mas amplia suas análises em direção às diferentes culturas (ou subculturas, na linguagem do autor) que penetram na escola como culturas de pertencimento dos sujeitos. Sem dar atenção a essas culturas, é impossível entender a construção social dos sentidos no contexto, porque parte dos ordenamentos nele presentes derivam dessas culturas. Há ordenamentos que só podem ser compreendidos com respeito à cultura de classe, como destacam a vertente marxista, outros, porém, estão mais afeitos à etnia ou à religião.

Finalmente, os conceitos de estratégia e trajetória pessoal permitem ampliar a preocupação com a relação do contexto (micro) com o social. Woods trabalha a ideia de que o sujeitos descrevem suas trajetórias pessoais (ou suas carreiras como professores e alunos, por exemplo) e que essa descrição envolve tanto uma visão do sujeito sobre si quanto de sua inserção em uma dada instituição. Trata-se, portanto, de uma descrição que integra o nível mais individual aos ordenamentos institucionais. No primeiro, os sujeitos têm intenções, metas, projetos que precisam ser negociados com interesses diversos, assim como com as culturas de pertencimento dos diferentes grupos presentes na escola (ou mesmo dela ausentes). Essa negociação envolve estratégias complexas em que as intenções dos sujeitos interceptam o que é socialmente determinado e os ordenamentos de múltiplas culturas. Um estudo da escola na perspectiva interacionista precisa entender sempre o contexto inserido numa rede ampla de relações em constante movimento.

A título de exemplo, tomemos brevemente dois momentos dos trabalhos etnográficos de Woods. Em um de seus primeiros trabalhos, em 1983, Woods[6] defende que o primeiro aprendizado daquele que vai à escola é aprender a ser aluno. A escola é um ambiente de interação, mas não é um contexto natural onde as pessoas possam fazer o que desejarem. Há regras e procedimentos que precisam ser entendidos e construídos por aqueles que a frequentam. Algumas regras são explicitamente estabelecidas, outras tácitas, mas ambas definem o contexto. Em termos de currículo, poder-se-ia dizer que dessas regras depende o que será estudado, a quantidade e o tipo de trabalho a ser realizado, assim como aspectos referentes à disciplina. Assumindo a perspectiva do interacionismo simbólico, Woods se nega a perceber essas regras e procedimentos como provenientes de alguma instância fora da escola ou como arbitrárias. Para o autor, eles são negociados cotidianamente pelos sujeitos, negociação que se dá, obviamente, num contexto específico. Aprender a ser aluno é, portanto, se inserir num ambiente nor-

---

6. WOODS, Peter. *Sociology and the school*: an interactionist viewpoint. Londres: Routledge, 1983.

matizado cujas normas estão em constante negociação. É ser participante dessa negociação ao mesmo tempo que se é submetido às normas que ela vai produzindo. Como tais regras são diferentes das que funcionam em ambientes como o familiar, a entrada na escola é, por vezes, traumática. E esse trauma nunca passa, na medida em que também os ambientes escolares não se mantêm os mesmos.

No livro *Investigar a arte de ensinar*, publicado já em 1996, Woods[7] oferece mais exemplos de estudos da escola na perspectiva do interacionismo simbólico. Descreve uma pesquisa realizada em seis escolas durante três anos, em que busca entender os efeitos da inspeção escolar nos professores. Trata-se de uma pesquisa que opera, do ponto de vista metodológico, com relatos livres, de modo a melhor captar os pensamentos e os sentimentos dos professores. Com isso, Woods busca também discutir como o próprio pesquisador lida com seus próprios sentimentos, subvertendo as noções de sujeito e realidade objetiva pesquisada e apostando em perspectivas colaborativas. Mais interessante, nesse sentido, é o relato do autor das pesquisas sobre acontecimentos críticos, definidos como intervenções radicais que podem provocar mudanças na forma como os sujeitos vivem a sua realidade. Utilizando-se de uma espécie de etnografia histórica (na medida em que um acontecimento crítico é normalmente percebido *a posteriori*), o autor valoriza não apenas o julgamento dos docentes e alunos sobre as mudanças provocadas pelos acontecimentos, mas também a sua visão sobre a forma como o pesquisador representa o evento no texto. Trata-se de uma experiência mais radical de colaboração em que os eventos são reconstruídos e analisados pelos professores, alunos e pesquisador.

Fica claro desses exemplos que, do ponto de vista metodológico, os trabalhos de Woods fazem uso da etnografia, possivelmente o método mais adequado aos objetivos do interacionismo ou mesmo da NSE. O respeito pela realidade empírica, com o privilégio da indução, e a compreensão de que se trata de uma realidade complexa

---

7. WOODS, Peter. *Investigar a arte de ensinar*. Porto: Porto Editora, 1999.

em que se interpenetram muitas camadas de sentidos justificam a popularidade da etnografia nesses estudos. Mas não se trata de uma etnografia qualquer: o caráter colaborativo da etnografia é uma preocupação que acompanha o autor e que se radicaliza em exemplos mais recentes. Woods defende que a melhoria da educação está atrelada à pesquisa, mas rejeita a ideia de que os resultados da investigação são úteis para guiar as práticas ou as políticas. Coerentemente, o autor propõe ser na interação de pesquisadores e professores que reside o potencial de mudança da pesquisa. É ela que permite aos professores o acesso à teoria e ao controle dos dados usados ao menos de forma retórica nas políticas. A colaboração entre professores e pesquisadores é uma atividade de formação, perspectiva que será mais bem trabalhada, por exemplo, nas discussões sobre professor reflexivo realizadas por Donald Schön e Kenneth Zeichner, quando usam a pesquisa reflexiva sobre a própria prática como estratégia de formação docente. Outros métodos têm operado no mesmo sentido, embora fora do quadro do interacionismo simbólico, como é o caso das pesquisas autobiográficas, desenvolvida nos EUA por autores como William Pinar, e das histórias de vidas de professores trabalhadas pelo inglês Ivor Goodson.

Os interacionistas simbólicos, como Woods, trazem muitas contribuições para os estudos curriculares ao ressaltar aspectos que, embora centrais ao currículo, não eram até então vistos como parte do campo pelas teorias clássicas. Dentre essas contribuições, poderíamos ressaltar duas. A primeira é que o currículo é, em última instância, as interações sociais e simbólicas que acontecem na escola nas quais os ordenamentos macrossociais também se fazem presentes. Trata-se de uma das múltiplas tentativas de destacar o micro, sem descuidar do macro nos estudos curriculares, tradição que é reinscrita na discussão de política curricular desenvolvida por Stephen Ball e que será objeto de análise no capítulo 11 deste livro. A segunda refere-se ao lugar formador da pesquisa sobre a escola, destacada na preocupação com estudos colaborativos desenvolvidos por Woods e que vamos desenvolver a seguir com o conceito de professor reflexivo.

Professor reflexivo: Donald Schön e Kenneth Zeichner

A discussão sobre professor reflexivo é um importante desdobramento socioconstrutivista de perspectivas que entendem que o currículo se constitui na prática. Desde meados da década de 1990, no Brasil, tal discussão tem sido conduzida no diálogo com Schön e Zeichner, autores que vêm popularizando a ideia de que a formação de professores é contínua e se dá através da reflexão sobre o seu próprio trabalho. Do ponto de vista da teoria curricular, isso significa que qualquer currículo formal é reescrito pelo professor, na medida em que ele reflete sobre a sua prática docente. Assim, o docente se configura como formulador do currículo vivido nas escolas e a separação entre desenvolvimento e implementação curricular torna-se sem sentido.

Ainda que os estudos como os de Schön e Zeichner tenham criado a categoria de professor reflexivo, não se pode dizer que se trata de uma discussão recente. Já em Dewey observa-se a defesa da reflexão como fundamento da prática docente. Para o autor, a reflexão envolve a problematização das situações vividas em sala de aula e o pensar sobre elas, evitando o desempenho das atividades docentes como simples rotina. Nesse sentido, a pesquisa da própria prática, de onde emanam as questões, está no centro da ideia de reflexão de Dewey, apropriada por Schön em sua discussão sobre o professor reflexivo.

A recuperação da categoria de prática reflexiva realizada por Schön e Zeichner data do início dos anos 1980. Essa discussão pode ser entendida como parte de um movimento mais amplo de recuperação da prática como preocupação central do campo do Currículo. Responde a uma realidade em que a grande maioria das políticas curriculares concebe a escola como lugar de aplicação de projetos produzidos em outras esferas e trata a formação do professor como um dos principais obstáculos à sua adequada implementação. Responde, no entanto, também a estudos sobre a prática curricular que buscam apenas descrevê-la e entendê-la, com vistas ou não à proposição de alternativas.

Diferentemente, apostam na pesquisa-ação, defendendo que a produção de conhecimento sobre a própria prática e sua utilização são um mesmo processo.

Em seu texto,[8] Schön defende que a prática reflexiva envolve a reflexão, a análise e a problematização da realidade e engloba três conceitos básicos: o conhecimento-na-ação, a reflexão-na-ação e a reflexão sobre a reflexão-na-ação. O primeiro poderia ser descrito como a teoria prática dos docentes — o conhecimento produzido por ele em sua atividade profissional — que é transformado em ação no primeiro nível reflexivo, a reflexão-na-ação. Schön exemplifica a reflexão-na-ação com uma situação corriqueira em que um aluno faz um questionamento que movimenta o docente no sentido de questionar sua própria surpresa com a questão, reformulando-a e criando, a partir dela, novas hipóteses de ensino a serem testadas. Na reflexão-na-ação, o conhecimento já produzido pelo docente na ação é empregado para lidar com novas situações, para as quais não é suficiente ainda que seja necessário. É essa reflexão que produz as saídas práticas de que o docente se vale no seu cotidiano e constrói novos conhecimentos-na-ação que serão mobilizados em situações futuras. A reflexão é concluída pela reflexão sobre a reflexão-na-ação, realizada *a posteriori*. Nela, o professor pensa, analisa, questiona de forma sistemática a sua prática como estratégia de formação para a prática futura.

Percebe-se, na formulação de Schön para a prática reflexiva, o pressuposto de que os professores desempenham um papel ativo na formulação do currículo e que seu envolvimento nessa tarefa é parte de sua formação profissional. Em *Educando o profissional reflexivo: um novo design para o ensino e a aprendizagem*, após exemplificar o uso da prática reflexiva na formação em diferentes áreas, o autor descreve um projeto de reformulação curricular desenvolvido no início dos anos 1980. O principal elemento dessa experiência é a reversão do lugar ocupado pelo professor na elaboração do currículo.

---

8. SCHÖN, Donald. *Educando o profissional reflexivo*: um novo design para o ensino e a aprendizagem. Porto Alegre: Artes Médicas, 2000.

Outras experiências são descritas, em detalhes, na obra de Zeichner.[9] O autor começou a realizar projetos de formação de professores reflexivos ainda no fim da década de 1970 com alunos de licenciatura. Percebe, na ocasião, que os futuros professores naturalizam os currículos prescritos (ou tradicionais), sem questionar de onde vêm os conteúdos a serem ensinados. O autor passa, então, a desenvolver projetos de formação reflexiva dos estudantes que são, ao mesmo tempo, pesquisas sobre a noção de reflexão e seu uso na formação profissional e na produção de currículos. Tais projetos envolvem, primordialmente, a pesquisa-ação, ou seja, a pesquisa realizada pelos (futuros) docentes de sua própria prática. Estratégicas pedagógicas como uso de diários, portfólios, biografias, orientação de estágios são também parte de projetos que visam à formação do professor reflexivo.

Dentre os aspectos positivos da utilização da pesquisa-ação na formação docente, a maioria está relacionada à formação dos docentes em serviço, tais como aumento de motivação, confiança, independência e segurança por parte dos professores. Envolvem também a produção de conhecimentos relevantes por parte de alunos e professores, seja no que concerne aos conteúdos, seja em relação aos métodos de ensino. Tendo em vista nosso foco no currículo, no entanto, destacamos as mudanças ocorridas nas escolas e na própria concepção de política educacional que tais projetos encerram. Nessa linha, a pesquisa-ação na qual professores refletem sobre sua própria prática docente tem sido ferramenta relevante para reformas curriculares realizadas em escolas ou mesmo em redes de ensino.

A perspectiva adotada por Zeichner em relação ao potencial de transformação da prática reflexiva é bastante crítico. O autor chama a atenção para o fato de que a popularização da concepção de prática reflexiva, que passa a ser usada em muitas reformas curriculares, nem sempre se dá tendo em vista uma reflexão efetiva. Muitos projetos envolvem apenas a reflexão sobre os procedimentos didáticos ou in-

---

9. ZEICHNER, Kenneth. *A formação reflexiva de professores*: ideias e práticas. Lisboa: Educa, 1993.

corporam a reflexão do professor para tornar mais efetiva a reprodução de práticas definidas em outras esferas de decisão curricular. Outros enfatizam a sua dimensão individual ou a vinculam apenas ao trabalho diário do professor, excluindo a reflexão do contexto em que esse trabalho é realizado. A partir da análise de projetos como esses, Zeichner conclui que a reflexão não é positiva em si, precisa estar associada à ampliação da justiça social. As decisões curriculares que os docentes tomam sobre o que e como ensinar e sobre como avaliar devem ampliar as possibilidades de vida dos alunos. Nesse movimento, insere a ideia de reflexão no seio das teorias educacionais críticas.

História de vida de professores: Ivor Goodson

Ao apresentarmos o conceito de currículo vivido, no capítulo 1, destacamos a fenomenologia como importante contribuição na reconceptualização do conceito de currículo. O método do *currere*, que sumarizamos, é uma importante contribuição para o entendimento do currículo como estudos autobiográficos, corrente bastante desenvolvida nos Estados Unidos, hoje já transcendendo os limites da própria fenomenologia. Os estudos sobre histórias de vida de professores propostos por Goodson são, em certa medida, estudos (auto)biográficos realizados segundo outra perspectiva, ainda que guardando algumas aproximações com essa corrente. Numa leitura bastante ampla, é possível localizar os trabalhos de Goodson na tradição inglesa que se inicia com as perspectivas interacionistas da NSE. Como será possível perceber, há, em sua obra, um diálogo constante, nem sempre de acordo, com essa tradição.

Goodson é mais conhecido no Brasil por seus estudos sobre a história das disciplinas escolares, abordados no capítulo 5. Embora, de alguma forma, a preocupação com a prática e com as histórias de vida esteja presente nesses estudos, ela vai ganhar relevo nos trabalhos sobre política curricular que o autor desenvolve a partir dos anos 1980. Neles, o autor argumenta que as políticas funcionam em dois níveis

— o pré-ativo dos documentos e o ativo do que acontece em sala de aula — e interferem na vida cotidiana dos sujeitos, o que implica a necessidade de que elas sejam discutidas com a base do sistema. É nesse sentido que Goodson[10] defende o estudo das histórias de vida de professores como possibilidade de desenvolver uma teoria que amplie a linguagem de poder usada nas reformas curriculares. Seria uma espécie de contracultura no sentido de que se contrapõe à cultura das reformas baseada no apagamento do professor.

No que tange a esse aspecto mais amplo do trabalho de Goodson — o protagonismo dos docentes nas políticas curriculares — pode-se afirmar que ele se insere firmemente na tradição da nova sociologia inglesa. Com ela compartilha também a importância das pesquisas colaborativas entre professores que atuam nas escolas e pesquisadores na compreensão desses espaços institucionais. Argumenta, no entanto, que a melhor forma de garantir tal colaboração é discutir o currículo a partir da história de vida dos professores. Segundo o autor, fica claro em suas pesquisas que os professores, ao discutirem sobre currículo e sobre decisões que tomam, fazem uso constante de suas experiências pessoais, de sua história de vida. Trata-se de uma constatação que também estava na base dos pioneiros estudos de David Hargreaves que deram origem à NSE.

Em sua defesa da primazia da história de vida de professores nas pesquisas sobre currículo (e sobre formação de professores), Goodson polemiza com as pesquisas sobre a prática do professor que se apresentaram como alternativa às clássicas visões de currículo e de política curricular. Dialoga, portanto, criticamente com parte da tradição em que se insere, ainda que suas maiores discordâncias sejam com as perspectivas mais contemporâneas, exemplificadas em nosso texto com o conceito de professor reflexivo. O conhecimento prático e pessoal pode ser, para Goodson, antitético a um projeto consistente de profissionalização que discuta questões como o *status* e poder dos grupos profissionais. Além disso, embora a pesquisa sobre a prática se propo-

---

10. GOODSON, Ivor. *Learning, curriculum and life politics*. Londres: Routledge, 2005.

nha a enfatizar o professor, não o faz: ela reduz o professor a sua prática, objetivando-o e deixando de lado a sua integridade como sujeito. Ainda mais preocupante, para o autor, é o fato de que a colaboração entre pesquisador e professor tem por base a prática do docente, normalmente um terreno de ansiedade e insegurança para ele. Ao invés do escrutínio de sua prática, que pode criar uma atmosfera de desconfiança, Goodson defende que a interação colaborativa se dê em torno da história de vida dos docentes.

Além desse distanciamento em relação aos estudos da prática, Goodson posiciona sua história da vida dos professores em contraposição às recentes metodologias que enfatizam as narrativas dos sujeitos ou as estórias de professores. Referindo-se explicitamente a Stenhouse, o autor defende que a história da ação seja localizada numa teoria do contexto. Em seus termos, que as estórias de vida ou narrativas devem ser colocadas em um contexto histórico para que possam ser caracterizadas como histórias de vida. Em termos mais radicais, a história de vida é uma construção social e não uma produção individual dos sujeitos. Nesse sentido, as histórias de vida de professores se constituem como uma possibilidade de associar vida privada e espaço público, entendendo como o cotidiano interage com a estrutura. Novamente, percebe-se uma preocupação central dos estudos da NSE que desembocam também na concepção de Stephen Ball sobre política (discutida no capítulo 11). Sem essa articulação com a estrutura ou com o contexto histórico, as narrativas e as estórias de professores (assim como as etnografias que narram as práticas) assumem uma função reacionária nas reformas curriculares. Partindo do princípio de que há uma separação entre as esferas pública e privada, destacam pseudorresistências privadas que não tocam nas relações de poder envolvidas nas políticas curriculares.

A história de vida é de outra natureza. Embora um de seus elementos seja a estória dos professores, normalmente contada em conversas ou entrevistas não estruturadas, ela não se resume à narrativa dos docentes. Tal estória é localizada nos contextos em que se insere, o que exige a análise de informações buscadas em outras para construção de uma teia de interpretação. Assim, além dos relatos dos professores marcados por suas experiências prévias, as suas culturas de pertencimento dentro e fora da escola, o ciclo de sua trajetória, o estágio de sua carreira, os incidentes críticos em sua vida e em seu trabalho e as relações de sua vida com a história social são aspectos importantes a serem considerados nas histórias de vida. Goodson afirma, sem explicitar como fazê-lo, que a vida é aquilo que a pessoa faz em seu cotidiano e também o que ela sente e que uma boa história de vida deve buscar a harmonia entre esses níveis em que a vida é vivida. Essa mesma harmonia seria requerida entre a vida como experiência e como realidade, momento em que o autor explicita o fato de a linguagem não ser transparente (como vimos no capítulo 1), sem, contudo, ampliar a sua discussão.

Para Goodson, o foco numa história de vida marcada pela contextualização leva a uma reconceptualização do currículo e amplia o espaço de ação dos sujeitos da escola no currículo e em suas reformas. Ele permite ao professor teorizar sobre sua vida e não apenas vivê-la e narrá-la, alterando os padrões em que normalmente se dá a colaboração dos docentes nas reformas contemporâneas. Nesse sentido, as reformas podem ser compreendidas em um nível experiencial.

Estudos nos/dos/com os cotidianos

Há, certamente, muitas aproximações entre os estudos nos/dos/com os cotidianos e as formulações já destacadas de Stake e Stenhouse e em alguns de seus desdobramentos. A rejeição a olhar a escola como uma caixa-preta e aos modelos sistêmicos de currículo, a relevância e a complexidade do espaço escolar, a valorização de métodos qualitativos para o entendimento do que ocorre nas escolas. Mas há também diferenças. Trata-se de respostas diferentes a uma mesma desconfiança em relação às abordagens tradicionais. Possivelmente, o aspecto mais marcante dos estudos nos/dos/com os cotidianos é a sua recusa em lidar com a separação entre escola e os demais contextos de vida dos sujeitos. Operam com a interpenetração dos múltiplos contextos habitados pelos sujeitos numa tessitura complexa, denominada redes de conhecimentos e práticas, que ocorre em muitos espaçostempos.

Os estudos nos/dos/com os cotidianos surgem, no campo do Currículo, no início dos anos 1980, desenvolvidos por Nilda Alves em trabalhos que contam, por vezes, com a parceria de Regina Leite Garcia. A partir de fins dos anos 1990, tais estudos se ampliam com a formação de novos pesquisadores nos/dos/com os cotidianos e ganham mais visibilidade com a publicação da coleção *O sentido da escola*[11] e da série *Cultura, memória e currículo*,[12] coordenadas por Nilda Alves, a primeira em parceria com Regina Leite Garcia.

Diferentemente do que acontece com a maior parte da teoria curricular produzida no Brasil, o diálogo preferencial dos estudos nos/dos/com os cotidianos não se dá com a produção em currículo oriunda de países de língua inglesa. Talvez fosse mesmo possível afirmar que o próprio campo do Currículo é pouco referido em tais estudos; no entanto, as questões de que tratam são essencialmente curriculares. Atualmente, o principal interlocutor dos estudos nos/dos/com os cotidianos é o francês Michel de Certeau; no entanto, muitos são os autores referenciados, com destaque (talvez) para Michel Foucault, Gilles Deleuze e Felix Guattari, assim como para o sociólogo português Boaventura de Sousa Santos. Esta última interlocução é especialmente relevante no trabalho de Inês Barbosa de Oliveira, abordado no próximo capítulo.

Os estudos nos/dos/com os cotidianos no campo do Currículo no Brasil também se misturam com as discussões sobre formação de professores. A década de 1980 é marcada pela redemocratização do país e, assim, por uma série de discussões sobre as bases de uma nova ordem nacional. Dentre os temas em pauta, estão a elaboração de uma nova constituição e de uma nova lei que regulasse a educação, assim como

---

11. ALVES, Nilda; GARCIA, Regina L. Coleção *O sentido da escola*. Rio de Janeiro: DP&A, 1999.

12. ALVES, Nilda. Coleção *Cultura, memória e currículo*. São Paulo: Cortez, 2002.

de projetos educacionais diferentes daqueles levados a cabo pela ditadura militar. A formação de professores é um dos aspectos que ganha destaque no debate que deságua, por ocasião da elaboração da Lei de Diretrizes e Bases (LDB) na década seguinte, na discussão sobre uma base comum nacional para os currículos de formação de professores. Alves participa intensamente deste movimento, inclusive na diretoria da Associação Nacional para a Formação de Profissionais da Educação (Anfope), desenvolvendo ideias às quais vinha se dedicando desde o início dos anos 1980. Defende, então, a existência de quatro esferas articuladas de formação dos profissionais de ensino — da formação acadêmica, da ação governamental, da prática pedagógica e da prática política — que criam um tecido de relações. Anos depois, as esferas iriam ser denominadas contextos e a centralidade da prática passaria a ser representada pela nomenclatura de todos os contextos: das práticas de formação acadêmica, das práticas pedagógicas cotidianas, das práticas de políticas de governo, das práticas coletivas dos movimentos, das práticas de pesquisa em educação e, mais recentemente, das práticas de produção e "usos" de mídias e das práticas nas cidades.

Nem sempre com o foco tão explícito na formação de professores, os estudos no/dos/com os cotidianos desenvolvem essa noção de contextos em outras esferas. Destacam a existência desses e de outros contextos cotidianos que constituem os sujeitos em suas redes de subjetividades e se dedicam a explorar a articulação entre eles. É na tentativa de teorizar sobre essa articulação que se desenvolve a ideia de redes cotidianas de conhecimentos e práticas. O sentido corrente de conhecimento, currículo e formação é entendido como depositário dos ideais modernos, seguindo princípios de linearidade, ordenação e hierarquização típicos do método da ciência. A noção de contextos segue outro caminho: ao invés de pensar a partir da ciência, o faz a partir da prática social. Essa inversão permite perceber a prática como fatos culturais e como espaçotempo de tessitura de conhecimentos que seguem uma lógica própria, diversa da científica, a lógica do cotidiano. Essa lógica do cotidiano é descrita como *em rede*, inicialmente referida a Henri Lefèbvre. Mantendo a ideia de redes de conhecimentos e práticas, mais recentemente, a argumentação tem sido sustentada pela crise do mundo moderno e aproximada à noção de rizoma de Deleuze e Guattari. Na medida em que as relações contemporâneas tendem a maior fluidez, horizontalidade, criatividade e coletivização, a centralidade do conhecimento científico cede espaço para outros saberes relacionados à ação cotidiana.

Com esse arcabouço se constrói um dos argumentos principais dos estudos nos/dos/com os cotidianos: os conhecimentos, em sentido amplo, são tecidos em redes constituídas na inter-relação complexa de diferentes contextos. Qualquer acontecimento que se passe na escola, e os eventos curriculares são alguns deles, não é produzido apenas na escola nem fica a ela restrito. Ele intercepta um enorme contingente de contextos trazidos para a escola pelos diferentes sujeitos que a frequentam e passa a fazer parte dos outros contextos em que esses sujeitos se constituem. Nesse sentido, Alves defende que vivemos *dentrofora* das escolas ao mesmo tempo. Em outras palavras, defende não existir dentro e fora, porque a prática social é inclusiva.

Deslocar o lócus de produção de conhecimento da ciência para a prática social tem desdobramentos não apenas (metodo)lógicos, mas em relação à própria ideia de teoria e de prática. Se os conhecimentos e práticas (saberes e fazeres) se tecem segundo as lógicas do cotidiano, é nele que surgem as teorias que, nesse sentido, não podem ser vistas como o outro da prática. Alves tem se valido de aglutinações de termos supostamente antagônicos como forma de tentar expressar a indistinção entre eles: teoriaspráticas ou mesmo práticateoriaprática. No mesmo movimento, pode-se entender que as fronteiras entre ciência e senso comum também são construções modernas que não se sustentam numa epistemologia da prática cotidiana.

Entender a "epistemologia" da prática cotidiana, no que se refere aos espaçostempos educativos, tem sido o objetivo central dos estudiosos nos/dos/com os cotidianos. Para tanto, apoiam-se especialmente na obra *A invenção do cotidiano*, de Certeau. Para o autor, o conhecimento cotidiano é tecido por meio de táticas de uso do já existente, seguindo o caminho de certa improvisação. São conhecimentos que recusam a pretensão de globalidade. São pontuais e existem difusos nas redes em que são praticados. Constituem-se como táticas de praticantes e não são necessariamente representados por um texto ou uma fala articulada, mas por decisões e atos que "aproveitam a oportunidade" para surgir. Diferentemente do que propõem perspectivas como as de professor reflexivo, os praticantes não precisam ser especialmente formados para agir; eles agem a partir das formações que foram tendo ao longo da vida e são formados nessa ação.

Assim, para os estudos nos/dos/com os cotidianos, o currículo é aquilo que é praticado pelos sujeitos nos espaçostempos em que se esteja pensando a formação. Essa prática engloba, no entanto, todos os múltiplos contextos em que os sujeitos são constituídos como redes de subjetividades. Portanto, os currículos formais, os conhecimentos científicos, as práticas hegemônicas estão na escola como também as crenças e os saberes que os sujeitos trazem, em si próprios, de outros lugares. Obviamente em uma ou outra ocasião, alguns saberes/conhecimentos terão mais poder, sendo mobilizados pelos sujeitos na tessitura de suas alternativas. Menos óbvio, talvez, é que tais saberes/conhecimentos não são sempre os mesmos e não necessariamente os que se está acostumado a ver num espaço de poder. As formas de sua utilização não podem ser previstas, quando muito podem ser estudadas depois de terem acontecido. Ainda assim, não se trata de um processo simples. Alves ressalta que, do ponto de vista da pesquisa nos/dos/com os cotidianos, os procedimentos têm sido os mesmos com os quais o pesquisador está acostumado, mas devem ser usados por praticantes que subvertem os paradigmas hegemônicos em que foram formados. Praticantes que se proponham a captar o cotidiano em sua própria lógica caótica, sem tentar domesticá-lo, no sentido de entender como os sujeitos se constroem como seres autônomos e o currículo produz práticas emancipatórias em ambientes fortemente regulados.

A prática na contemporaneidade

Ainda que não tenhamos seguido uma abordagem cronológica, buscamos deixar claro, ao longo deste capítulo, que os estudos mais sistemáticos da prática e do cotidiano no campo do Currículo são recentes. Afloram a partir da crítica à racionalidade tyleriana, se desenvolvem ao longo das três ou quatro últimas décadas e seguem com grande força nos dias atuais. Coincidem, assim, com a chamada crise do pensamento moderno e com o questionamento do realismo produzido pelo estruturalismo/pós-estruturalismo. Como vimos no capítulo 1, a denúncia do caráter transparente da linguagem e a defesa de que a realidade é construída na linguagem foram produzidas pelo estruturalismo e incorporadas pelo que denominamos genericamente de pós-modernidade.

Até por sua contiguidade temporal, o diálogo dos autores que aqui destacamos com o pós-estruturalismo (alguns mesmo com o estruturalismo) é visível em diferentes ocasiões. Ivor Goodson chega mesmo a explicitar o quanto os estudos da escola, as narrativas, as histórias de vida foram beneficiadas com a pós-modernidade. Nessa linha, o autor destaca especialmente o pós-estruturalista Michel Foucault, mas outros poderiam ser mencionados, o que se explicitará no capítulo 9. Nos estudos nos/dos/com os cotidianos, é central a crítica à Modernidade e a contraposição entre as lógicas da ciência e dos cotidianos. Autores como Foucault, Deleuze e Guattari fornecem conceitos "utilizados" centralmente pelos pesquisadores nos/dos/com os cotidianos. Sem dúvida, trata-se de um diálogo profícuo, na medida em que os argumentos pós-modernos e pós-estruturais foram importantes na crise da modernidade. Essa é também a crise de uma ciência que marca fortemente o campo do Currículo na racionalidade tyleriana ou na abordagem acadêmica inglesa.

Há, no entanto, um aspecto a considerar no que tange a essa aproximação. Nas teorias curriculares centradas na prática e nos cotidianos dos espaços educativos, a referência a uma realidade concreta a ser compreendida, com todos os limites desse processo, pelo pesquisador, é muito forte. Descreve-se, narra-se, capta-se, busca-se entender o movimento que acontece verdadeiramente num espaço e num tempo dados. Mesmo que o sujeito dessas ações seja um sujeito coletivo, participante e praticante que produz/tece sentidos, ele o faz sobre uma realidade. Talvez pudéssemos dizer que essas teorias incorporam a crise do realismo, porque não veem mais o real como transcendental que paira acima da construção social ou da tessitura cotidiana do conhecimento. Ao mesmo tempo, no entanto, não escapam por completo da ideia de que o conhecimento precisa e pode se referir a um real. Esse paradoxo será trabalhado em mais detalhes no capítulo 9, quando serão discutidos autores que tratam a cultura na perspectiva pós-estrutural.

Capítulo 8
Emancipação e resistência

O deslocamento dos estudos curriculares das análises macrocontextuais para a escola se desenvolveu em dois movimentos gerais. O primeiro deles, já destacado no capítulo anterior, focaliza a prática e o cotidiano, de maneira a desnaturalizar a separação entre desenvolvimento e implementação. O segundo, ao qual daremos relevo neste capítulo, são os estudos que se contrapõem às teorias da correspondência e da reprodução. Neste caso, é defendida uma teoria radical (crítica) da escolarização. Tais estudos muitas vezes têm a mesma base marxista dos estudos que criticam, mas utilizam Marx a partir de leituras menos centradas nas relações econômicas e mais preocupadas com as relações entre estrutura e ação social de mudança (agência), com foco na mediação da cultura na escola. Nesse processo, são construídas as denominadas teorias da resistência, voltadas a entender a autonomia relativa da escola na produção de significados e a combinar discussões de classe e cultura.

O propósito desses estudos é o de entender a escola como *lócus* de luta por hegemonia e não como reflexo determinado das relações hegemônicas e, mais ainda, não como espaço em que a derrota frente a essas relações é previamente estabelecida. A escola, por intermédio do currículo e da organização do trabalho pedagógico, difunde normas, práticas e valores associados à divisão social do trabalho, posicionando como marginais os sujeitos das classes desfavorecidas socialmente. Mas o faz sem determinismos, na medida em que é também um espaço de contestação onde jovens marginalizados manifestam sua resistência aos sentidos culturais dominantes.

As teorias da resistência operam vinculadas ao compromisso da emancipação, pois defendem a necessidade de que seja exacerbada nos processos escolares a possibilidade de explicitar contradições vividas pelos sujeitos. A emancipação, nesse sentido, é um critério para se identificar a resistência e sua efetiva refutação das formas de dominação e submissão.

A conexão entre resistência e emancipação é tão significativa que mesmo quando alguns dos principais teóricos da resistência — Henry Giroux e Peter McLaren — deslocam seus trabalhos para outros temas, afastando-se do foco na resistência, mantêm o foco na emancipação. Só se afastam deste conceito com a incorporação mais acentuada de aportes pós-modernos e pós-estruturalistas, ainda que eventualmente permaneçam se ancorando na ideia de um sujeito com consciência crítica para mudar a sociedade.

Os estudiosos da resistência são principalmente autores em língua inglesa e centramos este capítulo nas obras sobre o tema com maior divulgação no Brasil: *Aprendendo a ser trabalhador: escola, resistência e reprodução social*, de Paul Willis, publicado em 1977, na Inglaterra, e em 1991 no Brasil; *Teoria crítica e resistência em educação: para além das teorias da reprodução*, de Henry Giroux, publicado, pela primeira vez nos Estados Unidos, em 1983, e no Brasil, em 1986; *Rituais na escola*, de Peter McLaren, publicado em 1986, em primeira edição, nos Estados Unidos, e em 1991, no Brasil.

Analisamos, em seguida, o deslocamento em seus trabalhos para a temática da emancipação. Em seguida, relatamos brevemente como o conceito é utilizado no campo do Currículo no Brasil na atualidade. Por fim, apresentamos como ressignificamos em nossos próprios trabalhos tanto a resistência quanto a emancipação.

Questionando as teorias da reprodução

Nos anos 1980, as teorias da resistência ocupam o centro da cena no debate crítico do campo do Currículo com as teorias da reprodução, principalmente Bourdieu e Bernstein (ver Capítulos 1 e 4), e as teorias da correspondência de Bowles e Gintis e Althusser (ver Capítulo 1), vistas como desmobilizadoras e produtoras de desesperança. Na interpretação de Giroux,[1] esses autores — todos eles tratados como teóricos da reprodução —, ao analisarem as determinações da estrutura econômica sobre os processos culturais, dentre eles a escola, assumem um tom de dominação completa e inexorável. A ideologia teria a capacidade de penetrar todo o tecido social, sem deixar espaços para o sujeito (agência) questionar e resistir à lógica do capital e a seu domínio sobre as práticas.

Fortemente embasado nos teóricos da Escola de Frankfurt, principalmente Adorno, Horkheimer e Marcuse, Giroux defende uma pedagogia radical (teoria crítica da escolarização): uma pedagogia constituída por uma racionalidade que estabelece um nexo entre pensamento e ação, voltada tanto para a liberdade individual quanto social. Giroux salienta o quanto as teorias da reprodução são úteis ao conectar relações de poder, dominação e escolarização. Também destaca como contribuem para desconstruir o discurso da busca de eficiência, mediado por uma visão consensual da sociedade que marca os estudos conservadores de currículo (ver Capítulos 1 e 2). Mas simultaneamente simplificam as conexões que pretendem explicitar e acabam por contribuir mais para a manutenção dos processos de dominação do que para sua crítica.

Giroux destaca positivamente a visão de ideologia de Althusser. Salienta como o filósofo francês sustenta que a ideologia tem existência material em rituais, práticas e processos sociais, dentre eles a escola, ao mesmo tempo que é um sistema de representações capaz de

---

1. GIROUX, Henry. *Teoria crítica e resistência em educação*: para além das teorias da reprodução. Petrópolis: Vozes, 1986.

estruturar o inconsciente dos sujeitos, no caso, alunos e professores. No entanto, destaca como no autor há uma visão restrita e unilateral de poder: tanto poder é conferido à escola no sentido de contribuir para reproduzir as formações culturais dominantes e nenhum poder lhe é conferido para desafiar essas mesmas formações culturais. Nesse sentido, a ideologia em Althusser se dilui em uma teoria da dominação capaz de invalidar qualquer resistência e também capaz de tornar as escolas espaços sem vestígios de conflito, contradição e luta. Em outras palavras, não há espaço para a agência humana (ação social de mudança).

A crítica de Giroux ainda é mais contundente quando se dirige à teoria da correspondência de Bowles e Gintis. Ele salienta a importância do estudo desses autores para identificar relações entre escolas e mundo do trabalho, mas critica profundamente o fato de eles diluírem o sujeito sob o peso das coerções estruturais. Estas parecem formar tanto a personalidade quanto o local de trabalho. Não há complexidade ao interpretar a formação das subjetividades. Além disso, a classe trabalhadora é concebida de forma homogênea. Com isso, não há uma teoria capaz de fundamentar a ação dos professores frente ao caráter opressor do capital.

As teorias de Bourdieu e Bernstein são analisadas por Giroux como menos deterministas, na medida em que focalizam o processo de transmissão cultural. A despeito disso, a noção de *habitus* de Bourdieu não permite teorizar sobre as possibilidades de mudança social. Não é previsto por Bourdieu que o pensamento reflexivo possa reestruturar o *habitus* de um sujeito em uma perspectiva transformadora. A descrição da cultura do sociólogo francês elimina o conflito, homogeneíza cada uma das classes sociais, ignorando diferenças de gênero e raça, por exemplo, e desconsidera comportamentos e ideologias às quais o capital é indiferente. Igualmente, ele não investe na análise de como as ideologias na escola não são praticadas no vazio, sem processos de resistência e de contraideologia, e também envolvem dimensões materiais — tempo dos alunos disponível para estudo, necessidade ou não de trabalhar ao mesmo tempo que estudam, por exemplo.

Bernstein é o autor mais poupado por Giroux. Primeiro porque ele só se dedica a analisar sua teoria dos códigos coleção e integrado (ver Capítulo 6). Segundo porque ele destaca o quanto o sociólogo da educação inglês é útil para identificar como os princípios de controle social são codificados na estrutura das mensagens educacionais. Ressalta, apenas, a incapacidade de Bernstein construir uma teoria de pedagogia radical.

Em síntese, para Giroux, tanto os teóricos da correspondência quanto os teóricos da reprodução minimizam a resistência, a luta contra-hegemônica e a mediação da ideologia nos espaços escolares, capaz de gerar conflitos e contradições. É, portanto, à ação humana de transformação social que Giroux busca dar destaque quando defende as teorias da resistência, as quais passamos a destacar.

Formando os trabalhadores

As teorias da resistência são desenvolvidas por diferentes autores nos Estados Unidos e na Inglaterra entre o fim dos anos 1970 e o início dos anos 1980. Mas aqueles mais destacados no Brasil, na época, são os trabalhos já mencionados de Willis e McLaren. Nesses dois estudos etnográficos, são focalizados os comportamentos dos jovens na escola e em seu entorno, de forma geral com a intenção tanto de valorizar a etnografia como método de pesquisa quanto para defender que jovens marginalizados não são pessoas dóceis, adaptadas, que aceitam unidirecionalmente a dominação.

Willis realiza um trabalho etnográfico entre 1972 e 1975, no Centre for Contemporary Cultural Studies (CCCS), da Universidade de Birmingham, na Inglaterra. O trabalho de Willis é composto de um estudo de caso principal com doze rapazes brancos de classe operária da escola secundária não acadêmica, com comportamentos de oposição na escola, analisando seu processo de transição para o trabalho, e cinco estudos comparativos com alunos da mesma escola ou de outras escolas, com características diversas (conformistas ou também de oposição). Como destaca logo no início do livro, Willis[2] busca entender a complexidade do processo que faz com que jovens de classe operária aceitem acabar em empregos de sua classe e em contrapartida não se rebelarem pelos empregos de classe média serem dirigidos aos jovens desta classe. O autor procura destacar que não se trata apenas de uma falta de opção para outras trajetórias de vida, mas certa autocondenação a assumirem um papel subordinado na sociedade capitalista. Nesse sentido, seu intento é construir uma teoria geral das formas culturais, de maneira a entender seu papel na reprodução social, ou seja, na manutenção do modo de produção capitalista. Mas o faz pretendendo uma análise da cultura menos determinada pela estrutura econômica. Essa investigação é então desenvolvida por meio de metodologias menos valorizadas nos estudos curriculares da época: discussões de grupo, estudo de caso, entrevistas, observação participante (confrontar com capítulo 7).

Como resultados empíricos, Willis destaca na primeira parte de seu livro a forte contraposição à autoridade, por parte dos rapazes investigados, que faz com que eles não apenas se oponham aos professores, mas se afastem dos alunos considerados conformistas (os "cê-dê-efes"). Willis evidencia que os alunos resistem tanto ao currículo oficial quanto ao oculto, com base na cultura operária de suas famílias e nos valores considerados adultos e masculinos de sua classe, muitos deles racistas e sexistas. Dessa forma, constituem um grupo que busca se afastar da estrutura formal da escola — espaço físico, normas, práticas pedagógicas, hierarquia, sanções institucionais — constituindo uma cultura contraescolar operária. As ações transgressoras, muitas delas associadas ao consumo (bebida, comida, roupas), os afastam do espaço escolar à procura de maior tempo livre.

Essa contracultura escolar não é, todavia, uma cultura dos derrotados, mas uma credencial para acessar a cultura da fábrica, expressa em habilidades, destrezas e confiança no grupo, com marcas masculi-

---

2. WILLIS, Paul. *Aprendendo a ser trabalhador*: escola, resistência e reprodução social. Porto Alegre: Artes Médicas, 1991.

nas nítidas. O grupo de rapazes investigados se considera superior aos conformistas; as qualificações profissionais e o conhecimento escolar não merecem crédito, pois eles consideram poder se ajeitar no mundo com menos esforço ou mesmo sem esforço algum. A escola faz, então, surgir certa resistência ao trabalho mental, capaz de exigir mais tempo, esforço e conformismo, e uma inclinação ao trabalho manual.

Na medida em que os alunos operários conformistas são isolados da cultura operária de sua classe, eles tendem a alcançar a mobilidade social. Daí Willis considerar que a cultura da classe operária na escola reinterpreta a cultura formal com base na cultura operária e, simultaneamente, redefine sua classe se adaptando à cultura formal.

Nesse jogo, Willis questiona a concepção de ideologia nas teorias da reprodução, notadamente em Althusser, por minimizar todos os conflitos e contradições da ideologia em função de sua ação reprodutiva, defendendo que o atual estado do capitalismo, diferentemente, implica luta constante no interior da cultura operária.

É também com postura crítica à concepção restrita e obrigatoriamente negativa de ideologia das teorias da reprodução que Peter McLaren desenvolve seu estudo etnográfico.[3] Seu interesse é de que a pedagogia seja capaz de determinar como relações e práticas sociais representam, em diferentes graus, lógicas dominadoras ou emancipatórias. Daí sua preocupação em entender a ideologia como produção de experiências e rituais, rejeitando a concepção de ideologia como falsa consciência e o reducionismo de classe do marxismo, sem rejeitar o marxismo como um todo.

Para McLaren, existem sistemas de rituais nas escolas que exercem um papel fundamental na vida do estudante. Um ritual, de forma geral, é um conjunto de símbolos, metáforas e paradigmas expressos por gestos, capacitando os atores sociais a demarcar, articular e negociar sua existência como seres sociais, culturais e morais. Os rituais transmitem ideologias sociais e culturais. Investigar os rituais permite entender como a ideologia funciona. Ao mesmo tempo, pelo conheci-

---

3. McLAREN, Peter. *Rituais na escola*. Petrópolis: Vozes, 1991.

mento dos rituais, professores podem ser capazes de modificar as regras culturais que ditam os padrões hegemônicos.

Com base nessa definição, McLaren investiga um alunado, composto basicamente por açorianos e italianos, em uma escola católica, no centro de Toronto, no Canadá, identificada usualmente como a "mais barra pesada" da cidade. Nessa investigação etnográfica, é analisado um currículo no qual a distinção entre valores capitalistas e valores católicos é anulada.

Em sua investigação, McLaren cria uma tipologia dos ritos de instrução, a partir dos diferentes ambientes dos eventos na escola por ele denominados estados. São eles: estado de esquina de rua, relacionado aos comportamentos dos alunos na vizinhança do colégio; estado de estudante, relacionado ao comportamento controlado pelos professores; estado de santidade, associado ao comportamento reverente e subserviente nos momentos de oração; e o estado do lar, associado às relações com a família, não observadas pelo pesquisador, mas pressupostas. A passagem de um estado a outro — de estudante para de esquina de rua — indica uma mudança nos rituais e na forma de se relacionar com as formas culturais, sendo caracterizadas como ritos de passagem que se desenvolvem cotidianamente, mais de uma vez ao dia.

Esses estados se inter-relacionam e se sobrepõem, expressando as formas de interação dos alunos. Em sua análise do estado de estudante, o autor delineia como os paradigmas básicos de ser trabalhador e de ser católico se associam, de maneira que atendam às demandas do trabalho escolar — assistir a aulas expositivas, comportar-se de determinada maneira em sala de aula, disciplinar seu corpo para tais atividades — é a garantia de ser um bom católico. Para McLaren, os rituais de ensino coisificam o mundo da sala de aula de acordo com os dogmas da cultura dominantes, reafirmando a divisão de classes.

Dentre os muitos rituais descritos, ele destaca os rituais de resistência. Estes são definidos como formas culturais que se mostram refratárias aos dogmas e códigos dominantes; eles invertem os símbolos e desestruturam o cerimonial preestabelecido. As resistências se manifestam no estado de estudante como uma reação a distância entre este e o estado de esquina de rua. As resistências são atitudes como zombaria, irreverência, obscenidade, tumulto, contraposição à autoridade, palhaçadas, recusa em trabalhar, todas elas características do estado de esquina de rua. A risada da resistência, por exemplo, se distingue de outras possíveis risadas. É aquela que, com sua persistência e capacidade de ridicularizar, particularmente o professor, redefine a estrutura de poder da sala de aula, colocando a vítima do escárnio em posição de desvantagem.

É estabelecida também a conexão entre a escola e a cultura do sofrimento, própria tanto do trabalho quanto da religião católica. Pela forte ligação entre os valores dessas duas culturas, o sofrimento está presente na sala de aula dessa escola, por intermédio de um excesso de atividades, aulas cansativas, mobiliário opressivo, capazes de controlar o corpo, mesmo sem nenhuma agressão física. Assim, o corpo espelha tanto a opressão quanto é instrumento de resistência à dominação, uma luta contra a anulação de seus gestos e ritmos de esquina de rua. Essa resistência é expressa na forma como um aluno reage diante de uma punição por um mau comportamento: aceitar a humilhação significa para o estudante reagir como um homem no estado de esquina de rua, atitude valorizada, mesmo em se tratando de uma menina.

Os trabalhos de Willis e McLaren são emblemáticos para a constituição das teorias da resistência, pois, ainda que mantenham certa referência marxista dos discursos da reprodução social, buscam identificar também os aspectos críticos das ações estudantis, suas recriações no contexto escolar. Particularmente em Willis, a dominação é também decorrente de um processo de a classe trabalhadora se autoformar.

O sucesso dos trabalhos, no entanto, não impede a crítica a muitas de suas análises. Pelos marxistas, por considerarem que Willis e McLaren, nesses textos, abandonam Marx; pelos não marxistas, ou não tão ortodoxos marxistas, por considerarem ingênuas muitas dessas análises, impregnadas de certa visão romântica da resistência da classe operária. Algumas das críticas mais consistentes são desenvolvidas pelo próprio Giroux, ao tentar reconfigurar as teorias da resistência, em nome de uma centralidade da relação entre estrutura e agência e de uma relação com a emancipação, como passamos a abordar.

Reconfigurando as teorias da resistência: a emancipação

Giroux, a despeito de defender de forma geral as teorias da resistência, aponta o que considera serem os cinco pontos fracos dessas teorias. O primeiro ponto destacado é a fragilidade teórica no sentido de definir quais comportamentos de oposição têm uma significação radical. Na medida em que as análises não identificam os determinantes históricos e culturais dos diferentes comportamentos de oposição e muitas vezes têm uma noção apenas descritiva da resistência, qualquer indisciplina pode ser caracterizada como reação à autoridade e à dominação. Esse ponto é fundamental, uma vez que a indisciplina também pode encarnar ideologias reacionárias (sexistas ou racistas, por exemplo) e ser apenas uma demonstração de poder, nas mesmas bases do poder dominante.

O segundo ponto destacado é o de que a maior parte dos estudos não se preocupa em investigar diferenças na resistência relativas às questões de gênero e raça, ou o faz de maneira considerada por ele como inadequada. Nesse caso, há um risco de entendermos os sujeitos, de forma essencialista, como tendo identidades vinculadas apenas à sua classe social. Como terceiro ponto, é questionado o fato de esses estudos se preocuparem pouco em relacionar resistência e outros movimentos políticos, de contracultura, nas artes, de forma relacionada com a escolarização. Em quarto lugar, é salientado como as escolas, por vezes, não apenas reprimem, mas contribuem para formar as subjetividades dos alunos da classe trabalhadora. Também é destacado como incorreto o fato de se considerar homogêneo o capital cultural dessa classe. Cabe aos professores reconhecer as contradições dessa cultura, questionar elementos repressivos e valorizar elementos progressistas. Por fim, as teorias da resistência pouco relacionam dominação e personalidade, bem como a distância entre compreensão e ação — podemos compreender algo de uma maneira e não necessariamente agir guiados pela forma como compreendemos.

Mesmo tendo em vista todas essas críticas, Giroux considera que as teorias da resistência têm como uma realização das mais importantes a de valorizar a teoria crítica e os interesses emancipatórios. Igualmente ele considera que essas teorias contribuem para relacionar classe e cultura, oferecendo possibilidades para uma política cultural, aspecto que Giroux desenvolve com maior profundidade em trabalhos posteriores (ver Capítulo 9). A noção de autonomia relativa ganha, então, relevo, conferindo um papel ativo à ação humana: nem tudo no social e na cultura é completa e plenamente determinado pela estrutura econômica, havendo momentos de ação crítica humana.

É nessa direção que Giroux desenvolve sua própria concepção de resistência. Na sua leitura, a resistência deve ser entendida como um novo discurso capaz de superar os discursos tradicionais sobre o fracasso escolar e o comportamento de oposição. Estes não devem ser explicados pela lógica do comportamento desviante, patológico ou pela genética.

Indicando a forte influência que o pensamento de Paulo Freire tem em seu trabalho, Giroux ressalta o quanto os oprimidos não são sujeitos passivos, mas são mediadores da dominação em suas próprias experiências de vida. Também já expressando uma influência do pensamento de Foucault, enfatizada no campo do Currículo anos mais tarde, Giroux ressalta a importância de que seja reconfigurada a concepção de poder, de maneira que ele não seja concebido como vinculado apenas à dominação, mas também à resistência.

Por fim, para Giroux, a emancipação deve ser considerada como o principal critério da potencialidade da resistência em uma educação crítica. Nesse sentido, as atitudes de resistência não devem apenas provocar um pensamento crítico, mas fortalecer lutas políticas coletivas. Dessa forma, insere a escola, e o currículo, em dinâmicas para além da instrução, em experiências nas quais a voz dos alunos, suas histórias e culturas são valorizadas como meios de uma pedagogia radical.

Para tal, Giroux advoga em defesa de uma racionalidade crítico-emancipatória. Sua compreensão, baseada na Escola de Frankfurt, é de que essa racionalidade busca localizar o significado e a ação em um contexto social, de forma a entender as limitações que podem existir para o desenvolvimento tanto da significação quanto das ações de mudança social (agência). Portanto, essa racionalidade exige uma relação dialética entre crítica e ação, rompendo com a ideologia e criando condições materiais e simbólicas para relações não alienantes e não exploradoras. Giroux não explora como vê mais concretamente essa transformação social, mas tenta conectar em sua análise elementos que envolvem as perspectivas marxistas — mudança das relações econômicas — e das perspectivas frankfurtianas — mudanças das relações com o conhecimento e o poder —, em síntese, mudanças na estrutura e na agência.

Em trabalhos posteriores, seu foco na emancipação se torna ainda maior, afastando-o de uma discussão específica da resistência. Sua valorização da racionalidade emancipatória e da teoria crítica impregna seus estudos sobre o trabalho docente e sua defesa dos professores como intelectuais transformadores. Essa concepção é mais tarde ampliada na concepção de intelectual público de oposição (ver Capítulo 9). A concepção do professor como um intelectual transformador se confronta com a perspectiva do professor como técnico, distante das discussões teóricas da educação. Também o inclui na dimensão reflexiva e ativa do trabalho docente e do currículo. Não se trata de aguardar por mudanças, mas trabalhar por elas, em direção à emancipação, tornando *o pedagógico mais político e o político mais pedagógico*.[4] Ou seja, entendendo as atividades pedagógicas como atividades políticas, espaços de luta contra injustiças econômicas, políticas e sociais, contra relações de poder excludentes, e tornando a política mais pedagógica, ao utilizar a pedagogia como ação emancipatória, na qual os alunos são sujeitos políticos cuja voz deve ser considerada ativa nas experiências de aprendizagem, na escola e para além da escola.

---

4. GIROUX, Henry. Professores como intelectuais transformadores. In: _____. *Os professores como intelectuais*. Porto Alegre: Artes Médicas, 1977. p. 157-164. Publicado originalmente em 1988.

Tal análise de Giroux não aprofunda de forma mais consistente a concepção de agência humana, seja em sua relação com a estrutura, seja no sentido da compreensão psicanalítica de como modificar a consciência dos sujeitos históricos. Com isso, não consegue superar a idealização da atitude de confronto e oposição, por ele mesmo criticada nos trabalhos das teorias da resistência. Muitas das vezes, as expectativas relacionadas ao trabalho docente parecem, para ele, depender de uma vontade assumida por sujeitos com consciência social crítica.

Na medida em que Giroux amplia sua discussão sobre cultura (ver Capítulo 9) e na medida em que McLaren associa o marxismo a alguns *insights* pós-estruturais, suas análises se afastam de uma discussão específica sobre emancipação e resistência. Em trabalhos posteriores,[5] passam a questionar o conceito de resistência por não ter um projeto político explícito, expressando-se apenas como negação dos discursos dominantes. Em substituição ao conceito de resistência, propõem o conceito de contra-hegemonia, segundo eles mais teórico, político e crítico, não apenas dos processos de dominação, mas constituinte da ação transformadora a ser exercida pelos sujeitos. É com esse conceito que julgam possível construir, para além da linguagem da crítica, uma linguagem das possibilidades emancipatórias para a formação de professores.

A resistência é vista como passiva e inconsciente, devendo ser substituída pela agência nos movimentos políticos. Para tal, a categoria de intelectual comprometido é proposta para substituir a ideia gramsciana de intelectual orgânico. Sem considerar que a autorreflexão é suficiente para resistir aos processos hegemônicos, o intelectual comprometido é aquele que busca formas de atuar ativamente para

---

5. GIROUX, Henry A.; McLAREN, Peter. Formação do professor com uma esfera contrapública: a pedagogia radical como uma forma de política cultural. In: MOREIRA, Antonio Flavio; SILVA, Tomaz Tadeu. *Currículo, cultura e sociedade*. São Paulo: Cortez, 1994. p. 125-154. Artigo publicado originalmente em inglês em 1987. McLAREN, Peter; FISCHMAN, Gustavo. Rethinking critical pedagogy and the gramscian and freirean legacies: from organic to committed intellectuals or critical pedagogy, commitment and praxis. *Cultural Studies ⇔ Critical Methodologies*, v. 5, n. 4, p. 425-447, 2005. Acessado no portal de periódicos Capes em 24 de maio de 2010

intervir e desestabilizar a ordem capitalista, em diversos espaços, cruzando movimentos sociais e socialistas. Nesse sentido, ele atua como um pedagogo crítico.

Esse afastamento de Giroux e McLaren da discussão sobre resistência e emancipação está associado ao fato de que o pensamento emancipatório é sustentado por uma capacidade de pensar e agir racionalmente em uma perspectiva crítica, estando associado a um sujeito autônomo, reflexivo e que se autodetermina. Dessa forma, o pensamento exige o conhecimento crítico e busca superar as ideologias. Com os questionamentos do pós-estruturalismo ao sujeito centrado e autônomo (ver Capítulo 1), os conceitos de emancipação e de resistência tendem a perder sua força.

No campo do Currículo no Brasil, o discurso em defesa da emancipação se apresenta com maior destaque no trabalho de Inês Barbosa de Oliveira. Sem se pautar por um diálogo com os autores trabalhados neste capítulo, ou mesmo com a literatura inglesa e norte-americana de Currículo, Oliveira focaliza centralmente as alternativas curriculares emancipatórias a partir dos estudos do cotidiano (confrontar com capítulo 7). É por entender currículo *como criação cotidiana daqueles que fazem as escolas e como prática que envolve todos os saberes e processos interativos do trabalho pedagógico realizado por alunos e professores*[6] que a emancipação é pensada.

Com base em uma epistemologia que ser quer política e embasada no cotidiano, Oliveira defende a importância do reconhecimento de práticas emancipatórias no cotidiano escolar. Nesse sentido, a valorização do cotidiano e o questionamento às formas de conhecimento hegemônico e ao cientificismo igualmente significam valorizar a possibilidade de emancipação.

Há um forte vínculo com a defesa de outra concepção de conhecimento, crítica da perspectiva acadêmica, mas também não necessariamente próxima aos enfoques críticos (ver Capítulo 3). Defender a

---

6. OLIVEIRA, Inês Barbosa de. As artes do currículo. In: _____ (Org.). *Alternativas emancipatórias em currículo*. São Paulo, Cortez, 2004. p. 9.

emancipação implica defender a realização de experiências voltadas a um conhecimento-emancipação. Nas palavras de Boaventura de Sousa Santos, citado por Oliveira,[7] esse conhecimento possui um ponto de ignorância, a ser superado, associado ao colonialismo e um ponto de saber — a ser buscado —, vinculado à solidariedade.

A emancipação é entendida, ainda com base em Santos, na sua relação com a regulação. Mas como Oliveira[8] pondera, emancipação e regulação não devem ser entendidas como polos opostos, dicotômicos; são processos, polos analiticamente estabelecidos de maneira a permitirem a identificação de práticas e saberes mais emancipatórios. A emancipação é então definida em função da regulação dominante, um projeto é emancipatório na relação comparativa que se estabelece com o que nos regula socialmente, não como um padrão absoluto a ser alcançado.

É pelo reconhecimento de espaços e práticas emancipatórios nos cotidianos escolares, criados pelos professores nos seus usos e fazeres, que pode ser desenvolvida uma pedagogia da emancipação. Nessa perspectiva, é defendido por Oliveira que a possível institucionalização de práticas emancipatórias pode contribuir para processos sociais mais amplos, também emancipatórios. É defendido ser importante desvelar alternativas emancipatórias no cotidiano, pois pela visibilidade dessas práticas se torna possível institucionalizar fazeres/saberes curriculares contra-hegemônicos. Nesse enfoque, ainda é possível perceber marcas de certo realismo no pensamento, associados à ideia de *desvelar* e *dar visão*, e de influências da perspectiva crítica, pela concepção de contra-hegemonia e projeto de mudança social. Mas ao mesmo tempo há um afastamento da perspectiva crítica pelo foco no cotidiano e no sujeito, em detrimento da estrutura político-social mais ampla, e pela

---

7. OLIVEIRA, Inês Barbosa de. As artes do currículo. In: _____ (Org.). *Alternativas emancipatórias em currículo*. São Paulo, Cortez, 2004. p. 10.

8. OLIVEIRA, Inês Barbosa de. Redes de conhecimento e práticas emancipatórias no cotidiano escolar — GRPesq Currículo e Cotidiano Escolar. In: _____; AMORIM, Antonio Carlos. *Sentidos de currículo*: entre linhas teóricas, metodológicas e experiências investigativas. Campinas: GT Currículo, Anped, 2005. p. 24-27. Disponível em: <http://www.fe.unicamp.br/gtcurriculoanped/publicacoes.html>.

valorização de que o projeto a ser defendido se encontra em construção. É defendida a necessidade de potencializar utopias emancipatórias praticadas cotidianamente, com vistas a inventar e produzir outras. Busca-se, assim, construir um futuro de possibilidades plurais, simultaneamente realistas e utópicas. Trata-se de uma invenção do futuro, mas pressupõe ser possível inscrever neste futuro aquilo que de real e emancipatório já se pratica hoje no cotidiano. É dessa forma que se busca questionar o essencialismo das concepções de sociedade, escola, futuro e cotidiano das perspectivas modernas: pela imprevisibilidade, pluralidade e finitude que já existe no cotidiano.

Com essa análise, amplia-se a possibilidade de empoderamento dos professores e de ação social de mudança, na medida em que esta deixa de ser vinculada a uma estrutura de poder longe de nossas vidas, para ser inserida em nossas artes de fazer cotidianas — no dizer de Certeau, outro autor no qual Oliveira se apoia.

Nos estudos até aqui apresentados sobre emancipação e resistência, como destacamos no início, são propostas algumas formas de operar com a relação entre estrutura e ação: qual o limite entre estrutura e agência? Como novos rumos que essas relações vêm assumindo com a apropriação de discussões pós-estruturais no campo do Currículo (ver Capítulo 1)? Essa é uma questão a qual procuramos dar maior atenção em nossas pesquisas, como passamos a relatar.

Ressignificando a resistência e a emancipação

Há certa homologia entre a trajetória até aqui descrita e a trajetória desses conceitos no campo do Currículo nos Estados Unidos. O esforço de entender o currículo como texto político mudou de um foco na reprodução do *status quo* para uma resistência a ele, depois passou a abordar a resistência e a reprodução como uma relação dialética, para, no meio dos anos 1980, focalizar a prática cotidiana educacional. Esse processo no Brasil se deu de forma semelhante, ainda que deslocado em dez anos.

Se as teorias da reprodução são criticadas por produzirem uma perspectiva sem contradições, que acaba sendo conformista por não admitir espaço para ação política na escola, as teorias da resistência, e mesmo seu deslocamento para a emancipação, são criticadas por desconsiderarem os efeitos da estrutura social e política na limitação das ações cotidianas do sujeito.

Isso nos remete à problemática da relação entre estrutura e agência, também presente em outras discussoes do campo do Currículo, desenvolvidas nos próximos capítulos. Os estudos até aqui apontados não conseguem dar conta dessa problemática que pode ser resumida nas questões: como lidar com os limites impostos pela estrutura social, sem determinismos e sem desesperanças que nos levem ao imobilismo, à incapacidade de ação social de mudança (agência)? Como teorizar, por sua vez, a possibilidade de o sujeito atuar imaginando e produzindo uma transformação social, sem voluntarismos, visões românticas e dependentes de conceitos também fixos e estruturados como consciência de si e do mundo?

Estudos teóricos mais atuais do campo[9] vêm procurando responder a essas questões por meio da incorporação dos aportes teóricos pós-coloniais e da teoria do discurso de Laclau e Mouffe. Nessa perspectiva, regulação e emancipação, reprodução e resistência, opressão e emancipação, não são polos entre os quais transitamos, mesmo que de forma não linear e processual. Se a diferença habita todos os processos culturais, também habita os processos curriculares, de forma associada aos discursos homogeneizantes e opressivos, mas não como mera oposição ao homogêneo, em um novo par binário. Com base nas discussões pós-coloniais, aprofundadas no próximo capítulo, é possível entender o currículo como um espaço-tempo de fronteira cultural no qual a colonização não é operada pelo professor sobre o aluno, ou ainda do conhecimento científico sobre o cotidiano. Tampouco a resistência é do aluno frente ao opressor, ou do conhecimento cotidiano

---

9. MACEDO, E. Currículo e hibridismo: para politizar o currículo como cultura. *Educação em Foco*, Juiz de Fora, v. 8, n. 1 e 2, p. 13-30, 2004.

sobre o conhecimento científico. Professor, aluno e todos os sujeitos sociais, produzindo diferentes saberes em diferentes contextos e relações de poder, são agentes do colonialismo, e, portanto, de processos opressivos, em maior ou menor grau, em momentos diversos. Mas também atuam na produção da diferença.

Com essa interpretação, é outra a relação concebida entre hegemônico e subalterno, quando comparamos com teorias como a da reprodução e a de resistência. Nenhuma dominação cultural é tão poderosa a ponto de minar os sistemas culturais locais, nenhum sistema local fica imune ao colonialismo. Em outras palavras, nenhuma diferença tem o poder de permanecer existindo a despeito da dominação e nenhuma dominação acaba por completo com a diferença.

Com isso, a emancipação também é ressignificada.[10] O projeto emancipatório pressupõe a fixidez das identidades a serem emancipadas e pressupõe um sujeito uno, centrado, capaz de se conscientizar, se comprometer e atuar na defesa de conhecimentos e ações também emancipatórias. Diferentemente, na teoria do discurso, o sujeito não existe antes da ação política, mas se constitui por essa ação. Portanto, a emancipação e o projeto emancipatório não existem fora da ação política. São construídos na medida em que atuamos politicamente.

Não há, portanto, um projeto emancipatório único ou a ser unificado. Há múltiplas demandas particulares da diferença, em contextos diversos, que disputam a possibilidade de se constituírem como um projeto emancipatório. Todo e qualquer projeto emancipatório suposto como universal — seja ele relacionado às demandas da relação capital-trabalho, às demandas de gênero, de sexualidade, raça ou outras quaisquer — é apenas um conjunto de demandas particulares que se hegemonizou como tal, em determinadas lutas contingenciais e provisórias, e que, assim, se colocaram no lugar do universal. Nesse sentido, uma proposta de currículo emancipatória não se encontra no real

---

10. LOPES, Alice Casimiro. Currículo, política, cultura. In: SANTOS, Lucíola; DALBEN, Angela; DINIZ, Julio; LEAL, Leiva (Orgs.). *Convergências e tensões no campo da formação e do trabalho docente*. Belo Horizonte: Autêntica, 2010. v. 1, p. 23-37.

para ser desvelada, não se encontra no futuro para ser alcançada, nem depende de um sujeito consciente e centrado para ser defendida. É sempre uma proposta contingencialmente construída, em lutas culturais e políticas, nas quais a diferença e os processos de identificação devem ser entendidos como centrais. Sobre eles, discutimos nos próximos capítulos.

Capítulo 9
Cultura

Embora classicamente vinculada ao campo da antropologia, ciência que a tem por objeto preferencial de estudo, a cultura também está intrinsecamente ligada à educação e ao currículo. Não se trata de uma temática simples de ser abordada, na medida em que são muitos os significados que assume na teoria curricular. Cultura se refere à ação direta do homem, por meio de técnicas, na transformação física do ambiente e daí se originam metáforas como cultivar o bom gosto ou a alta cultura, diretamente ligadas à educação. Tradicionalmente, nas perspectivas funcionalistas que apostam na harmonia social, a principal função da escola é a socialização dos sujeitos, tornando-os capazes de partilhar a cultura, uma mesma cultura. A educação forma, assim, sujeitos cultivados.

Outro conceito de cultura que também diz muito à educação e ao currículo é o de repertório de significados, um conjunto de sentidos socialmente criados que permite aos sujeitos se identificarem uns com os outros. É desse repertório que a teoria curricular propõe que sejam selecionados os conteúdos trabalhados pelo currículo ou, como visto no capítulo 7, é a partir deles que os sujeitos interagem na escola. Trata-se de um território que, a essa altura, já percebemos como muito contestado. Mesmo que se aceite que, de alguma forma, existe mais de uma cultura ou mais de um repertório de sentidos, nem todos são sempre considerados válidos como fontes para os conteúdos ou como cultura de pertencimento legítima e, em torno disso, se estabelece uma longa disputa. A distinção entre repertórios válidos e não válidos é tão forte que, em determinados momentos da história, alguns nem mesmo eram chamados de cultura. No capítulo 3, vimos como Raymond Williams explica a criação de um padrão cultural socialmente legitimado por meio do que denomina tradição seletiva. Williams denuncia a criação de uma cultura humana geral como registro histórico de uma dada sociedade, num mecanismo que envolve uma série de exclusões e a rejeição de áreas consideráveis da cultura vivida.

Contemporaneamente, as muitas exclusões operadas pela criação de uma cultura geral estão sendo postas em xeque, o que não significa que tenham deixado de ocorrer. As mudanças tecnológicas aproximando os sujeitos no espaço e no tempo, a globalização econômica, o fim da Guerra Fria, os fluxos migratórios são alguns dos ingredientes que criam uma atmosfera favorável ao maior fluxo de pessoas entre culturas. Os movimentos sociais diversos — étnicos, de gênero, LGBT (lésbicas, *gays*, bissexuais, transexuais e transgêneros), religiosos — se juntam às críticas marxistas denunciando a exclusão de suas culturas dessa tal cultura geral. Essa cultura, de caráter universal, é posta em questão por sociedades que se mostram, a cada dia, mais multiculturais.

Obviamente, esse panorama complica ainda mais a disputa em torno do que ensinar e de como representar as diferentes culturas no currículo. Na medida em que se trata de uma arena de conflito social, propostas para lidar com o caráter multicultural da escola (e da sociedade), com o objetivo de controle social, surgem no horizonte de muitas políticas públicas. Há propostas liberais que buscam criar soluções para os problemas sociais gerados pela visibilidade de grupos anteriormente excluídos. No âmbito das teorias críticas, hegemônicas nos estudos curriculares, não é menor a preocupação de responder ao caráter multicultural da sociedade com uma educação capaz de incluir as diferentes culturas. Apostas em diálogo, interação, negociação, consenso conflituoso entre as diversas culturas ampliam a discussão para além do controle da diversidade. Trata-se, sem dúvida, de uma faceta da teoria curricular em torno da questão da cultura que merece ser abordada.

O questionamento da cultura geral ou dos universalismos vem acompanhado da "descrença" epistemológica no realismo, que abordamos no capítulo 1. Não que se trate de um mesmo movimento; são processos diversos que se aproximam e se distanciam nas diferentes abordagens teóricas. Há discussões que aceitam o caráter multicultural das sociedades contemporâneas, mas operam num quadro teórico realista, seja liberal ou crítico. Há outras que assumem uma postura não realista, que implica a própria revisão do conceito de cultura. Como veremos, num quadro pós-estrutural, a cultura perde o sentido de repertório partilhado para ser encarada como processo de significação. Nesse sentido, o currículo, como tudo, seria cultural, na medida em que funciona como um sistema de significações dentro do qual os sentidos são produzidos pelos sujeitos. Trata-se de uma forma de entender o currículo que fomos introduzindo nas seções finais da maior parte dos capítulos anteriores e que, neste, ganha destaque.

A concepção de cultura como conjunto de sistemas de significação tem implicações para a compreensão do que encaramos como multiculturalismo da sociedade contemporânea e implica uma revisão da própria ideia de que há culturas para entrar em diálogo ou negociação. Operando no que seriam zonas de fronteiras, autores pós-coloniais têm destacado os fluxos culturais e não as culturas. Para autores como Arjun Appadurai, as culturas são meros estancamentos artificiais dos fluxos, uma espécie de fotografia que paralisa e nomeia o que é puro movimento. Na medida em que estamos acostumados a pensar a partir desses repertórios nomeados, superá-los exige um processo de desconstrução que vem sendo realizado com a discussão da cultura como híbrido. Trata-se de uma discussão que temos entendido como a mais produtiva no sentido de pensar o currículo, na incerteza do mundo contemporâneo, como prática de atribuição de sentidos ou como enunciação.

Culturas em negociação: atualizando a perspectiva crítica

Ao mencionar culturas em negociação, estamos já assumindo o multiculturalismo como descrição da sociedade contemporânea e, portanto, rejeitando posturas conservadoras que o negam ou que defendem a cultura comum. Tais posturas se alicerçam na naturalização da diferença e podem ser caracterizadas pela crença na inferioridade das culturas de grupos minoritários que, por essa razão, deveriam ser abolidas por um projeto educacional que visasse à igualdade. Entendem a descrição das sociedades como multiculturais como uma estratégia para aumentar a autoestima de grupos minoritários que colocam em risco os valores ocidentais e o progresso garantido por seu desenvolvimento cultural. Ainda que resquícios do projeto conservador possam ser vistos em diversas ocasiões, é pouco expressiva a negação da diversidade cultural. Partir, no entanto, da constatação de que o mundo é hoje multicultural não quer dizer que há espaço para que todas as culturas se manifestem. Explicitamos, apenas, que o aumento dos fluxos migratórios, a ampliação da comunicação e a luta dos grupos minoritários por reconhecimento embaralham as culturas, antes mais facilmente separadas.

As respostas do campo do Currículo à ampliação dos fluxos culturais têm sido categorizadas em multiculturalismo liberal e crítico por diferentes autores, dentre os quais o de maior penetração no Brasil é Peter McLaren. Em livro publicado no Brasil em 1997, *Multiculturalismo crítico*,[1] antes de explicitar sua tipologia, McLaren salienta que se trata apenas de um recurso heurístico, de um mapeamento do campo cultural no que respeita à raça e à etnicidade. Nesse sentido, é importante recordar uma característica da obra de McLaren que discutimos no capítulo anterior, qual seja, seu deslizamento entre perspectivas marxistas e preocupações pós-modernas. Esse deslizamento envolve a ampliação de categorias analíticas como classe social para incluir, principalmente, questões de raça. Sua tipologia destaca

---

1. McLAREN, Peter. *Multiculturalismo crítico*. São Paulo: Cortez, 1997.

que tanto as perspectivas liberais quanto críticas implicam um avanço em relação ao conservadorismo, na medida em que reconhecem a diversidade cultural, ainda que as primeiras falhem na resolução dos preconceitos.

Para McLaren, as abordagens tipificadas de forma genérica como liberais estão marcadas pela aceitação do caráter heterogêneo da sociedade e pela compreensão de que as identidades sociais são definidas tendo em conta indicadores econômicos, culturais e/ou biológicos. O autor defende haver propostas multiculturais liberais cuja principal característica é certo humanismo, a crença em um princípio de igualdade entre as pessoas, independentemente, por exemplo, de raça e gênero. A diferença, para os humanistas liberais, seria ocasionada por condições desiguais do capitalismo, que fazem com que a competição social seja desfavorável para membros de grupos minoritários. No entanto, ainda que reconheçam a diferença, as propostas liberais compartilham com os conservadores uma postura universalista, caracterizando-se por uma tentativa de integração dos grupos culturais no padrão, baseado numa cidadania individual universal. As práticas particulares são aceitas, mas devem se limitar ao domínio privado. De forma geral, para os liberais, o culto à diferença ameaça o universalismo e a neutralidade do Estado, compromete a autonomia e a liberdade individual e ataca a igualdade formal. Por isso, defendem a necessidade de uma convivência pacífica entre os grupos diversos dentro de uma mesma nação. Nesse sentido, se afastam dos conservadores ao acreditarem na possibilidade de reversão das condições socioeconômicas que supostas como estando na base da discriminação, especialmente com políticas integracionistas e compensatórias.

Além do multiculturalismo liberal humanista, McLaren reconhece uma versão de esquerda do multiculturalismo liberal, centrada no reconhecimento da diferença. Engloba as reivindicações de grupos minoritários por escolas especializadas nas quais suas culturas fossem valorizadas, proposta que recebe muitas críticas quando se trata de escolas para negros ou homossexuais, mas que é amplamente aceita quando se trata de grupos religiosos hegemônicos — escolas católicas e protestantes, por exemplo. Trata-se, segundo o autor, de uma solução que inverte as posturas conservadoras, mantendo a mesma lógica de um currículo monocultural e assentando-se sobre a essencialização da diferença. De forma geral, o pertencimento a um grupo cultural é entendido como garantia de autenticidade, o que torna a experiência de vida do sujeito o fator primordial na construção de uma política de identidade. Embora também seja difícil hoje no Brasil encontrarmos projetos multiculturais deste tipo, alguns grupos étnicos os têm defendido. Para McLaren, trata-se de um equívoco, na medida em que a experiência da diferença se dá em um cotidiano recheado de ideologia, afetos e conhecimentos. Na medida, ainda, em que não há sincronicidade entre as diferenças, sendo comum, por exemplo, em que reivindicações de classe se contraponham a demandas de raça ou gênero e essas entre si, currículos centrados numa variante cultural não hegemônica não implicam a formação de sujeitos com uma postura de defesa das culturas subalternas.

Em contraposição ao multiculturalismo liberal, para McLaren o mais comum nas políticas multiculturais, o autor defende posturas multiculturais críticas, que examinem a construção tanto da diferença quanto da identidade em sua historicidade. Ainda que explicite pouco a forma como concebe os projetos multiculturais críticos, o autor defende a necessidade de uma negociação cultural que se dá num terreno contestado, marcado pela história, pelo poder, pela cultura e pela ideologia. Em sua defesa do multiculturalismo crítico, McLaren lança mão de uma teorização pós-moderna e da ideia de cultura descentrada desenvolvida em trabalhos anteriores. Nela, é enfatizado o papel da linguagem na construção dos significados, a cultura como um campo discursivo múltiplo e o importante papel da escola na construção da identidade dos sujeitos. Com tais ferramentas teóricas, a luta política se torna discursiva — uma luta em torno do poder de significar — e passa a envolver uma busca para desestabilizar formas de pensar. Tal concepção pós-moderna de cultura descentrada não significa, no entanto, um afastamento da teorização crítica, na medida em que o autor opera com um modelo dual em que a concepção discursiva de realidade convive com o que seria a própria realidade. Nesse sentido, sua defesa do multiculturalismo crítico envolve a modificação dos sentidos construídos culturalmente, mas a condiciona à possibilidade de transformar, pela ação dos sujeitos, as relações sociais e históricas em que essa construção se dá.

A discussão sobre multiculturalismo no campo do Currículo no Brasil se faz, prioritariamente, na vertente do multiculturalismo crítico, com maior ou menor aproximação com teorizações pós-modernas. Como McLaren, Antonio Flavio Moreira tem produzido uma discussão sobre multiculturalismo no campo do Currículo que se apropria de discussões pós-modernas, mesclando-as com proposições críticas e, mais recentemente, com a defesa do universalismo. Em relação ao multiculturalismo, o trabalho de Moreira[2] envolve levantamentos sobre sua penetração na literatura do campo, nas políticas curriculares e nas escolas. Sendo assim, parte considerável de sua produção na área apresenta resultado desses levantamentos, com ampla revisão da literatura sobre a temática tanto no Brasil quanto em autores estrangeiros. Apesar disso, há em todos os textos a defesa de uma concepção de currículo multicultural, mais recentemente assumida como o foco mesmo dos trabalhos.

No que concerne a tal concepção, Moreira opera com a assunção de que a sociedade é multicultural, ou seja, que há, em seu interior, um conjunto de culturas em disputa e que as relações de força entre elas são desiguais. Como em McLaren, as culturas são produções discursivas, e, ao mesmo tempo, são reais. Desse modo, talvez se possa dizer mais propriamente que, para o autor, as culturas são construções históricas. Nesse sentido, a vinculação de Moreira ao pensamento crítico, buscando matizá-lo com preocupações pós-modernas, tal como assumidas pelo próprio autor, é explícita no que concerne à cultura e ao multiculturalismo.

---

2. MOREIRA, Antonio Flavio; CANDAU, Vera. *Multiculturalismo*: diferenças culturais e práticas pedagógicas. Petrópolis: Vozes, 2008. PARAISO, Marlucy A. *Antonio Flavio Barbosa Moreira*: pesquisador em currículo. Belo Horizonte: Autêntica, 2010.

As implicações dessas concepções para o currículo podem ser traduzidas numa inquietação central que vai se transmutando ao longo das discussões de Moreira sobre multiculturalismo no campo do Currículo, que se iniciam em fins da década de 1990: o equilíbrio entre igualdade social e pluralidade cultural. O currículo precisa, assim, dar conta, ao mesmo tempo, do respeito à diferença e do compromisso da escola com a promoção da justiça social. Inicialmente, a luta por igualdade e justiça social envolvia mais claramente aspectos culturais, com a defesa do diálogo entre as culturas como forma de superar o relativismo. Paulatinamente, as discussões sobre conhecimento escolar, que sempre estiveram presentes denotando os vínculos do autor com a NSE, vão ganhando centralidade. Em textos do início dos anos 2000, essa centralidade era dada pela proposta de que a seleção de conteúdos das disciplinas tradicionalmente presentes nos currículos contribuísse, pelo seu confronto com outras lógicas, para desestabilizar o eurocentrismo dominante. Nesse sentido, ao invés da criação de componentes curriculares específicos ou da substituição pura e simples dos saberes e valores dos grupos dominantes pelos dos dominados, Moreira incentivava a explicitação dos atritos e conflitos entre tais saberes e valores.

Já em meados dos anos 2000, a preocupação com o conhecimento ganha contornos mais nítidos. O autor passa a defender explícita e fortemente a primazia das discussões sobre conhecimento no campo do Currículo, desqualificando a centralidade das discussões sobre cultura que ajudara a introduzir uma década antes entre os temas centrais do campo no país. No mesmo movimento, passa a dirigir pesadas críticas à preocupação do campo com abordagens ativas, denunciando o que denomina medo dos conteúdos. Nesse sentido, Moreira passa a advogar em favor de conteúdos escolares básicos que permitam a formação dos sujeitos como cidadãos ativos. Na definição do que é básico, o autor lança mão de discussões da NSE acerca da distribuição do conhecimento (ver capítulo 3) e reitera a importância de que esse processo seja discutido nas escolas e não imposto por formuladores curriculares. Ao mesmo tempo, no entanto, salienta as disciplinas científicas como fontes fundamentais para a determinação do que deve ser ensinado, assumindo um universalismo que define como contingente.

A defesa de conteúdos escolares básicos diminui as inquietações do autor na direção do multiculturalismo, mas não as apaga. A pluralidade cultural e identitária permanece como aspecto a ser considerado pelos currículos. Nesse sentido, Moreira aceita a centralidade da cultura — ou seja, que as práticas sociais envolvem produção de sentidos — e mantém a postura de que o currículo precisa favorecer o reconhecimento das diferenças e o diálogo entre elas. Defende, assim, a contribuição do currículo para a construção de um mundo que aceita as diferenças, mas combate as desigualdades sociais e econômicas.

Assumindo uma linha mais claramente crítica, sem tantas concessões às discussões pós-modernas, Vera Candau[3] advoga a centralidade do pluralismo cultural nos currículos, numa perspectiva que denomina, explicitamente, intercultural crítica e emancipatória. De forma semelhante a Moreira, a autora rejeita visões essencialistas de cultura e identidades culturais, mas não credita tal rejeição ao fato de serem produções discursivas. Ao contrário, define as culturas como produções históricas e dinâmicas, envolvendo interações e hibridações que se dão em contexto marcado pelo poder, por preconceitos e discriminações.

Negando tanto a assimilação cultural quanto abordagens que enfatizam a diferença, Candau defende a importância de promover, deliberadamente, a relação entre os variados grupos culturais como forma de ampliar os laços entre eles. A base da interculturalidade é o diálogo entre os grupos sociais e culturais, uma negociação que se dá em contextos de assimetria de poder que precisam ser reconhecidos como tal sob pena de a interculturalidade assumir contornos liberais. Ao longo de sua obra, Candau tem integrado diferentes vertentes do multiculturalismo crítico. Na tipologia proposta por McCarthy, pode-se

---

3. CANDAU, Vera. *Educação intercultural e cotidiano escolar*. Rio de Janeiro: 7 Letras, 2006. CANDAU, Vera. *Educação intercultural na América Latina*: entre concepções, tensões e apostas. Rio de Janeiro: 7 Letras, 2009.

dizer que um pensamento inicialmente voltado para a competência cultural, com apropriação crítica das discussões de James Banks, tem cedido espaço para o empoderamento, especialmente a partir da aproximação com autores decoloniais. As ações no sentido de viabilizar uma educação intercultural expressam essa integração, visando tanto ao desenvolvimento de valores pluralistas através da interação e do diálogo entre as culturas quanto à valorização das culturas das minorias capaz de ampliar as oportunidades de êxito escolar de jovens desses grupos. Dentre tais ações, possivelmente, a de maior destaque é a garantia de práticas escolares que questionem a naturalização dos preconceitos e estereótipos. Nesse sentido, importa não apenas tomar contato e contestar as discriminações presentes na sociedade, mas incorporar tal contestação no cotidiano da escola. A prática intercultural implica, nesse sentido, a construção de outra dinâmica educacional que propicie a experiência da interação em todos os momentos do currículo, evitando assim ações tópicas que pouco contribuem para a mudança. A própria organização da escola e do currículo deve ser posta em xeque: toda a universalidade pressuposta na ação educativa tem que ser desestabilizada com o questionamento do caráter monocultural da escola e das escolhas curriculares.

Como em Moreira e McLaren, o questionamento das naturalizações não prescinde, no entanto, de algo comum a todos, sob pena de a educação ampliar as desigualdades sociais e as discriminações. Diferentemente do autor, no entanto, Candau procura definir o comum no terreno da própria interação cultural, advogando que ele integra dialeticamente as diferenças. Nesse sentido, o comum como direito de todos à educação precisa ser reconstruído de modo a que todas as culturas sejam capazes de se reconhecer. Na definição do comum, a autora lança mão da hermenêutica diatópica de Boaventura de Sousa Santos, indicando que o diálogo intercultural é produzido no interstício entre as culturas e objetiva ampliar a consciência de que elas são inexoravelmente incompletas. Em resumo, Candau inverte a polarização entre universalismo e relativismo, argumentando que a educação somente poderá ser direito universal de todos na medida em que reconheça e valorize as culturas particulares.

É no sentido de que não basta conhecer as diferenças culturais, é preciso reconhecê-las e valorizá-las, que os discursos de empoderamento vêm ganhando destaque na discussão intercultural de Candau. Ele aparece em duas vertentes que se complementam: o empoderamento dos sujeitos e de suas culturas no ambiente da escola e o empoderamento social de grupos minoritários. No primeiro, a autora trata do resgate das histórias de vida dos sujeitos e das comunidades como forma de ampliar o contato com a diferença. Consciente dos perigos de visões românticas que essencializem as identidades das minorias, Candau salienta a necessidade de cuidado para que o caráter dinâmico da cultura não se perca. Destaca a interação e o hibridismo das culturas, que se modificam no contato e no reconhecimento do outro. Além de trabalhar para o empoderamento dos grupos dentro da escola, a autora defende políticas públicas de empoderamento, que possam fazer face aos mecanismos estruturais de discriminação e dominação, sem as quais não há mudanças profundas.

Com suas diferenças e aproximações, tais autores têm buscado fazer face às demandas apresentadas pelas sociedades multiculturais, reconhecendo os conflitos e buscando formas de superá-los. A própria aceitação da multiculturalidade como descrição do mundo os tem levado a interagir com teorizações pós-modernas e pós-estruturais. Já não é tão simples definir o que é sociedade ou emancipação, justiça social, identidade ou cultura comum. Com toda a dificuldade que a empreitada de definição desses (e de outros) termos apresenta, buscam fazê-lo porque, sem isso, preocupações como emancipação dos sujeitos e igualdade teriam que ser reconfiguradas.

A dimensão epistemológica da centralidade da cultura

No capítulo 1, apresentamos em linhas gerais as críticas postas pelo estruturalismo e, principalmente, pelo pós-estruturalismo, às concepções realistas da Modernidade. No que concerne à cultura, na sociedade ocidental, tais críticas podem ser entendidas se acompanharmos o movimento dos estudos culturais surgidos em meados dos anos 1950. Cumpre ressaltar que a tradição dos estudos culturais não inventa a cultura como temática; apenas a elege como problemática distinta e relevante para o entendimento do social. Propõem uma nova forma de encarar o social, razão pela qual, nos currículos contemporâneos da área de Educação, os estudos culturais se apresentam como alternativa ao que se conhece pelo nome genérico de Fundamentos da Educação.

Em linhas gerais, pode-se dizer que os estudos culturais se preocupam com os nexos entre cultura e poder. Operam com conceitos sobre os quais já discutimos, tais como representação, hegemonia e ideologia. Na verdade, embora apenas agora estejamos nomeando os estudos culturais como tal, um de seus precursores foi Raymond Williams, cujo trabalho vimos mencionando em vários capítulos ao longo deste livro. Se dividirmos os estudos culturais em duas fases — a culturalista e a estruturalista/pós-estruturalista —, perceberemos que há uma forte relação entre tais estudos e o currículo. Ao tratarmos temáticas tipicamente curriculares, como o conceito de currículo oculto, a seleção e a distribuição do conhecimento por meio do currículo, a cultura da escola, a emancipação como projeto educacional, dialogamos, sem nomear, com a tradição dos estudos culturais. Em sua abordagem culturalista, os estudos culturais se preocupam fundamentalmente em entender os significados que as classes trabalhadoras incorporam em suas culturas, enfatizando a ação dos sujeitos sobre as estruturas sociais. Mais do que isso, no entanto, a obra pioneira dos culturalistas estabelece um novo lugar para a cultura, demonstrando que questões econômicas e sociais, assim como as transformações históricas, são culturais.

Neste capítulo, vamos no deter na virada estrutural/pós-estrutural dos estudos culturais ocorrida nos anos 1970, quando, compartilhando muitos argumentos com os culturalistas, a ênfase desses estudos se deslocou para a linguagem. Como nosso foco são as leituras pós-estruturais, cumpre evitar a associação direta, já bastante difundida, entre estudos culturais e pós-estruturalismo. Vale ressaltar que a segunda fase dos estudos culturais engloba estruturalistas marxistas, como Louis Althusser, e não marxistas, como, por exemplo, Claude Lévi-Strauss. Enquanto os primeiros destacam a categoria ideologia, desenvolvida em bases estruturais, Lévi-Strauss se dedica ao estudo da cultura em analogia com a linguagem, entendida como o seu meio principal. Os quadros de referência (linguísticos e de pensamento) usados pelos grupos para entender suas condições de existência — a cultura — funcionariam como a linguagem, produzindo sentidos por intermédio de relações que se dão no interior de práticas significantes.

O uso da linguagem no estudo da cultura desloca profundamente os estudos culturais e é a partir de tal deslocamento que se constituem os trabalhos do campo do Currículo de matriz pós-estrutural que veremos neste e no próximo capítulo. Ainda que a dimensão epistemológica ganhe relevo na discussão sobre a centralidade da cultura no campo, é importante destacar que esse movimento é possível também em função de a cultura ter conquistado espaço na organização das atividades, instituições e relações sociais. Em texto de grande influência para os estudos curriculares no Brasil — *A centralidade da cultura: notas sobre as revoluções culturais de nosso tempo*, publicado originalmente em 1997 —, Stuart Hall[4] distingue duas dimensões dessa centralidade. A primeira tem a ver com o que denominamos genericamente globalização, facilitada em grande medida pelo progresso tecnológico que encurta distâncias e possibilita a interação instantânea entre sujeitos e culturas. Embora salientando os aspectos homogeneizadores da globalização sobre a cultura, Hall destaca a impossibilidade de saturação total. Ainda que as culturas locais passem a ser referenciadas a uma cultura global, também se ampliam as possibilidades de comunicação entre elas, possibilitando o fortalecimento de laços locais. Para o autor, se é verdade que os efeitos da globalização são sentidos em todos os cantos do planeta, é verdade também que se trata de um sistema que não afeta da mesma forma todo o mundo nem substitui

---

4. HALL, Stuart. A centralidade da cultura: notas sobre as revoluções culturais de nosso tempo. *Educação & Realidade*, Porto Alegre, v. 22, n. 2, p. 15-46, jul./dez. 1997.

completamente as tradições forjadas pelos povos. A própria imposição de princípios de mercado a todos os povos, com as desigualdades que cria, acaba por fazer ressurgir os traços culturais dos grupos que pretende apagar. Assim, a proliferação de culturas subalternas é um efeito diferenciador da própria globalização, ela é uma das causas da maior visibilidade multicultural. Resumindo, para Hall, a centralidade da cultura advém, em grande medida, da transformação das esferas tradicionais da sociedade — econômica, social, política e cultural — e tem enorme impacto de transformação do cotidiano.

Essa dimensão substantiva da centralidade da cultura não está, necessariamente, vinculada a uma mudança epistemológica. É possível lidar com ela com as ferramentas da teorização crítica, como vimos na seção anterior e como ficará explícito na análise dos textos recentes de Henry Giroux. A centralidade da cultura nas sociedades contemporâneas tem, no entanto, outro componente fundamental para sua manutenção: a mudança de paradigma no que tange à produção do conhecimento, denominada, por Hall, *virada cultural*. Trata-se do deslocamento dos estudos culturais em direção a abordagens pós-estruturais que, como vimos no capítulo 1, implica dar destaque à linguagem na construção e circulação do significado, concebê-la como instituinte: ela não reflete o mundo real, mas o institui. É importante relembrar que ao nos referirmos a instituir o mundo, queremos dizer dar-lhe sentido, inseri-lo em jogos de linguagem e sistemas de classificação que permitem que ele seja definido desta ou daquela forma. Assim, não se trata de advogar que o mundo real não existe fora dos sistemas de significação, mas que seus sentidos são criados por tais sistemas. Para Hall, essa nova compreensão da linguagem colocou a cultura no centro da cena, afinal, esses sistemas de significação que permitem construir sentidos são a própria cultura. Nesse sentido, todas as instituições e relações sociais, todos os processos econômicos, sociais e políticos são culturais. Novamente, é importante salientar que Hall não propõe um reducionismo ao cultural, mas advoga que toda prática social tem uma dimensão cultural ou uma dimensão de significado, em outras palavras, um caráter discursivo.

O intuito dos estudos culturais na demonstração da centralidade da cultura não é, como alguns críticos têm acusado, despolitizar a discussão sobre a contemporaneidade. Ao contrário, como salienta Hall na parte final do referido artigo, é a partir do reconhecimento dessa centralidade que se torna possível entender a relevância que tem assumido os processos de regulação da cultura (inclusive na forma de políticas oficiais). Não é novidade que a cultura é governada tanto por mecanismos explícitos de censura quanto por formas menos óbvias de controle operadas por instituições, pelo mercado ou mesmo pela tradição. Ao se considerar que a ação social e a conduta dos sujeitos têm uma dimensão cultural ou discursiva, está-se indo um pouco além e dizendo que a cultura não é apenas regulada, mas regula. Qualquer que seja a ação humana, ela não ocorre fora de sistemas de significados, ela se dá em arranjos de poder discursivo ou simbólico. Um dos motivos que, para Hall, explicam o movimento contemporâneo no sentido de uma maior regulação da cultura, com o fortalecimento do moralismo, é a capacidade da cultura de regular.

Essa regulação ocorre por meio de vários mecanismos, mas nunca é completa. As normas tácitas de conduta, os valores tidos como comuns a todos guiam as ações dos sujeitos, fazendo-os agir em direções previsíveis, muitas vezes, sem se darem conta. Os sistemas classificatórios que constituem cada cultura e que permitem operações de comparação também operam no sentido de regular culturalmente os sujeitos. Podemos dizer que, de forma geral, a regulação visa a impedir que as ações sociais se desenvolvam na multiplicidade de sentidos em que isso poderia ocorrer e que os sujeitos sejam diferentes daquilo que já está programado. É sempre, portanto, uma exclusão, uma ação de força. Isso não implica, porém, que se possa viver sem ela: sem regulação, as práticas sociais seriam mais do que aleatórias, sem significado. Como vimos no capítulo 1 e abordaremos mais adiante neste capítulo, tanto a regulação da cultura quanto a regulação através da cultura não conseguem podar completamente o excesso de sentidos próprio dos sistemas discursivos que constituem a cultura. Há sempre sentidos que escapam e que garantem a possibilidade de mudança.

O contato do campo do Currículo no Brasil com os estudos culturais, ocorrido ao longo da segunda metade dos anos 1990, foi fortemente marcado pela discussão da regulação do e por intermédio do currículo. Numerosos textos analisam as consequências da globalização sobre a cultura, destacando seu potencial homogeneizador ou, em menor número, as possibilidades de fuga; denunciam a regulação dos sujeitos operada por artefatos como filmes da Disney ou de Hollywood; tratam os dispositivos pedagógicos como discursos reguladores; propõem uma abordagem cultural do currículo, entre muitos outros temas. Inicialmente, tratava-se, em sua maioria, de traduções de artigos norte-americanos divulgadas no país graças ao esforço editorial empreendido por Tomaz Tadeu da Silva, as quais foram se somando textos oriundos de pesquisas realizadas no país, especialmente no Rio Grande do Sul.

A importância das abordagens pós-estruturais para os estudos culturais tem óbvio impacto na literatura sobre currículo que interfaceava com tais estudos. Tal literatura é marcada pelo diálogo com autores pós-estruturais, especialmente Foucault, central nesse primeiro momento na análise da regulação através do currículo. Essa guinada não leva, no entanto, ao abandono de preocupações centrais da teoria crítica: muitos estudos permanecem atrelados à denúncia das ideologias, enquanto outros têm por horizonte projetos emancipatórios para a escola. Ainda que a combinação entre pós-estruturalismo e pensamento crítico seja de difícil sustentação teórica, no campo do Currículo, essa combinação está presente em muitos estudos de grande impacto. No capítulo sobre emancipação, explicitamos essa oscilação na obra de Peter McLaren e Henry Giroux, o que, de outra forma, está também presente na discussão multicultural de Antonio Flavio Moreira que apresentamos na seção anterior. Por sua relevância para a discussão de cultura, retomemos a obra mais recente de Giroux.

Como já visto, Giroux é um autor ligado ao que se poderia chamar de pensamento político no Currículo, para quem a principal função da escola é a emancipação dos sujeitos. Nesse sentido, é classicamente um autor vinculado à teoria crítica. Desde sempre, no entanto, definiu-se como um autor preocupado com as questões da cultura, razão pela qual dialogou por muitos anos com a obra dos teóricos de Frankfurt. Na virada dos anos 1990, Giroux caminhou na direção de discursos pós-modernos, feministas e pós-coloniais, incorporando mais centralmente a cultura em suas discussões sem, no entanto, abandonar a centralidade da emancipação. A proposta do autor passou a se incorporar ao que há de progressista no pensamento pós-moderno (segundo critérios modernos de justiça social), ao seu projeto moderno de escola, mantendo a crítica ao que considera regressivo — consumismo, celebração apolítica da cultura, entre outros. Esse movimento de incorporação do pós-moderno não redunda numa postura abertamente pós-estrutural, mas também não a rechaça como um todo. Em textos mais recentes, nos quais discute a prática curricular como prática cultural e apresenta os professores como trabalhadores culturais, Giroux opera com autores pós-coloniais de matriz pós-estrutural como Stuart Hall e Homi Bhabha. Ainda assim, talvez seja mais adequado dizer que se trata de um autor que dialoga com o pós-estruturalismo e com o pós-modernismo na problematização do currículo, mas é claramente vinculado à teoria crítica nos argumentos que utiliza para tratá-la.

Em uma de suas obras mais recentes, denominada *Atos impuros: a prática política dos estudos culturais*, publicada originalmente em 2000, Giroux[5] identifica a cultura como capital político, na medida em que se trata de uma força pedagógica capaz de legitimar relações e práticas sociais. Assumindo uma leitura crítica, indica que a política cultural envolve relações de propriedade, controle e acesso a bens materiais e simbólicos e está claramente vinculada à distribuição de poder e à formação de identidades individuais e sociais. Ainda que se trate de uma coletânea de textos, talvez seja possível dizer que a obra gira em torno da defesa da cultura como lugar para a luta política, entendendo o professor (e a pedagogia) como um dos protagonistas dessa luta.

Mantendo intacta sua histórica posição de que o professor deve ser um intelectual público de oposição, Giroux localiza a luta política

---

5. GIROUX, Henry. *Atos impuros*: a prática política dos estudos culturais. Porto Alegre: Artes Médicas, 2000.

no terreno da cultura. Fala, portanto, em trabalhadores culturais — envolvendo professores, artistas, jornalistas, advogados e outros trabalhadores — cuja tarefa seria redefinir o trabalho cultural como cidadania insurgente. Trata-se de um projeto de empoderamento a partir da constatação de que toda experiência cultural tem força educacional. O conceito de cultura utilizado pelo autor, embora varie ao longo do livro, aproxima-se do definido por Williams: um terreno contestado em que os sujeitos constroem suas relações com um mundo. Trata-se de um espaço de produção simbólica que produz artefatos com grande potencial pedagógico, dentre os quais o autor destaca os filmes, os livros, os programas de TV, as tecnologias de informática. Trata-os como discursos culturais que visam à regulação dos sujeitos e que precisam ser criticados por uma pedagogia comprometida com a cidadania. Nesse sentido, a função da pedagogia seria explicitar os nexos desses discursos com o poder e as suas consequências materiais na manutenção das desigualdades sociais. Do ponto de vista metodológico, tanto a leitura crítica desses bens quanto o investimento na produção de artefatos alternativos são apontados como produtivos.

Uma tal pedagogia não fica, para Giroux, restrita ao terreno da educação, mas deve ser praticada por todos os trabalhadores culturais. Ela é performática no sentido de que envolve a ação política de intervenção de professores e intelectuais eticamente comprometidos com a responsabilidade social. A ação política desses sujeitos está direcionada para a rejeição de todo tipo de determinismo e para o desenvolvimento de projetos que substituam os binarismos excludentes por representações mais complexas dos sujeitos e das comunidades. É um trabalho colaborativo, centrado no local — sem esquecer seus vínculos globais — visando a reconstruir os espaços culturais e as esferas públicas colonizadas por perspectivas liberais.

Essa obra, como os demais textos recentes de Giroux, oferece um instigante exemplo de como a importância dos estudos culturais de matriz pós-estrutural transcende a utilização dessa perspectiva como base teórica. O autor opera com a distinção nítida entre discurso, termo utilizado para se referir aos bens culturais simbólicos que são tratados como conteúdo de sua pedagogia crítica (filme, programa de TV etc.), e realidade material. Nesse sentido, se apropria da centralidade da cultura em sua dimensão mais substantiva e da ideia de que a cultura é regulada e regula os sujeitos. No que diz respeito à dimensão epistemológica salientada por Hall, a incorporação é ambígua, limitando-se aos bens simbólicos. Os filmes, por exemplo, são discursos produtivos, capazes de construir materialidade, mas segue existindo uma realidade para além deles ou de qualquer discurso.

Uma leitura pós-estrutural do currículo: cultura como sistema de significação

Conforme já explicitado, estudos culturais e pós-estruturalismo não são sinônimos, mas, ainda assim, são termos fortemente associados no campo do Currículo (e não apenas nele). Há, como vimos, uma vasta tradição dos estudos culturais cujo diálogo teórico preferencial não é com o pós-estruturalismo, assim como a possibilidade de incorporação de temáticas caras aos estudos culturais sem que isso implique assumir uma abordagem pós-estrutural. A confusão talvez se justifique, no entanto, pelo seu contrário: os estudos pós-estruturais remetem necessariamente à cultura. Trata-se de uma afirmativa perigosa que precisa ser mais bem explicitada.

Assumir a perspectiva pós-estrutural implica, como destaca Hall ao descrever a dimensão epistemológica da centralidade da cultura, aceitar que todo e qualquer sentido somente pode ser criado dentro de sistemas de linguagem ou de significação. Não há sentido na coisa em si, na materialidade; ele depende da inserção dessa materialidade em sistemas de classificação e em jogos de linguagem. Há, por exemplo, múltiplos aspectos da materialidade que não são utilizados na nomeação das coisas e que, por isso, passam despercebidos como se não existissem. A cor da pele, por exemplo, é usada para nomear as raças e, por isso, é observada como característica que diferencia os sujeitos, enquanto o formato das unhas ou o tamanho dos dedos nunca é levado em consideração para tal fim. Pensando assim, é o ato de nomear que constrói a diferença e não o contrário. É a linguagem que institui a diferença e é, assim, cúmplice das relações de poder: aquilo que se sabe é movido por uma vontade de poder, assim como o poder exige que se saiba sobre aqueles que serão, por ele, governados. Esse é o núcleo central do pensamento pós-estrutural, em que saber e poder estão atavicamente interligados na instituição do "mundo real".

Parece óbvio que esse "mundo real" não é natural, concreto, objetivo, material, mas simbólico. Seus sentidos são construídos pela linguagem, pelos sistemas de significação que nada mais são do que a própria cultura. Os sentidos são, portanto, instituídos pela cultura e a atividade de conferir significado é, nessa perspectiva, sempre um processo cultural. Cultural e discursivo, posto que cultura e linguagem se confundem (se inventam sentidos, as práticas culturais são linguagens).

O currículo é, como muitas outras, uma prática de atribuir significados, um discurso que constrói sentidos. Ele é, portanto, uma prática cultural. Note-se que aqui estamos assumindo uma perspectiva nova no que tange à relação entre currículo e cultura que nos acompanhou, de forma diluída, nas seções finais da maioria dos capítulos deste livro. Não estamos tratando a cultura como objeto de ensino nem apenas como a produção cotidiana de nossas vidas. Estamos operando com uma compreensão mais ampla de cultura como aquilo mesmo que permite a significação. Trata-se de uma perspectiva muito utilizada pelo campo do Currículo a partir dos anos 1990, suportada em inúmeros teóricos, dentre os quais se destacam Foucault, Derrida, Deleuze e Guattari. Destacaremos, nesta seção, o trabalho de Tomaz Tadeu da Silva por sua importância para a teoria curricular no Brasil, especialmente por sua produção (e pela sua atuação na formação de pesquisadores) na década de 1990.

O primeiro aspecto a considerar na apropriação do pós-estruturalismo realizada por Silva é que ela se deu aos poucos ao longo de sua obra: o autor migra da perspectiva crítica, passando a incorporar, inicialmente com restrições, as teorias pós-estruturais. Diferentemente de muitos estudiosos do campo, no entanto, essa incorporação se dá de forma significativa. Como nosso interesse é destacar a teorização mais propriamente pós-estrutural do autor, enfocaremos seu trabalho a partir de meados dos anos 1990 quando a maioria dos textos assume esse tom. Antes, porém, de passar a tal análise, é importante ressaltar que a obra de Silva nunca abandona por completo a teoria crítica, ainda que esse distanciamento tenha se ampliado na virada dos anos 1990. Um exemplo típico do deslizamento entre teoria crítica e abordagens pós-estruturais é a preocupação com a manutenção das estruturas da desigualdade que, segundo o autor, podem estar se fortalecendo com a ênfase do pensamento pós-moderno no microtexto e com a valorização da diferença. Com vistas a um projeto de combate a tais estruturas, em muitos textos, surge a defesa de que os professores assumam uma postura crítica — baseada em decisões de ordem moral, política e ética — em relação ao currículo, algo próximo à proposta de intelectual público de Giroux. Tal postura se contraporia ao projeto neoliberal e neoconservador que, por complexos e eficazes mecanismos de significação, vem redefinindo de forma global as esferas política, social e pessoal. Como em outras áreas da vida social, na educação estaria em curso a construção de uma epistemologia social que limita, discursivamente, as possibilidades de conceber esse mundo fora do contexto neoliberal e neoconservador, que precisa ser combatida politicamente.

No plano epistemológico, o afastamento de Silva da teoria crítica se consolida pelo diálogo preferencial com Michel Foucault, mas também com os estudos culturais de Stuart Hall, as teóricas feministas, Derrida, Deleuze e Guattari. Algumas temáticas passam a ser centrais numa obra cuja tônica é apresentar aspectos da teoria pós-estruturalista que podem ter impacto sobre a discussão curricular. O mais destacado desses aspectos talvez seja a vinculação entre saber e poder, central no pensamento de Foucault, e que Silva desenvolve em inúmeros textos. Tendo a teoria crítica como contraponto, o autor questiona a assunção de que conhecimento e saber constituam fontes de libertação, esclarecimento e autonomia. Defende a posição pós-estrutural de que não há situação de não poder, mas sim um estado permanente de luta contra posições e relações de poder. O poder é produtivo, e não apenas coercitivo, e não emana de uma única fonte, mas se apresenta como micropoderes descentrados. Esse passa, portanto, a ser o horizonte onde se inserem as ações políticas no âmbito do currículo que não podem ser niilistas, cínicas ou desesperadas. Salientando o caráter difuso dos mecanismos de regulação e controle, nos quais mesmo as pedagogias críticas estão implicadas, o autor aponta a desconstrução de binarismos como teoria/prática, sujeito/objeto, natureza/cultura e o questionamento de todo essencialismo como estratégias fundamentais de luta.

Toda a discussão dos vínculos entre saber e poder se faz no quadro da chamada "virada linguística", ou seja, na perspectiva de que o mundo é construído na e pela linguagem, sendo anterior ao sujeito. Novamente confrontando a teoria crítica, Silva propõe o questionamento da filosofia da consciência: não é possível, neste quadro teórico, falar em um sujeito ou em uma consciência autônoma. Ao sujeito consciente, o pensamento pós-estrutural contrapõe um ser multifacetado, descentrado, que convive com a instabilidade e a provisoriedade de discursos múltiplos e das realidades por eles construídas. O diálogo com Hall e, especialmente, com Derrida, permite ao autor ampliar seu questionamento do sujeito moderno, diluindo a subjetividade na textualidade: o sujeito não é um ser autônomo que usa a linguagem, mas algo inventado por ela.

A virada linguística implica também, como vimos, uma crítica ao objetivismo epistemológico (e às metanarrativas) que é desenvolvida por Silva em diferentes momentos com finalidades múltiplas, dentre as quais a mais relevante talvez tenha sido a reconceptualização da teoria curricular. Descrevendo as categorias que usamos para definir e dividir o mundo como epistemologias sociais que nos fazem refletir, ver e interpretar os objetos da maneira que fazemos, o autor redefine o currículo (e as teorias curriculares) como uma (ou algumas) dessas epistemologias. Isso significa que o próprio currículo (e as teorias curriculares) constitui um dos nexos entre saber e poder. Ele é um dos domínios particulares de conhecimento do indivíduo, implicados em estratégias de governo, portanto, buscando a produção de sujeitos particulares. É uma tecnologia de governo, produz identidades, como analisaremos no próximo capítulo.

É nos trabalhos da virada dos anos 1990 para o novo século que Silva trabalha mais intensamente os nexos entre currículo, práticas de significação e representação, que estão na base do entendimento do currículo como algo produtivo: o currículo produz identidades. Em obras como *O currículo como fetiche*, de 1999,[6] *Pedagogia dos monstros*[7] e *Identidade e diferença*,[8] ambas publicadas em 2000, esses nexos são explorados. Na primeira, o currículo é definido a partir das metáforas prática de significação, representação e fetiche. Após enfatizar as críticas às concepções realistas de conhecimento e às visões essencialistas de cultura, Silva defende a definição do currículo a partir de um entendimento dinâmico de cultura. Tal compreensão liga-se à ideia de que a cultura relaciona-se à produção de sentidos, desenvolvida dentro de um sistema linguístico. É, portanto, uma prática produtiva, criativa, em relações sociais que, por sua natureza, são sempre marcadas pelo poder. Ao produzir sentidos na cultura, os sujeitos estão buscando obter determinados efeitos de poder; não se trata de uma prática ingênua, e tais efeitos são mais efetivos quando fixam posições de sujeitos, criam hierarquias e favorecem assimetrias. Os efeitos de sentidos que a cultura busca construir são, portanto, claramente vinculados à produção de identidades.

A metáfora da representação também utilizada por Silva para definir o currículo numa perspectiva pós-estrutural é apenas outra forma de fazê-lo, posto que ela também é um sistema de significação. Justifica-se, portanto, pelo crescente debate sobre a possibilidade de representação num mundo em que as certezas epistemológicas se esvaíram. Não há correspondência entre mundo real e conhecimento, portanto este não mais representa aquele. Ao contrário, são os sistemas de significação que dirigem a construção de representações, o que, por

---

6. SILVA, Tomaz Tadeu. *O currículo como fetiche*. Belo Horizonte: Autêntica, 1999.
7. SILVA, Tomaz Tadeu. *Pedagogia dos monstros*. Belo Horizonte: Autêntica, 2000.
8. SILVA, Tomaz Tadeu. *Identidade e diferença*. Belo Horizonte: Autêntica, 2000.

si só, torna fundamental entender quem tem controle desses sistemas, já que nos obrigam a representar (falar) de uma determinada maneira.

O currículo seria um desses sistemas de significação que produz uma representação do mundo. Na perspectiva pós-estrutural foucaultiana predominante na análise de Silva, a ideia de representação se liga à episteme clássica em que as palavras representam as coisas — o que temos denominado realismo que, como vimos, deixa rastros que extrapolam esse período histórico. Numa perspectiva mais ampla, invertendo a ideia de que as coisas são representadas pelas palavras, o pós-estruturalismo assume que os discursos constituem a realidade e torna essa realidade construída, uma representação, seu objeto de estudo. A representação é um discurso (não necessariamente na forma de texto) e cria coisas que, se não são materialmente concretas, têm efeitos reais ou efeitos de verdade. Obviamente, portanto, essas representações estão imbricadas em relações de poder: do poder que define os discursos constrangendo o que pode ser representado e efeitos de poder criados por essas representações. Parte considerável desses efeitos de poder tem a ver com a definição da identidade dos sujeitos, o que será objeto de discussão no próximo capítulo.

Como prática de significação e como representação, o currículo poderia ser, então, redefinido, a partir de Silva, como uma prática produtiva de significados, uma representação, que se dá dentro de relações sociais assimétricas, visando a efeitos de poder dentre os quais se destaca a produção de identidades sociais. Como vemos, não há nenhuma menção específica às culturas nesta definição, não há referências a artefatos culturais — o currículo age como cultura e a cultura é a própria produção de sentidos dentro de um sistema de significações —, e essas mudanças são cruciais na forma de entender as relações entre o que chamamos de culturas no mundo multicultural.

Pós-colonialismo e currículo: hibridismo cultural

Pós-colonialismo é um termo que tem designado, classicamente, formulações teóricas que buscam entender os efeitos políticos, sociais e culturais da colonização política em países que se tornaram independentes a partir de meados do século passado. Do ponto de vista epistemológico, não se pode falar em pós-colonialismo: há estudos pós-coloniais marxistas como os há pós-estruturais, devendo-se ainda considerar abordagens multirreferenciadas ou que dialogam com vertentes teóricas pouco conhecidas pelo Ocidente. Nossa apropriação do termo para a discussão da questão da cultura no campo do Currículo (no Brasil) será, portanto, nada ortodoxa, como tem acontecido em diferentes áreas das ciências sociais e das humanidades. Entendemos pós-colonialismo como perspectivas que lidam teoricamente com a resistência a todas as formas de globalismo e universalismo presentes nas manifestações contemporâneas. Em sua vertente pós-estrutural, julgamos que os discursos pós-coloniais podem ser uma ferramenta útil para a compreensão dos fluxos culturais contemporâneos, contrapondo-se à ideia de diálogo multi ou intercultural. Trata-se de uma perspectiva que relê a diversidade de culturas sob a ótica do fluxo e do hibridismo.

Os autores que privilegiamos neste capítulo buscam tratar a cultura como sistemas de significação e de representação, negando seu caráter estático e destacando os processos híbridos pelos quais as culturas estão sempre a se constituir. Embora guardem algumas aproximações, suas abordagens variam em relação à radicalidade que dão ao caráter fluido da cultura, que envolve maior ou menor afastamento da noção de cultura como repertório partilhado de significados ou, dito em uma palavra, como "coisa". Por sua importância nos estudos mais recentes do campo do Currículo no Brasil, tomemos Nestor García Canclini e Home Bhabha (e Stuart Hall já abordado) como exemplos das diferentes formas como a cultura como processo híbrido de representação pode ser apropriada.

García Canclini é um dos mais importantes teóricos latino-americanos do campo da cultura. Em sua obra *Culturas híbridas*,[9] publicada originalmente em 1989, analisa a entrada na pós-modernidade numa

---

9. CANCLINI, Nestor García. *Culturas híbridas*. Rio de Janeiro: Editora da UFRJ, 1989.

América Latina que não chegou a viver a Modernidade. Para isso, opera com a categoria hibridismo cultural. Embora não se trate de um texto que possa ser chamado de pós-estrutural, ou mesmo de pós-moderno, o livro se apropria da crítica ao essencialismo cultural para questionar o fundacionalismo que sustenta a valorização da tradição. Nesse sentido, ainda que não desenvolva explicitamente a ideia de cultura como prática de significação, a rejeição de García Canclini de que haja algo essencial que permita definir uma cultura, mesmo um passado histórico partilhado, o aproxima do conceito de cultura que queremos construir ao longo deste capítulo.

É com sua formulação sobre as formas de operação do hibridismo cultural que García Canclini contribui para o questionamento da existência de uma essência que define uma dada cultura. Usando a imagem de uma região de fronteira na qual convivem diferentes culturas nacionais (e línguas), o autor busca entender o hibridismo cultural latino-americano por intermédio de três mecanismos que denominou: a descoleção dos sistemas culturais organizados, a desterritorialização dos processos simbólicos e a consequente expansão de gêneros impuros.

O mecanismo de descoleção parte da ideia de que há sistemas culturais organizados, construídos pelo pensamento Moderno, para em seguida propor que esses sistemas têm entrado em colapso. A Modernidade é vista como um discurso que localiza os bens culturais em conjuntos nomeados — culturas — hierarquizando-os e estabelecendo diferenças entre eles. A crítica a esse discurso propicia, segundo o autor, a multiplicação dos processos de descoleção, esmaecendo as fronteiras entre os diferentes conjuntos e propiciando a transição de elementos entre eles. A força da descoleção se amplia, na medida em que ela vem se associando a estratégias de desterritorialização dos processos simbólicos. A relação entre cultura e território, geográfico ou social, perde sua naturalidade, facilitando a reterritorialização das produções simbólicas novas ou tradicionais. Tais produções passam a ser mais facilmente realocadas em novos territórios, mecanismo que é sempre relativo e parcial. Descoleção e reterritorialização facilitam o terceiro mecanismo descrito por García Canclini: a expansão de gêneros impuros, que habitam a interseção entre os conjuntos construídos pelo discurso Moderno.

O termo hibridismo usado por García Canclini se refere a fenômenos anteriormente descritos como mestiçagem ou crioulização, mas os amplia para dar conta dos processos contemporâneos em um mundo globalizado. No mundo globalizado, todas as culturas são de fronteira, na medida em que os fluxos de sujeitos e de bens simbólicos se ampliam exponencialmente. Nas fronteiras, o caráter híbrido das culturas é acentuado e as ilusões de coleções que a Modernidade cria tornam-se difíceis de sustentar. Claro que fora do mundo globalizado e fora das regiões de fronteira, tais coleções são também apenas ilusões, mas sustentadas por aparatos discursivos poderosos.

Podemos reler o argumento de García Canclini a partir da noção de poder. O sistema discursivo Moderno constrói suas coleções-culturas e as estabiliza por intermédio de um conjunto de ações, dentre as quais a expansão colonial da cultura europeia. A clara definição de coleções é uma operação de poder que justifica a hierarquia entre as culturas-coleções. A globalização tem contribuído para a desestabilização dessas culturas-coleções, explicitando um poder cada dia mais oblíquo e descentrado. Dois aspectos, no entanto, precisam ser realçados: nunca houve uma estabilização total e poder oblíquo não significa a ausência de relações de poder ou de hierarquias. O retrato que García Canclini produz do hibridismo mostra a dinamicidade de um processo que sempre existiu e sempre existirá.

Se a dinamicidade da cultura proposta por García Canclini só pode ser construída sobre um terreno em que as culturas nada têm de essencial, seu ponto de partida — as culturas-coleções modernas — dificulta a reconceptualização da cultura como prática de significação. Ainda que o autor saliente, inúmeras vezes, que essas coleções são elas mesmas híbridas, esse caráter fica pouco claro e a hibridação acaba se definindo como mescla de sentidos previamente partilhados e, de certa forma, homogeneizados pelo discurso Moderno.

Já em Homi Bhabha o conceito de hibridismo cultural explicita mais claramente o caráter de prática de significação atribuído à cultura. Em sua principal obra — *O local da cultura*[10] —, que reúne um conjunto de artigos publicados na segunda metade dos anos 1980 e início dos anos 1990, o autor define cultura como prática de enunciação. Trazido da linguística, o que nos interessa nesse conceito é sua demonstração, nesse campo teórico, de que não há nenhuma unidade ou fixidez primordial nos sentidos ou símbolos de uma cultura. Cada vez que são lidos, eles são reapropriados de outra maneira. Isso significa que a leitura é também ela uma enunciação. Pensando assim, pode-se dizer que não há reprodução na cultura, apenas produção. Igualmente não há sentidos puros, mas híbridos. Como fizemos no Capítulo 1, em que essa discussão foi abordada em outros termos, precisamos dar conta de explicar como os sentidos e símbolos da cultura parecem se repetir se são sempre distintos. Ou, em outras palavras: como entender que haja algo parecido nos sentidos e símbolos produzidos, que as diversas leituras pareçam se aproximar? Sem isso, é difícil aceitar a ideia de que a cultura é produtiva, é enunciação.

Como Bhabha assume uma postura pós-estrutural para tratar os fenômenos do colonialismo, sua resposta a essa questão não é muito distinta da que oferecemos no Capítulo 1. Ele identifica a existência de duas dimensões da cultura: a pedagógica e a performática. Associa a primeira à tradição e aos sentidos partilhados e define a segunda como um projeto de sentido, o que a primeira vista reedita a dicotomia reprodução/produção. A diferença, no entanto, está no fato de que Bhabha não propõe que se entenda a cultura como um somatório — a cultura é isso e também aquilo. Ao contrário, propõe que a cultura são os símbolos e sentidos produzidos num processo ambivalente que envolve reiterar e negar ao mesmo tempo. Essa ambivalência é própria da cultura e é ela que possibilita algum controle dos sentidos ao mesmo tempo que inviabiliza que esse controle seja total.

Nessa perspectiva, a cultura é sempre híbrida, independentemente de qualquer interação entre grupos culturais diversos. O hibridismo significa, então, apenas que não há cultura pura, só novas criações a

---

10. BHABHA, Homi. *O local da cultura*. Belo Horizonte: Editora da UFMG, 2003.

partir de fragmentos de significações. As culturas são sempre misturas de outras misturas e não há origem para esta ou aquela cultura. A própria menção a culturas não é mais do que ficção. Existe apenas um fluxo de transformações, um movimento incessante de produção de sentidos que se utiliza de fragmentos de sentidos deslocados no tempo e no espaço. A nomeação das culturas que as cria como coisas é um ato de força que visa a controlar os sentidos, e o faz de forma parcial.

A discussão de Bhabha sobre as culturas híbridas caminha, portanto, em duas direções que nos interessam: uma explicitando os mecanismos de controle sobre a circulação de sentidos (os atos de força), outra destacando a impossibilidade total desse controle. Talvez os primeiros nos pareçam tão óbvios que não precisariam sequer ser explicados. Tendo em vista as colonizações políticas, sangrentas e agressivas da primeira fase dos colonialismos, os mecanismos de controle pela violência física são por demais conhecidos. Mas valeria acrescentar a eles o controle realizado por vias simbólicas — a imposição das línguas dos colonizadores, dos conceitos de ciência e conhecimento europeus universalizados, de uma nova história — que, *grosso modo*, assemelha-se ao que experimentamos hoje como globalização. O colonialismo opera, simbolicamente, pela fixação de sentidos preferenciais, eliminando a possibilidade de pensar e dizer diferente. É isso que busca fazer quando substitui as línguas nativas pela do colonizador. É isso que está em jogo quando a ciência iluminista é apresentada como aquela que tem as respostas para controlar os fenômenos naturais. É também isso que quer conseguir quando nomeia os sujeitos como "outros", criando estereótipos. Talvez seja importante destacar que o colonialismo não opera por mentiras: é possível se comunicar na língua do colonizador, a ciência tem respostas para uma série de questões, as características usadas para nomear podem existir. O que ele faz é reduzir todas as possibilidades a uma, inviabilizado outras significações e representações. Essa é, como vimos, a forma de operação do poder na leitura pós-estrutural.

Se parássemos aqui, não haveria hibridismo, mas apenas imposição de sistemas de significação e representação, ou seja, de culturas.

Por isso é importante destacar o segundo movimento presente em Bhabha como em outros autores pós-coloniais: a impossibilidade de controle total, que não se apresenta como resistência ao poder (ver teorias da resistência no capítulo 8), mas como uma ambivalência que está inscrita no poder. Para caracterizar tal ambivalência, Bhabha percorre diferentes caminhos em diálogo com as mais diferentes teorizações. Analisa, por exemplo, o estereótipo como fetiche (Sigmund Freud) e como imaginário (Jacques Lacan) e a ambivalência da linguagem (Julia Kristeva, Mikhail Bakhtin) para suportar sua afirmativa da ambivalência da dominação. Na mesma linha assumida, como vimos, por Hall, Bhabha argumenta que a diferença (ou o que chamamos de resistência) não ocorre apesar dos globalismos, mas são parte deles.

A ambivalência da dominação pode ser exemplificada nas situações coloniais de forma simples sem lançar mão dos diálogos antes referidos. O paradoxo do poder colonial é que, ainda que se apresente como absoluto e ilimitado, ele só pode ser garantido pelo reconhecimento do outro como aquele que se quer dominar. O massacre puro e simples do outro impede a ação do poder colonial, ele precisa do outro, que, dessa forma, funciona como uma lembrança de que a dominação não é completa (absoluta e ilimitada). O colonialismo tem que conviver sempre com o outro aterrorizante que é a condição de sua dominação e isso envolve uma negociação. Ainda que essa negociação se faça em condições claras de assimetria de poder, ela expõe a insuficiência dos sistemas de significação e representação da cultura global, mostra que ela não é capaz da fixação absoluta que busca. Há sempre um espaço para o hibridismo, para a irrupção de sentidos que não podem ser fixados pelo controle colonial.

O hibridismo cultural não é, portanto, a superação do conflito entre culturas nem a busca de diálogo ou negociação entre elas, para os quais o relativismo ou a tolerância talvez trouxessem a resposta. Ele aponta para a compreensão de que as culturas que identificamos como diferentes são sistemas de significação e representação que se propõem capazes de fechar os sentidos, mas não podem realmente fazê-lo. Dizer que as culturas são híbridas é o mesmo que dizer que elas não existem na forma de fixações absolutas, que elas são espaços-tempos de produção de sentidos regulados por um poder incapaz da regulação total.

No campo do Currículo, os conceitos de cultura e hibridismo podem ser bastante úteis e têm sido efetivamente utilizados por diferentes autores.[11] A discussão multicultural que aponta para conceitos como diálogo e negociação entre culturas preexistentes, entendidas fundamentalmente como conteúdos curriculares, poderia ser reescrita em outras bases. Tomando a ideia pós-estrutural de que os currículos são cultura e, portanto, sistemas de significações e representações, eles trazem a marca colonial da regulação, como explicitado na seção precedente. Pretendem direcionar os sujeitos, criar efeitos de poder, e o fazem. No entanto, como cultura, são também necessariamente híbridos, ambivalentes. Não são, portanto, capazes da regulação total e é por isso que outros sentidos sempre irrompem. Não importa o quanto sistemas de significação que chamamos de Iluminismo ou de princípios de mercado sejam poderosos instrumentos reguladores, a diferença sempre irrompe. A diferença não é a outra cultura, mas a criação de novos sentidos no ambiente regulado pelos sistemas discursivos hegemônicos. Essa criação só é possível porque o que denominamos culturas marginais não estão na margem, mas no centro mesmo desses discursos como a perturbação necessária que os estabiliza e desestabiliza ao mesmo tempo.

---

11. FLEURI, Reinaldo. *Educação intercultural*: mediações necessárias. Rio de Janeiro: DP&AL, 2001.

LADWIG, James G. Primeiras aproximações a uma pedagogia mundial. In: GARCIA, R. L.; MOREIRA; A. F. B. *Currículo na contemporaneidade*: incertezas e desafios. São Paulo: Cortez, 2003.

LOPES, Alice Casimiro. Política de currículo: recontextualização e hibridismo. *Currículo sem Fronteiras*, v. 5, n. 2, p. 50-64, 2005. Disponível em: <www.curriculosemfronteiras.org>.

MACEDO, Elizabeth. Currículo e hibridismo: para politizar o currículo como cultura. *Educação em Foco*, 2004.

MACEDO, E. Como a diferença passa do centro à margem nos currículos: o caso dos PCN. *Educação & Sociedade* (Impresso), v. 106, p. 23-43, 2009.

CARVALHO, Janete M. *O cotidiano escolar como comunidade de afetos*. Petrópolis: DP et Alii, 2009.

SKLIAR, Carlos. *Pedagogia improvável da diferença*: e se o outro não estivesse aí. Rio de Janeiro: DP&A, 2003.

Defendemos que redefinir a questão cultural no currículo em termos pós-estruturais e pós-coloniais é tarefa fundamental para se pensar uma ação educacional contra a discriminação. Essa ação envolve, a nosso ver, a recusa tanto à ilusão (e violência) da substituição da cultura do aluno por uma cultura elaborada quanto ao endeusamento das culturas nativas por certo culturalismo neocolonial. Uma recusa que se fundamenta na denúncia de que não há tais culturas como coisas, a não ser como estratégia de dominação, como narrativas que buscam evitar que se pense diferente. Ainda que, por suposto, tais repertórios de significados partilhados continuem a ser nomeados como culturas, advogamos a necessidade de desconstruir diuturnamente os mecanismos sociais que permitem essas simplificações, liberando os fluxos que se espremem em qualquer classificação.

Capítulo 10
Identidade e diferença

Nas teorias sociais, a temática da identidade é uma das mais complexas, envolvendo os domínios tanto do social quanto do individual. É difícil falar em identidade sem remeter à cultura já que a construção identitária se faz em seu interior. Mas é também impossível referir-se à identidade sem considerar o sujeito como indivíduo. Nosso foco neste capítulo são as identidades culturais, cada dia mais objeto de atenção do campo do Currículo, o que torna menos complexo o problema. Estaremos, portanto, mais atentos aos aspectos das identidades que se relacionam com a participação dos atores sociais em determinados grupos. Ainda que esse recorte facilite nossa discussão, a tensão entre identidade cultural e identidade no plano psicológico ou psicanalítico segue subjacente a ela (mas não é objetivamente abordada).

Uma forma de ver a presença da identidade no campo do Currículo está ligada ao que se denominam políticas de identidade. Ou seja, políticas que denunciam a monoculturalidade dos currículos baseados numa cultura geral e oferecem alternativas baseadas no pertencimento dos sujeitos a um determinado grupo cultural. Algumas dessas alternativas foram, inclusive, abordadas no capítulo anterior sem um foco tão explícito na identidade. Nos EUA, as políticas de identidade marcantes no campo do Currículo se centram em diferenças de raça, gênero, sexualidade e na imigração latina. Na Europa, além das imigrações, inicialmente das colônias e mais recentemente dos países do Leste, a identidade cigana ganha relevo. No Brasil, a questão identitária tem sido vivenciada no currículo por embates raciais, envolvendo principalmente negros e indígenas, assim como grupos culturais menos facilmente definidos em termos identitários clássicos, como o movimento dos sem-terra, por exemplo. Ainda que a produção teórica em torno da afirmação dessas identidades no país venha aumentando consideravelmente, ainda é pouco expressiva no campo do Currículo. Por isso, neste capítulo, não damos destaque a nenhuma obra do campo que lide especificamente com a identidade.

Nosso foco é a discussão contemporânea sobre a questão da identidade que tem se manifestado por tensões que apontam, de um lado, certa essencialização identitária na forma de identidades mestras e, de outro, uma pluralização infinita de pertencimentos. Diz-se que tais tensões têm emergido de um momento em que as trocas culturais se intensificam e alguns marcadores identitários considerados estáveis — como a nação (território) ou mesmo o gênero (corpo) — têm se mostrado difusos. Elas, no entanto, parecem ter sempre existido, ainda que sem a intensidade com que hoje as vivenciamos. Nosso recorte temporal recai sobre as concepções de identidade cultural que vimos lidando na Modernidade e como elas vêm se alterando no mundo globalizado contemporâneo.

Como no capítulo anterior, nossa posição, na leitura da tensão antes referida, é pós-estrutural ou discursiva. Lidamos aqui também com a cultura como sistemas simbólicos e práticas de significação que produzem significados na forma de representações. Apenas deslocamos o foco dos currículos como sistemas de representação e significação para o entendimento de como as identidades são por eles geradas. No caminho que percorremos na análise da cultura, apostamos na desconstrução de fixações em prol de sua dimensão fluxo. Obviamente, essa posição está implicada em outra forma de ver a questão da identidade e da diferença. Nesse sentido, nosso argumento, neste capítulo, é a produtividade de o campo do Currículo pensar a diferença cultural para além da identidade.

O colapso e o surgimento de identidades fixadas

As identidades emergem em momentos históricos particulares. Algumas entram em crise, colapsam, outras surgem ou ressurgem renegociadas. Esse eterno movimento das identidades não impede, no entanto, que uma identidade preferencial forte possa aflorar e sobrepujar todas as demais. Há mecanismos sociais discursivos de estabilização das identidades que dificultam a percepção da contingência das identidades. Dificultam, mas não impedem, pois, como vimos, nenhum controle sobre as formas de significar é total. Em certos períodos, que denominamos crise (na verdade, uma crise da fixação), o escape dessas formas se torna mais intenso. Parece ser um desses momentos que vivemos na contemporaneidade em relação às identidades culturais.

Uma obra que tem sido muito referenciada no estudo das identidades culturais é o livro *Identidade cultural na pós-modernidade*, de Stuart Hall.[1] Nele, o autor faz uma retrospectiva da moderna noção de identidade e do seu descentramento contemporâneo, salientando, no entanto, que a noção de identidade não se inicia com a Modernidade, mas nela assume novas formas. Ao se contrapor à visão religiosa que tem Deus no centro do mundo, a Modernidade encarna o universal divino nos homens particulares. A Modernidade inaugura o homocentrismo, eliminando essa ideia de particular e transformando o homem no próprio universal. Isso inaugura a discussão da identidade como a conhecemos, ao mesmo tempo que a aprisiona em torno de um núcleo essencial que define o humano. O homem é entendido como um indivíduo uno e centrado, um ser racional e consciente que possui um núcleo interior essencial com o qual nasce e que desenvolve ao longo de sua vida. Esse núcleo essencial constitui a identidade do indivíduo, uma identidade inata ou, mais do que isso, uma identidade que o sujeito possui apenas por ser humano.

Diz-se que essa concepção de identidade iluminista é essencialista, ou seja, está baseada em uma essência: ainda que o sujeito possa se

---

1. HALL, Stuart. *Identidade cultural na pós-modernidade*. Rio de Janeiro: DP&A, 2006.

desenvolver, é imutável naquilo que lhe é mais próprio. Ao longo da história do pensamento humano, a procura por melhor definir tal essência é incessante. Num primeiro momento, algo como uma razão humana universal é a melhor expressão de um núcleo essencial da identidade — a noção de sujeito-da-razão. O essencialismo, no entanto, transcende muito essa noção abstrata de sujeito.

Há, pelo menos, dois outros discursos que suportam o essencialismo. O primeiro, mais obviamente aceito como essencialista, é o discurso biológico.[2] A teoria da evolução é um passo decisivo na consolidação da Modernidade, na medida em que dá fundamento natural para a razão e a mente e fortalece o afastamento entre homem e deus. A biologia define, então, o homem em termos biológicos, diferenciando-o de outras espécies por meio de uma essência natural diversa e especial. Os desdobramentos do essencialismo biológico geram e continuam gerando posturas conservadoras em que a identidade humana é substituída por identidades de grupos. Esse é o caso de perspectivas racistas que separam os sujeitos em raças por supostas características biológicas e a elas associam um conjunto de habilidades especiais ou de incapacidades próprias de sua constituição natural. No campo do Currículo, William Pinar, em seu *O gênero da política racial e a violência na América*,[3] faz um levantamento exaustivo das teorias raciais nos EUA, articulando-as com questões de gênero e sexualidade, com o objetivo de mostrar o significado educacional de se abordar a temática para a identidade dos sujeitos assim classificados. Trata-se, como mostra o autor, de uma essencialização que não se localiza num passado remoto. A atualização da essencialização biológica tem-se dado por meio das pesquisas de sequenciação de DNA que continuam se perguntando pela diferença entre grupos de sujeitos, não apenas racializados, mas generificados ou sexualmente diferenciados.

---

2. MACEDO, E. Um discurso sobre corpo e gênero nos currículos de ciências. *Educação e Realidade*, v. 32, p. 43-58, 2007

3. PINAR, William. *The gender of racial politics and violence in America*. New York: Peter Lang, 2001.

Um segundo tipo de fixação de identidades em torno de um núcleo estável relaciona-se com os discursos da sociologia e da história. Embora não constitua propriamente uma essencialização, suas formas de operação são as mesmas. No caso do discurso sociológico, ao deslocar o indivíduo para dentro de um grupo com suas normas coletivas, pode-se argumentar que há uma radical discordância da ideia de uma identidade essencial do homem: ela passa a ser construída na tensão entre individual e coletivo. No entanto, em importantes correntes do pensamento sociológico, como o funcionalismo, o estruturalismo e o marxismo, essa tensão pende para o coletivo. Por exemplo, no marxismo estruturalista que, como vimos, tem grande impacto nas teorias da reprodução e da correspondência no campo do Currículo, as identidades dos sujeitos são determinadas pelas posições ocupadas pelo sujeito na estrutura social. É esse lugar que define os grupos sociais. É a localização dos sujeitos nesses grupos que os faz agir desta ou daquela forma. Assim, por exemplo, membros da classe operária partilham uma identidade de trabalhador (e uma cultura própria) em função de sua localização no sistema produtivo. Ela não é propriamente essencial, mas histórica e, para alguns, estrutural.

Além da identidade de classe, como identidade privilegiada do projeto marxista, outras identidades produzem esse efeito de fixação identitária que a Modernidade vê emergir no lugar das antigas essencializações. As ideias de nação e de Estado são talvez os mais poderosos instrumentos nesse sentido. Através delas é criada e mantida, por coerção e convencimento, uma ilusão de pertencimento, pela via do nascimento. Cria-se um projeto capaz de garantir que o coletivo *nação* se sobreponha aos sujeitos individuais: um Estado tem por função expelir tudo o que possa pôr em risco o projeto coletivo. Tal Estado é o árbitro último das identidades toleradas, o certificador de pertencimentos que só são aceitos se não colocarem em risco a identidade nacional.

Ainda que a essencialização biológica e a fixação identitária em torno de projetos nacionais continuem a marcar fortemente o mundo contemporâneo, há muitos indícios de que elas vivem momentos de crise. Não é uma crise recente, ela vem se desenvolvendo ao longo do tempo, pelo menos desde a segunda metade do século passado. No que se refere às identidades nacionais, por exemplo, a globalização traz, no plano político e econômico, um claro enfraquecimento das fronteiras nacionais e, mais do que isso, da própria soberania. Como vimos no capítulo anterior, a descrição de Stuart Hall do momento contemporâneo associa o fenômeno pós-colonial e a ampliação da utilização dos princípios de mercado à globalização. Para o autor, esses três fenômenos em conjunto contribuem para a distribuição desigual de poder e para a exploração entre as nações e no interior de cada uma delas. Como consequência dessas assimetrias, a globalização se torna estruturalmente desigual, ou seja, os problemas de desenvolvimento não são vividos de forma semelhante por todo o planeta. A legitimidade dos Estados nacionais entra em crise e passam a irromper, com força, identidades locais em meio a uma identidade transnacional que também se insinua.

O fortalecimento das identidades locais não deve, no entanto, ser entendido apenas como consequência da crise de legitimidade do Estado nacional. Os movimentos identitários são também atores importantes na denúncia do esgotamento das identidades únicas, seja do Estado, seja de classe. Dentre outros, os movimentos negros, indígenas, feministas e de homossexuais vêm denunciando exaustivamente as exclusões de suas identidades das políticas públicas em geral, salientando o caráter excludente das identidades nacionais. Ocorre, no entanto, que as políticas de identidade, como se tem chamado as reivindicações políticas baseadas em pertencimentos específicos, são também elas sustentadas, muitas vezes, por discursos essencializadores. Em sua maioria, esses pertencimentos se assentam sobre uma fixação histórica da identidade, mas, por vezes, referem-se também a um essencialismo típico de matriz biológica. No primeiro caso, tem-se, entre outros, os movimentos negros que reivindicam uma identidade em função de partilharem uma história comum de exploração e escravidão. A segunda posição, menos comum, é assumida, por exemplo, por grupos LGBT (lésbicas, *gays*, bissexuais, transexuais e transgêneros) que buscam justificar sua especificidade apelando para diferenciações biológicas.

Nesse sentido, as identidades locais podem ser outra face do mesmo discurso que localiza nos sujeitos algo comum capaz de identificá-los em um ou outro grupo. Pode-se argumentar que, diferentemente do que ocorre com discursos globais, as identidades locais não pretendem aniquilar as demais manifestações identitárias. Do ponto de vista prático, talvez se possa dizer que isto é, geralmente, verdade, o que faz uma enorme diferença política: os movimentos identitários reivindicam direitos legítimos dos sujeitos e, frequentemente, não se contrapõem uns aos outros. Trata-se, no entanto, de um comportamento comum nesses movimentos que não pode ser generalizado como também demonstram exemplos práticos. Talvez a maior denúncia nesse sentido parta do feminismo quando destaca o caráter machista de muitos movimentos negros, mas certamente não se trata de um caso isolado.

A questão é que não se pode esquecer, sob pena de uma abordagem inocente, que há poder envolvido nas relações entre os grupos e em seu interior, capaz de tornar a harmonia entre as identidades particulares uma contingência que pode ou não se repetir. Consequentemente, a assunção de uma identidade local, particular, implica tanto a referência a um passado comum quanto a aniquilação daqueles grupos que impedem a ação reivindicatória dessa identidade. Diferencia-se pouco, portanto, das identidades mestras às quais se contrapõe. Não se pode esquecer, obviamente, que as condições históricas contemporâneas não têm viabilizado processos tão fortes quanto os construídos pelas identidades nacionais ou biológicas na Modernidade. Ainda assim, não se pode falar em crise das identidades essencializadas/fixadas tendo como contraponto as políticas de identidade. Elas são importantes para a desestabilização da identidades de Estado ou de classe, mas o descentramento da noção de identidade envolve mais do que a pluralização de identidades particulares.

Descentrando as identidades

Para entender a descentramento das identidades que parece ser uma das características da contemporaneidade é necessário se mover no sentido da dimensão epistemológica da centralidade da cultura de que fala Hall.⁴ Nesse movimento, algumas teorias têm sido importantes, como, por exemplo, a psicanálise, o estruturalismo e o pós-estruturalismo. A primeira ao questionar o caráter inato da identidade e propor que o sujeito vive incessantes processos de identificação que nunca são concluídos. O estruturalismo de Saussure e o pós-estruturalismo de Foucault e Derrida, ao posicionarem o sujeito no interior dos sistemas de significação e destacarem a impossibilidade de fixação de sentidos. Como salientamos na introdução deste capítulo, nossa abordagem dá destaque às identidades culturais, razão pela qual nos interessa centralmente este segundo movimento de descentração das identidades.

Como vimos no capítulo 1, as abordagens estruturais e pós-estruturais se opõem a perspectivas realistas, advogando que, no ato de nomear, os sujeitos não estão se utilizando da linguagem para descrever algo que efetivamente existe no mundo físico. Ora, a crença que está por trás da fixação das identidades pode ser lida como uma pretensão realista. Ao nomear o negro, a mulher, o sujeito racional, o trabalhador, as perspectivas que operam com a identidade como fixa ou essencial estão pressupondo que há algo real e específico desses sujeitos expresso pela nomeação. Fantasiam uma perfeita representação entre o termo e a coisa. Esta fantasia lhes permite falar pelo outro. Como advogam as abordagens discursivas (estruturalismo e pós-estruturalismo), esses termos nada significam em si, mas apenas pela diferença em relação a outros termos que lhes servem de contraponto. Assim, negro só tem sentido pela oposição a branco, mulher a homem, sujeito racional a animal irracional e trabalhador a capitalista. Ou seja, as identidades são definidas pela sua diferença em relação a outras identidades e não por algo que lhes é próprio. Uma vez definidas, recebem marcadores simbólicos que fazem com que sejam vistas como se fossem essenciais: a cor da pele, o pênis, o córtex, a posse dos meios de produção.

A visão relacional das identidades nos remete de volta à cultura como sistemas de significação. No capítulo anterior, buscamos enten-

---

4. HALL, Stuart. A centralidade da cultura: notas sobre as revoluções culturais de nosso tempo. *Educação & Realidade*, Porto Alegre, v. 22, n. 2, p. 15-46, jul./dez. 1997.

der como os significados são produzidos nesses e por esses sistemas, agora, o foco se desloca para as identidades. Como os significados, elas também são produzidas no interior da cultura: são dois processos, na verdade, muito imbricados. Vimos que os significados são produzidos por meio de representações que se dão no interior dos sistemas de significação denominados culturas. São esses significados que dão sentidos às experiências dos sujeitos: é na rede constituída por eles que os sujeitos se posicionam de modo a dar sentido às suas experiências. Somente no interior de sistemas de representação, e por seu intermédio, os sujeitos podem construir suas identidades.

A dimensão de regulação na e através da cultura, outro aspecto a que já nos referimos no capítulo anterior, explica por que, sendo ficção, as identidades são assumidas pelos sujeitos que lhes conferem, inclusive, um conteúdo. São muitos, como vimos, os mecanismos de regulação da cultura no sentido da constituição de sistemas de representações cada vez mais fechados. Esses sistemas acabam também atuando na definição do que pode ser significado. A regulação pode ser normativa, mas pode também ser mais sutil, operando por meio dos sistemas classificatórios propiciados pelas culturas e que acabam por defini-las. É graças a sistemas que permitem dizer o que está dentro e fora de cada classe que os sujeitos se comunicam e se entendem, mas também são eles que impedem que alguns outros sentidos sejam construídos. São esses sistemas que constroem a identidade e a diferença como termos imbricados.

A regulação das identidades pela cultura é, como se pode esperar, incompleta. As identidades são o resultado de um processo de identificação no qual os indivíduos se subjetivam dentro dos discursos culturais. Por um lado, há um investimento pessoal dos sujeitos nas identidades que assumem, as quais não estamos abordando neste texto. Por outro, no entanto, a total regulação de sistemas simbólicos é, como vimos, impossível, há sempre sentidos que escapam. As identidades nomeadas talvez pudessem ser mais bem descritas como fixações de identificações contingentes dos sujeitos, que ocorrem em circunstâncias muito próprias.

O reconhecimento de que existem sentidos que escapam implica que a perspectiva que estamos adotando já se afasta da acepção estruturalista de Saussure de que a linguagem é constituída de binários. Significa que o ponto de onde partimos — de que só há negros se há brancos e assim por diante — está sob suspeita. Numa leitura pós-estrutural, essa afirmativa só é válida em condições muito específicas: se a linguagem pudesse ser vista como uma estrutura estática, em que as posições dos termos, uns em relação aos outros, estivessem predefinidas. Se, em outras palavras, fosse possível estancar a proliferação de sentidos. Nessas condições, a diferença que constitui os sistemas de significação criaria pares binários em que cada termo remeteria a uma identidade. Para as perspectivas pós-estruturais, no entanto, isso só pode ser concebido como limite: no horizonte inexistente de uma cultura que definisse todas as significações possíveis, ou seja, num ambiente de regulação absoluta.

Como vimos no capítulo 1, no entanto, os pós-estruturalistas concebem uma estrutura aberta e descentrada. Isso significa que não há uma relação definida entre dois significantes. O importante para os pós-estruturalistas é a diferença e não aquilo que ela diferencia. Isso porque o que é diferenciado muda dependendo do contexto. Na estrutura desestruturada, os significantes apenas remetem a outros significantes e, como esse remeter não tem direção, não há como fixar sentidos para cada significante, nem pela diferença em relação a outro. O sentido será sempre flutuante e adiado. No limite, a posição pós-estrutural descentra tão profundamente a identidade que a referência à identidade ou mesmo identidades dos sujeitos é impossível. O que existe são identificações contingentes estabilizadas em formações discursivas históricas e sociais muito específicas. É esse tipo de estabilização que está em jogo quando se diz que os significados são construídos dentro dos sistemas de significação e que é no contato com as representações que os sujeitos constroem suas identidades.

Essa concepção em que não há identidades, mas identificações contingentes, tem muitas implicações na vida cotidiana, das quais talvez a mais relevante seja a dificuldade de se pensar movimentos sociais e culturais. Se não há uma história partilhada, se não há uma estrutura social ou linguística, se não há "um algo" que aproxime os sujeitos e permita a construção de sua identidade social ou cultural, como podem ser viabilizadas lutas identitárias? Abandonar tais lutas não seria uma proposta conservadora que, no campo do Currículo, poderia produzir o retorno a uma cultura geral e a uma concepção essencial de sujeito? Não vamos propriamente responder a essas questões, mas reformulá-las de modo a que façam sentido na descrição que fazemos da contemporaneidade.

Para além da identidade: o político e a diferença

São muitos e, com frequência, efetivos os movimentos sociais produzidos por intermédio das políticas de identidade, entre eles alguns em torno da definição de políticas curriculares. Pode-se, talvez, pressupor que, sem elas, não haveria, no Brasil, referenciais para a educação indígena ou a menção à diversidade étnica e cultural do país na maior parte das propostas curriculares. Assim, embora operem com base em identidades fixadas histórica ou socialmente, essas políticas têm garantido uma sociedade culturalmente mais plural.

Paradoxalmente, no entanto, uma política curricular mais plural não significa uma política em que a diferença está mais presente. Diversidade não é o mesmo que diferença, na leitura pós-estrutural que estamos propondo:[5] o diverso é, na verdade, outra manifestação do mesmo. Como vimos, a fixação da estrutura por um ato de poder ou, em outras palavras, a regulação dos sistemas de significação, produz uma estrutura de binários nos quais cada termo ganha sentido pela sua diferença em relação ao seu oposto. Assim, a identidade negra (feminina, homossexual) é produto da mesma fixação em que se constitui a identidade branca (masculina, heterossexual). Elas só se afirmam,

---

5. BHABHA, Homi. *O local da cultura*. Belo Horizonte: Autêntica, 2003. SKLIAR, Carlos. A educação que se pergunta pelos outros: e se o outro não estivesse aqui? In: LOPES, Alice Casimiro; MACEDO, Elizabeth. *Currículo*: debates contemporâneos. São Paulo: Cortez, 2002.

legitimando os contextos em que são criadas e neles as identidades que lhes são opostas. Não há rompimento com os discursos que constroem a diferença. O problema de se aceitá-los tão simplesmente é que eles não apenas criam binários, mas hierarquizam os termos criados. A pretensão máxima num tal quadro é que as diversas identidades (as múltiplas faces do mesmo discurso de fixação) estejam representadas no currículo. Isso parece ingênuo — porque há poder envolvido —, mas é principalmente pouco efetivo no que diz respeito à diferença.

Abrir o currículo à diferença implica recusar a perspectiva da identidade, rechaçar as fixações que criam as identidades como golpes de força sobre a possibilidade de ampla significação. Um currículo marcado pela diferença é um currículo concebido como cultura, como vimos no capítulo 9. Trata-se de ver o currículo como um processo de produção de sentidos, sempre híbridos, que nunca cessa e que, portanto, é incapaz de construir identidades. O que ele produz é diferença pura, adiamento do sentido e, portanto, necessidade incessante de significação. Conforme já destacamos em várias passagens destes dois últimos capítulos, um currículo assim é impossível, pois a proliferação caótica de sentidos impediria o próprio ato de significação e a interação entre os sujeitos. Essa impossibilidade não o faz, no entanto, desnecessário. Ela apenas o transforma num processo incessante de desconstrução dos discursos que buscam definir o que pode ser dito, que autorizam identidades, sejam as hegemônicas ou seu oposto. Como destacamos no capítulo anterior, o afastamento da cultura como coisa em prol de seu entendimento como prática de enunciação facilita a desconstrução desses discursos que visam a controlar a diferença. Está, portanto, comprometido com a diferença para além da identidade.

Uma das tentativas de operar com a ideia de que os sentidos e as identidades não podem ser determinados pelas estruturas (linguística ou social), simplesmente porque elas não existem como todo estruturado, é desenvolvida pelos cientistas políticos Ernesto Laclau[6] e Chantal

---

6. LACLAU, Ernesto. *La razón populista*. Buenos Aires: Fondo de Cultura Económica, 2005. LACLAU, Ernesto; MOUFFE, Chantal. *Hegemonía y estrategia socialista*: hacia una radicalización de la democracia. Buenos Aires: Fondo de Cultura Económica, 2004.

Mouffe, e tem sido usada em estudos do campo do Currículo. Ao mesmo tempo que recusam essa determinação, os autores aceitam que haja processos de identificação, que os sujeitos se aproximem e se constituam como grupos "identitários" politicamente ativos. Com eles, talvez seja possível pensar lutas políticas baseadas numa identificação provisória entre os sujeitos, cuja diferença central em relação à ideia de identidade é que ela não tem fundamento de nenhuma espécie: não é essencial, biológica, histórica ou estrutural.

Laclau e Mouffe partem do princípio pós-estrutural já abordado: a estrutura social, como a linguística, é aberta e descentrada. Isso lhe confere um movimento incessante que não é interrompido pela aplicação de qualquer regra passível de ser imaginada. Como vimos, essa estrutura em movimento não pode ser o fundamento de nenhuma identidade. Ao mesmo tempo, a experiência prática mostra que esse movimento é sempre estancado, ainda que sentidos continuem a vazar. Essa conclusão nos possibilita entender a construção de identidades temporárias e fluidas (enquanto o movimento estivesse estancado e se os vazamentos fossem desconsiderados). O problema com esse raciocínio é que ele não permite entender como tal movimento é estancado: se não há regras que permitam fechar e centrar a estrutura, como isso ocorre? Ou pior, por que ocorre de uma e não de outra forma? Laclau e Mouffe respondem a essas perguntas lançando mão da ideia de sujeito. Invertendo a lógica de que é a estrutura fixada que define a identidade dos sujeitos, eles vão propor que é o sujeito, ao tomar uma decisão política, que fecha a estrutura no mesmo movimento em que se torna sujeito, em que se identifica com o outro.

Estamos acostumados a perceber tanto as identidades raciais e étnicas quanto as vinculadas às classes sociais como lugares estruturais em que os sujeitos são posicionados. No caso das identidades raciais e étnicas, esses lugares são definidos por um passado partilhado, assim como, nas perspectivas conservadoras, por características biológicas comuns. Em se tratando de classes sociais, a determinação vincula-se ao mundo econômico ou à estrutura do sistema produtivo. Em ambos os casos, são lugares fixados, mesmo que em sua maioria históricos (não naturais). Essa fixação cria a ilusão de que há algo positivo na definição dessas identidades, ou seja, de que elas remetem mesmo a um sentido que lhes é próprio. A inversão de Laclau e Mouffe não propõe propriamente a destruição das identidades, mas apenas o esvaziamento de um sentido necessário dado de antemão e estabelecido pela estrutura, porque uma estrutura desestruturada não tem como fazer isso. O social, como estrutura aberta, permite aos sujeitos um conjunto infinito e não direcionado de identificações e é isso que temos entendido como sujeito descentrado. Trata-se de um sujeito cujas possibilidades de identificação não se esgotam nem chegam a se completar: ele não é isso ou aquilo (essencial), nem isso e aquilo em momentos e situações diversas (histórico), mas nem isso nem aquilo simplesmente porque isso e aquilo não existem de forma estabilizada. Nessa perspectiva ninguém é negro ou branco ou indígena ou capitalista ou trabalhador porque essas identidades não existem em si. Portanto, não se pode, também, falar em demandas identitárias.

As demandas borbulham de forma desordenada como possibilidades não sendo apresentadas por nenhum sujeito previamente constituído. Decidir as demandas que ganham força e defini-las como centrais é o que constitui os sujeitos como tal, permitindo-lhes se identificar uns com os outros. Na medida em que alguma demanda funcione como centro, a estrutura social deixa de ser descentrada e é essa situação que estamos acostumados a chamar de estrutura social. Mas ela é apenas um momento de fixação, provisório e contingente, ainda que, por vezes, essa provisoriedade perdure por séculos. Nesse sentido, o que constitui os negros, brancos, indígenas, capitalistas e trabalhadores como grupos são as decisões de dar centralidade a uma dada demanda e fazer dela algo como uma bandeira de luta. As formas de garantir essa centralidade são definidas na luta política, pela articulação de demandas e de grupos em torno de posições que precisam ser hegemonizadas, ou seja, "vendidas" como de todo o grupo ou, mais eficazmente, de toda a sociedade. Tais formas são tratadas no capítulo 11.

À primeira vista, talvez, essa inversão pareça algo meramente retórico: ao invés de existirem grupos identitários que lutam por suas demandas, há demandas que ao serem hegemonizadas constituem, num único movimento, a estrutura social e os sujeitos (e o que chamamos de grupos identitários). As suas implicações teóricas e políticas são, no entanto, de grande alcance. A primeira delas é que se torna viável entender como sujeitos descentrados, o que parece uma das marcas da contemporaneidade, viabilizam ações políticas. Eles não possuem identidades com qualquer tipo de positividade (essencial, biológica, estrutural), mas têm a possibilidade de identificações provisórias, negociadas, políticas. A identificação é ao mesmo tempo o processo que constitui o sujeito e cria as condições de sua articulação em torno de algo a que chamamos identidade. Nesse sentido, é verdade, como têm ressaltado inúmeros autores, que a identidade se torna fluida. Isso, no entanto, não significa o fim da ação política dos sujeitos. Em resumo, talvez fosse possível dizer que Laclau e Mouffe ajudam a entender como sujeitos descentrados são sujeitos políticos.

A fluidez das identificações traz uma segunda implicação que importa analisar no que concerne ao binômio identidade e diferença que abordamos ao longo deste capítulo. Dito de forma mais própria, ela vai no sentido das discussões pós-estruturais que destroem esse binômio e permitem pensar a diferença em si. Na estrutura desestruturada, em que múltiplas decisões podem ser tomadas, só há diferença. A tomada de decisão que constitui o sujeito é a criação da identificação fluida que, por vezes, nos parece uma identidade plenamente constituída. Assim, a identidade é apenas uma espécie de produto fictício da intervenção do sujeito no sentido de conter a diferença. Ela não preexiste à diferença nem coexiste com ela. Numa situação imaginária em que uma identidade estivesse plenamente constituída, não haveria diferença: a intervenção do sujeito na estrutura teria sido tão forte que os sentidos estariam totalmente controlados. Como vimos, essa situação não existe. Há hegemonias fortes, há identificações estáveis que parecem essenciais, mas há sempre algum sentido que escapa do controle.

A inversão proposta por Laclau e Mouffe e suas implicações somam-se aos argumentos que levantamos no capítulo anterior sobre a impossibilidade de a diferença ser representada em um currículo multi/inter/pluricultural. A diferença estaria exatamente nos sentidos que escapam àqueles definidos no âmbito das culturas. Mais do que isso, no entanto, denuncia o quanto o vínculo que a teoria curricular vem estabelecendo entre currículo e identidade sufoca a diferença em qualquer de suas vertentes. Naquelas vinculadas ao desenvolvimento curricular (capítulo 2), essa pretensão se expressa, majoritariamente, como uma identidade unificada em torno de um projeto de desenvolvimento social e de uma cultura geral e tem sido amplamente criticada. Também as propostas críticas, como vimos em diferentes capítulos, projeta um sujeito, seja ele o cidadão emancipado ou o trabalhador crítico e omnilateral. Na mesma linha, vão algumas propostas multiculturais defendidas por grupos identitários que visam, com a educação, a reforçar uma identidade cultural qualquer (de natureza étnica ou religiosa, por exemplo). Em todas elas, as decisões curriculares são norteadas por uma ou várias identidades que se pretendem no horizonte da formação. Utilizando o conceito de currículo como cultura que desenvolvemos ao longo do último capítulo, podemos dizer que esses textos curriculares (textos em sentido amplo) buscam regular os sujeitos, definir-lhes um lugar no mundo simbólico. Não importa quão plural sejam essas identidades, elas serão sempre aquelas que podem ser projetadas dos espaços de poder em que nos encontramos. Correspondem à renúncia a outras possibilidades de ser dos sujeitos.

Por outro lado, é também necessário destacar que nenhum projeto educacional acontece sem o reconhecimento do Outro (identificação). Tal reconhecimento não pode, no entanto, sufocar a singularidade do outro. Isso equivaleria a objetificá-lo e eliminaria a própria possibilidade de educar. A teoria curricular fica, assim, diante de uma questão complexa: como construir alternativas em que o princípio de identidade e do reconhecimento não retire dos sujeitos aquilo que os caracteriza, qual seja, a capacidade de criação? Ao longo destes dois últimos capítulos, temos buscado construir uma resposta a essa questão. Como destacamos, para Laclau e Mouffe, só há sujeito quando há decisão, de modo que a possibilidade de surgimento do Outro no currículo está ligada à sua transformação em espaço em que os indivíduos se tornem sujeitos por meio de atos de criação. Um currículo instituinte em contraposição à ideia de currículo como expressão do instituído é defendido por nós (no capítulo anterior), aproximando currículo de cultura e definindo-o como enunciação.

A tarefa de tornar o currículo instituinte envolve desconstruir os discursos que visam a controlar a proliferação de sentidos, dentre os quais podemos destacar as identidades estereotipadas e fixadas e a própria teoria curricular que as apresenta como horizonte. Trata-se, portanto, de um movimento no sentido da desconstrução de hegemonias, não com a esperança de substituí-las por contra-hegemonias, mas com o objetivo de impedir que se fortaleçam de tal maneira que se torne impossível questioná-las. Tal movimento implica uma ação política, conceito este que também precisa ser compreendido em bases discursivas e que abordaremos no próximo capítulo.

Capítulo 11
Política

No que concerne à teorização sobre política curricular, muitos estudos se cruzam com as teorias da correspondência e com as perspectivas que vinculam o currículo ao poder, à estrutura econômica, à ideologia e à hegemonia, abordadas nos capítulos 1 e 3. Tal tendência é pertinente, sobretudo, nos estudos que assumem uma orientação estrutural no âmbito da pesquisa em política educacional. Mas também é possível identificar estudos sobre política que têm por base discursos curriculares e a história do pensamento curricular e que buscam constituir uma teorização específica sobre políticas de currículo.

Com esse enfoque específico, as políticas curriculares ainda não têm sido destacadamente investigadas. Na Inglaterra, é possível identificar trabalhos importantes na segunda metade dos anos 1980. Mas o nascimento desse campo, com questões próprias, no Brasil e nos Estados Unidos, pode ser situado apenas no início dos anos 1990, quando se ampliam os estudos sobre o tema, mesmo em autores com foco nas investigações em política educacional. Em parte, isso pode ser explicado pelo fato de terem se multiplicado as pesquisas voltadas para o entendimento do impacto dos vários documentos curriculares produzidos em um período interpretado como o auge de reformas neoliberais. Alguns marcos desse período podem ser identificados no Ato de Reforma Educacional na Inglaterra, de 1988, no governo de

Margaret Thatcher (1979-1990, pelo Partido Conservador); na produção de documentos curriculares nos diferentes estados dos Estados Unidos, em muitos casos pela primeira vez na história, durante o governo Ronald Reagan (1981-1989, pelo Partido Republicano); e na publicação dos parâmetros e diretrizes curriculares nacionais durante o período do governo Fernando Henrique Cardoso (1995-2002, pelo Partido da Social Democracia Brasileira) no Brasil. Esses documentos são então analisados como parte dos efeitos dos processos de globalização econômica e cultural e de seus impactos na educação.

Há que se ressaltar, contudo, que tanto no Brasil quanto no exterior muitas das vezes os trabalhos sobre políticas são mais voltados à crítica dos documentos e projetos em curso do que às investigações teóricas e empíricas sobre políticas de currículo propriamente ditas. Nesse âmbito, vários trabalhos críticos ao neoliberalismo, considerado como ideologia do mundo capitalista global, contribuem para produzir um interesse de pesquisa na política curricular.

Para isso, também compete uma compreensão da política que valoriza sua dimensão formal: diretrizes e definições apresentadas em documentos assinados por instituições executivas e legislativas do Estado. Nesse sentido, a política é interpretada como um guia para a prática, seja para orientar de forma técnica como a prática deve ser desenvolvida, seja para orientar de forma crítica como a prática deveria ser para assumir determinadas finalidades de transformação social.

Com isso, e também em virtude de grande parte dos primeiros estudos sobre políticas curriculares serem de cunho estrutural, é possível identificar nesse domínio a mesma separação entre proposta e prática, currículo formal e currículo em ação, destacada no Capítulo 1 como uma das marcas do campo do Currículo. Muitas investigações focalizam as orientações apresentadas às escolas, visando a analisar sua pertinência para a prática, suas finalidades ou suas características. Outras destacam como a prática implementa ou não essas orientações. Por vezes, também, tais orientações são compreendidas como produções de governos ou do Estado, vinculadas ou não às agências multilaterais. Mais recentemente, contudo, vêm se ampliando os estudos que buscam superar tal separação entre proposta e implementação, bem como entre estrutura e agência, por meio de abordagens discursivas, na direção do que já foi apontado nos Capítulos 8, 9 e 10.

Neste capítulo, procuramos dar conta das principais questões relativas a essas investigações, ressaltando alguns importantes autores que ganham destaque nos estudos realizados, particularmente na Inglaterra, país onde esse campo tem desenvolvimento mais amplo. Iniciamos com uma breve apresentação de algumas das principais concepções de política que norteiam os estudos em pauta, priorizando a forma como abordam a relação entre projeto e implementação.

Concepções de política e a separação entre projeto e implementação

A concepção de política como guia para a prática se faz muito presente nos estudos políticos de cunho administrativo que dominam as investigações sobre políticas educacionais até os anos 1970. Nesses estudos, uma pesquisa em política tem por finalidade produzir um conhecimento visando a melhorar a prática pela intervenção administrativa. A sociedade capitalista é considerada como um dado *a priori*, cabendo ao investigador compreender a política do Estado capitalista sem questioná-lo. Essa perspectiva não é grandemente modificada pelos estudos de análise política, após os anos 1970. Tais estudos se detêm na busca de soluções para os problemas de implementação das políticas e, assim, permanecem baseados em uma separação entre projeto e prática.

Os investigadores na perspectiva administrativa e na de análise política acabam atuando mais como uma comunidade epistêmica, ou seja, uma comunidade de especialistas numa dada área de conhecimento que atua, sobretudo, para produzir diagnósticos e apresentar soluções para as políticas, não tendo como característica teorizar sobre como a política se constitui e como podem ser desenvolvidas as ações de contestação às políticas em curso.

Apenas com os enfoques que situam a política como ciência social é que o foco da investigação dirige-se à construção teórica e ao entendimento de por que as políticas funcionam da maneira que funcionam. Nesse sentido, as pesquisas não são realizadas para governos ou órgãos financiadores em geral, visando a resolver questões específicas, mas dirigem-se aos pares da comunidade acadêmica. A concepção de política começa também a se apartar da visão restrita às ações dos órgãos governamentais e a política passa a ser encarada de forma processual, envolvendo negociação, contestação e luta, portanto, disputa por hegemonia.

Tal perspectiva não faz com que a concepção de política como ciência social afaste-se da prática e não se preocupe com a solução de problemas político-sociais. Modifica-se, contudo, o entendimento de quem define a agenda desses problemas a serem enfrentados: se os administradores políticos e as demandas voltadas à eficiência do sistema, ou se finalidades como a de justiça social. Particularmente no enfoque crítico da ciência social, a investigação política busca considerar o desenvolvimento das capacidades humanas, da dignidade e da distribuição equitativa de bens econômicos e sociais, desvelando desigualdades e injustiças.[1]

Com o advento das teorias pós-estruturais, o enfoque crítico vem sendo redefinido e as primeiras concepções das ciências sociais, mais influenciadas pelo marxismo, vão sendo substituídas ou matizadas pelos enfoques discursivos. O foco da hegemonia na investigação política permanece, porém a forma como a hegemonia é entendida se modifica: de uma construção fundamentada na estrutura econômica, com Antonio Gramsci, para a decorrência de uma articulação que constrói um discurso provisório e contingente, tal como analisado por Ernesto Laclau.

Modifica-se, também, a concepção de poder, inicialmente por influência dos estudos de Michel Foucault e posteriormente pelos trabalhos do próprio Laclau. Enquanto os estudos estruturais valorizam

---

1. OZGA, Jenny. *Investigação sobre políticas educacionais*. Porto: Porto, 2000. 239 p.

a concepção do poder centralizado como decorrente da estrutura econômica, os estudos pós-estruturais entendem o poder como difuso: não há um único centro de poder, mas relações de poder que se constituem com múltiplos centros formadores de uma microfísica. A ideia de uma relação vertical de poder, em que dominante e dominado são polos fixos e opostos, pode ser substituída pela concepção de poderes oblíquos, nos quais a definição de um centro depende de uma relação política definida contingencialmente, sem uma prefixação anterior ao próprio processo político e sem assumir qualquer determinação essencial e absoluta (ver Capítulo 9).

Com isso, é grandemente modificada a relação entre política e prática. Caso consideremos que existe um centro de poder primordial — as agências que controlam o fluxo internacional de capitais; o Estado; o governo, em qualquer nível; a estrutura econômica capitalista —, a política tende a ser compreendida como determinada por esse centro. No caso da política de currículo, a prática das escolas permanece situada fora do espaço de decisão política. Trata-se de um espaço de implementação de orientações definidas por poderes externos a ela. Caso seja considerado que o poder é difuso e sem centro, com múltiplos centros contextuais sendo produzidos, a prática das escolas tende a ser considerada também como um centro decisório e de produção de sentidos para a política. A prática deixa de ser considerada como o Outro da política, mas passa a ser parte integrante de qualquer processo de produção de políticas.

Nas distinções entre essas concepções, mostra-se como decisiva a interpretação conferida à estrutura. Nos estudos que assumem um enfoque estrutural de cunho marxista, de forma geral é considerado que a política é um conjunto de decisões determinadas, em última instância, pelas relações econômicas estruturadas pelo modo de produção capitalista. Nesse caso, a função do Estado capitalista é garantir a acumulação de capital e sua contínua expansão, bem como garantir a legitimação desse processo hegemônico, incluindo a ação do próprio Estado. Admite-se uma fragmentação do poder econômico na sociedade e essa fragmentação expressa interesses divergentes e que competem entre si, mas cabe ao Estado garantir os interesses gerais do capital e da classe dominante e, para isso, tem relativa autonomia frente a poderes econômicos fragmentados.

Por sua vez, nos estudos políticos de enfoque pós-estrutural, há um questionamento geral às identidades fixas, dentre elas dominante/ dominado, dominação/resistência, centro/periferia. Assim, as agências governamentais são consideradas como atores nos processos discursivos das políticas, mas não se confere predominância de poder absoluta a uma instância denominada Estado, mesmo quando neste também se inclui a sociedade civil (no sentido gramsciano, esfera de mediação entre a infraestrutura econômica e o Estado em sentido restrito, o aparato governamental). Diferentemente, busca-se produzir interpretações que superem e inter-relacionem esses pares binários (confrontar com o capítulo 10).

Nas duas próximas seções, procuramos evidenciar como diferentes autores no campo das políticas de currículo em uma perspectiva crítica operam essas duas concepções de política, destacando nelas a abordagem estrutural marxista e a abordagem do ciclo de políticas. Ainda que não seja possível considerar haver uniformidade de pressupostos entre todos os autores em cada uma dessas abordagens, priorizamos a apresentação dos pontos comuns entre eles em ambas as análises.

Política de currículo: foco na estrutura econômica

Nessa abordagem, os autores dão especial destaque ao papel das mudanças nos processos de produção de modelos fordistas para pós-fordistas, desenvolvidas no contexto do mundo globalizado. A forma como entendem a globalização, no entanto, não é a mesma. Mesclam-se posições que vão desde sua compreensão como um conjunto de regras e mecanismos de relação dos Estados-nação com a economia, capaz de assumir diferentes efeitos não homogêneos em distintos países, caso, por exemplo, de Roger Dale, até as teses que se utilizam da concepção de George Ritzer, mcdonaldização do mundo, defendendo a crescente submissão homogeneizante aos critérios de mercado. Ainda assim, no primeiro caso, as diferentes interpretações do conjunto de variáveis associadas à reestruturação produtiva são decorrentes, sobretudo, de fatores macroestruturais. As influências da Nova Direita no país em questão, e sua situação econômica e as tradições político-sociais e educacionais parecem predominar diante de questões culturais mais contextuais.

Nesse contexto, as políticas de currículo são analisadas como submetidas a uma guinada para a direita a partir dos anos 1980, em referência às políticas educacionais em diferentes países no mundo, notadamente EUA, Inglaterra, Austrália e Nova Zelândia. Podemos situar como principais delineamentos dessas políticas: tentativas de estabelecimento de currículos nacionais, implantação de processos avaliativos centralizados em resultados instrucionais de alunos e competências docentes, políticas centralizadas dirigidas à avaliação e distribuição dos livros didáticos e adequação do currículo ao modelo pós-fordista por meio de sua organização em competências (confrontar com capítulo 2). Essa guinada é analisada por Michael Apple, por exemplo, como marcada por uma associação simultânea entre tendências neoconservadoras e neoliberais. Enquanto as perspectivas neoconservadoras desenvolvem um discurso de valorização do passado, dos valores nacionais e dos saberes acadêmicos, entendidos como uma cultura comum, as perspectivas neoliberais sustentam discursos em torno da necessidade de novas e eficientes formas de gerenciamento das escolas, políticas de responsabilização de professores pelos resultados dos alunos e introdução nas escolas de disposições e interesses do mercado. Em países com sistema educacional centralizado como Inglaterra e Nova Zelândia, essas características se evidenciaram diretamente nas propostas de currículo nacional. Em sistemas federativos, como EUA e Austrália, mais do que as propostas curriculares estaduais, são destacados o investimento de empresas nas escolas em troca de divulgação de propagandas que promovam seus produtos e a política de livros didáticos de estados como a Califórnia e o Texas, capaz de definir livros para todo o país.

A reforma curricular na Inglaterra, nos governos dos primeiros-ministros Margaret Thatcher (1979-1990) e John Major (1990-1997, também do Partido Conservador), é considerada uma das expressões máximas do processo de transformar o sistema público de educação pela introdução de princípios neoliberais. Nesse país, até o início dos anos 1980, o sistema público de educação atendia à grande maioria da população escolar e era mantido sob administração e controle das autoridades de educação locais (LEAs, em inglês), eleitas democraticamente. Com as mudanças políticas introduzidas no sistema pelos atos de reformas educacionais, cada escola pública passa a ter possibilidade de administração autônoma, fora da esfera das LEAs, sendo avaliadas e financiadas de acordo com a quantidade dos alunos. A escolha das escolas pelos pais também passa a ser livre e não mais condicionada a critérios coletivos estabelecidos pelas LEAs. Com isso, é reforçada a visão da educação como uma mercadoria a ser consumida pelos clientes: pais de alunos. As escolas são então escolhidas, na maior parte das vezes, em função dos resultados alcançados pelos alunos, com consequências diretas para seu financiamento. Isso acarreta que as escolas busquem escolher os alunos supostos como mais aptos, sendo essa definição de aptidão cruzada com critérios excludentes de classe social, raça e gênero.

O modelo analítico de interpretação em pauta, ainda que não seja o mesmo entre os diferentes autores, tem em comum a interpretação de que as políticas só podem ser realizadas por três grandes grupos da estrutura social: o aparelho de Estado, a economia e as várias instituições da sociedade civil. Mas tais grupos são interconectados de tal forma que podem, em última instância, ser compreendidos como decorrentes da estrutura econômica estratificada em classes sociais. O Estado é então definido como uma série de instituições publicamente financiadas, na qual há negociação e conflitos entre classes sociais. Não constitui, portanto, um todo coerente e harmônico, exceto pelo fato de buscar atender aos interesses do capital.

Tendo em vista esse modelo analítico, elabora-se a conclusão de que, com os processos de reestruturação produtiva e com a crise de acumulação do capital, a educação passa a ter que dar conta de formar eficientemente alunos com competências capazes de gerar uma força de trabalho estratificada adequada à sociedade. A educação, sob a égide do neoliberalismo, tende a deixar de ser financiada e mesmo fornecida pelo Estado, ainda que este mantenha o controle das atividades realizadas. Nesse sentido, há até diminuição das ações burocráticas do Estado, mas não de seu poder de intervenção. Decisões coletivas sobre a educação, antes garantidas pelo Estado, são tornadas individuais, reguladas por mecanismos privados e corporativos de mercado.[2]

Essas análises avançam em relação a modelos das teorias da correspondência discutidos nos capítulos 1 e 8, que não veem mediação nem conflito nos processos de implementação nas escolas das orientações curriculares e educacionais estabelecidas no âmbito do Estado. Tentam assim superar um economicismo, assumindo que a determinação econômica sobre o Estado e sobre a política é exercida apenas em última instância. Nessa perspectiva, diferentes pesquisas evidenciam as reinterpretações locais de discursos globais, porém, não deixam de analisar tais reinterpretações como submetidas à compreensão do papel do Estado no modo de produção capitalista. Diante do que consideram ser o caos e a falta de lógica das práticas contingentes nos currículos escolares, os pesquisadores buscam constituir uma racionalidade capaz de garantir a compreensão das contradições associadas às políticas. Essa racionalidade, entendida como necessária, é encontrada na dinâmica dos interesses do capital.

Assim Michael Apple defende em vários momentos de sua obra que, embora políticas de currículo nacional sejam objeto de conflitos, sofrendo alterações importantes em contextos específicos, seu poder

---

2. DALE, Roger. O marketing do mercado educacional e a polarização da educação. In: GENTILI, Pablo (Org.). *Pedagogia da exclusão*: crítica do neoliberalismo em educação. Petrópolis: Vozes, 1995. p. 137-168.

é total. Tal poder é considerado por ele como demonstrado pelo que denomina reconfiguração radical da seleção, organização e distribuição do conhecimento. Apple chega a afirmar que a imposição de sistemas de avaliação centralizados nos resultados, por meio de exames nacionais, determina o currículo como estrutura dominante do trabalho dos professores, a despeito de reformulações que possam eventualmente ser efetuadas por estes.

As interpretações de Michael Apple sobre políticas de currículo influenciam significativamente o pensamento curricular brasileiro nos anos 1990. De certa forma, isso contribui para que os curriculistas brasileiros se dediquem, tal como o curriculista norte-americano, a análises das políticas executadas. Os principais trabalhos publicados nos anos 1990 são assim ensaios críticos dos parâmetros curriculares nacionais para o ensino fundamental (PCN), não necessariamente acompanhados de estudos empíricos e/ou de teorizações sobre o tema.

Antonio Flavio Moreira[3] se destaca nos anos 1990 não apenas pela crítica aos PCNs, mas a toda uma política de currículo nacional. Com referência a muitos autores de matriz estrutural, da teoria crítica de currículo e do marxismo, mesclado com algumas concepções multiculturais e próximas ao pós-estruturalismo, Moreira, nessa época, considera como principais pontos negativos nas políticas de currículo a naturalização dos conteúdos tradicionais, a pretensão de um consenso em relação a eles, visando a uma cultura comum e, em contrapartida, o silêncio sobre os conflitos entre saberes na sociedade. Essa crítica é associada ao questionamento a como os professores são desqualificados, tendo igualmente seu trabalho intensificado, principalmente em decorrência da ampliação dos processos de avaliação dos alunos e das escolas. Também é questionado o privilégio conferido à estrutura disciplinar e, nesta, às disciplinas tradicionais.

---

3. MOREIRA, Antonio Flavio Barbosa. Parâmetros Curriculares Nacionais: em busca de alternativas. *Revista de Educação da AEC*, Brasília, 1995, v. 97, p. 7-25, 1995. MOREIRA, Antonio Flavio Barbosa. Propostas curriculares alternativas: limites e avanços. *Educação & Sociedade*, v. 73, p. 109-138, 2000. MOREIRA, Antonio Flavio Barbosa. A importância do conhecimento escolar em propostas curriculares alternativas. *Educação em Revista* (UFMG), v. 45, p. 265-290, p. 287, 2007.

O processo de elaboração dos PCNs é então considerado por Moreira como autoritário e verticalizado, por não ter contado com participação ampla da comunidade educacional. Essas políticas, seguindo o pensamento hegemônico desse momento, são consideradas neoliberais, voltadas para a formação de uma mentalidade econômica, pragmática, orientada para o mercado e para o consumo, visando a realizar fins produtivos geradores de lucro. As reformas curriculares também são interpretadas como tecnocráticas, pelo alto grau de associação com princípios próximos aos tylerianos, ainda que articulados com o construtivismo. Um exemplo dessa articulação é analisada por Moreira no pensamento de César Coll, um dos principais consultores das reformas curriculares brasileiras para o ensino fundamental nos anos 1990.

Na opinião de Moreira, as políticas de currículo, para serem democráticas, devem considerar as experiências curriculares dos estados e municípios que incentivam as escolas a produzir seus currículos, as experiências internacionais, os movimentos sociais e a literatura curricular nacional e internacional. Assim, para o desenvolvimento dessas propostas alternativas, Moreira defende maior inter-relação entre curriculistas, especialistas disciplinares e técnicos do governo, com a consequente participação dos primeiros na elaboração de propostas curriculares oficiais.

Como proposta alternativa, é defendido que um documento deve apresentar princípios gerais de como organizar um currículo, tais como: afirmar as desigualdades e conferir espaço para as vozes da diversidade social; focar as relações escola-sociedade e a desconstrução das fronteiras entre cultura erudita, popular e de massa; fortalecer globalizações contra-hegemônicas. Para tal, o currículo deve ter o trabalho como eixo em torno do qual os conteúdos curriculares sejam organizados, com conteúdos historicizados e transversalmente organizados.

Nos anos 2000, Antonio Flavio Moreira passa a participar diretamente de processos centralizados de elaboração curricular, primeiramente na esfera municipal do Rio de Janeiro, em 2004, na revisão da proposta curricular da Multieducação, no segundo mandato do prefeito Cesar Maia (2001-2004, pelo Partido da Frente Liberal) e, em seguida, junto ao Ministério da Educação do governo Luiz Inácio Lula da Silva (2003-2010, Partido dos Trabalhadores), a partir de 2006. Sua produção sobre políticas de currículo, mesclando princípios da perspectiva estadocêntrica de Jenny Ozga com a perspectiva discursiva de Stephen Ball, tende a destacar a importância do conhecimento na construção de uma identidade autônoma do estudante e busca, por meio de estudos empíricos nas escolas, redefinir princípios que orientem a elaboração de propostas vistas como alternativas. Assim, defende alguns aspectos que anteriormente contestava, tais como a organização disciplinar e a centralidade na sequência lógica dos conteúdos, em nome da preocupação com o que define ser qualidade de ensino da escola pública.

Nessa perspectiva, Antonio Flavio Moreira afirma a importância do "conhecimento como conhecimento", questionando sua limitação a um instrumento para a formação, a conscientização, a promoção do indivíduo ou a maior humanização do ser humano. Reportando-se a Dewey, defende que um currículo não seja apenas centrado no aluno ou em atividades, mostrando sua preocupação de que não seja negligenciada *a sequência lógica de conteúdos, necessária a uma apreensão lógica e ordenada dos mesmos*.[4] Em outras palavras, defende que não seja ignorada a lógica das disciplinas.

Ainda que se paute por alguns conceitos como multiculturalismo, ambivalência, diferença/diversidade e identidade, bem como busque se apoiar em pesquisadores em políticas educacionais com enfoque pós-estruturalista, como Stephen Ball, a análise de Moreira é predominantemente centrada nos princípios da perspectiva estadocêntrica, uma vez que ele separa políticas e práticas, discursos e práticas e tenta constituir um projeto de fixação de identidade do aluno por meio do conhecimento, desconsiderando os múltiplos conflitos na própria fixação discursiva do que vem a ser conhecimento. Além disso, o autor,

---

4. MOREIRA, Antonio Flavio Barbosa. A importância do conhecimento escolar em propostas curriculares alternativas. *Educação em Revista*, v. 45, p. 265-90, 2007.

em seus mais recentes trabalhos, parece estar mais centralmente preocupado com o risco de que discursos atuais acarretem uma negligência dos conteúdos e da lógica das disciplinas, em uma perspectiva que o torna mais próximo dos discursos da pedagogia histórico-crítica (ver capítulo 3).

No Brasil, o enfoque discursivo nas políticas de currículo se desenvolve amplamente com os estudos da linha de pesquisa *Currículo: sujeitos, conhecimento e cultura* (<www.curriculo ucrj.pro.br>), pela incorporação da abordagem do ciclo de políticas.

Política de currículo: a abordagem do ciclo de políticas

Grande parte do debate que se faz nos anos 1990, na Inglaterra, questionando o papel do Estado na política educacional é desenvolvida a partir da disseminação da abordagem do ciclo de políticas de Stephen Ball.[5] A sociologia da educação de Basil Bernstein, introduzida no capítulo 4, é uma das influências marcantes nos trabalhos de Ball. Menos do que os conceitos de Bernstein, porém, é sua agenda voltada para as possibilidades de conexão entre o macro contexto e as micropolíticas nas escolas que influencia os estudos do também sociólogo inglês.

O propósito de Ball é investigar as políticas de maneira que o compromisso com a eficiência e os resultados instrucionais não sejam considerados em detrimento do compromisso com justiça social. Para tal, ele não evita certo ecletismo teórico, na medida em que conecta bandeiras das perspectivas críticas com a perspectiva discursiva do

---

5. BOWE, Richard; GOLD, Anne. *Reforming education & changing school*: case studies in policy sociology. London/New York: Routlegde, 1992. BALL, Stephen J. *Education reform*: a critical and post-structural approach. Buckingham: Open University Press, 1994.

BALL, Stephen J. Some reflections on policy theory: a brief response to Hatcher and Troyna. *Journal of Education Policy*, v. 9, n. 2, p. 171-182, 1994.

BALL, Stephen J. Mercados educacionais, escolha e classe social. In: GENTILI, Pablo (Org.). *Pedagogia da exclusão*: crítica do neoliberalismo em educação. Petrópolis: Vozes, 1995. p. 196-227.

pós-estruturalismo e a pesquisa etnográfica, no caso desta, visando a valorizar a investigação da prática das escolas.

Ball discorda das conexões diretas e unidimensionais que as teorias centradas no Estado realizam entre prática das escolas e macrocontexto político-econômico. Se é importante considerar o Estado por meio de uma teoria consistente que permita sua análise, também há que se ter uma teoria rigorosa para o não Estado, o que, segundo ele, nem sempre acontece. Ele se aproxima de alguns autores menos ortodoxos da corrente estadocêntrica, que tentam se apoiar em uma perspectiva de autonomia relativa do Estado, mas questiona a visão de um Estado onipotente que não deixa espaço para a ação humana de contestação, desempoderando os sujeitos da prática educacional. No seu modo de ver, uma teoria restrita ao marxismo, sem dialogar com outras perspectivas teóricas, não dá conta da complexidade e das incertezas da vida social. Com isso, as definições políticas tendem a ser vistas como totalizantes, dando conta de todos os simples atos e de todos os sentidos possíveis, sem que sejam capazes de explicar por que os professores recusam certas determinações políticas, como, por exemplo, testes centralizados e orientações curriculares. Ao desvalorizarem as investigações sobre as práticas das escolas, por considerarem que se trata de trabalhos descritivos, as teorias centradas no Estado desmerecem detalhes e silenciam sobre conflitos e ambivalências das práticas.

Com o objetivo de tentar dar conta dessas conexões macro-micro, Ball, em parceria com Richard Bowe, elabora a abordagem do ciclo de políticas. Ball reconhece a importância da análise do Estado, por ele considerada como incluída na sua própria abordagem teórica, mas afirma que qualquer teoria de política educacional que se preze não pode se limitar à perspectiva do controle estatal. As abordagens estadocêntricas tendem a interpretar diferentes textos e discursos circulantes sem uma interlocução com o discurso pedagógico, com as demandas educacionais da sociedade mais ampla e as tradições curriculares das escolas e do meio educacional. A despeito de haver a afirmação de que as políticas envolvem processos de negociação e luta entre grupos rivais, tais processos parecem ser identificados apenas na implementação de projetos políticos, não na própria produção desse projeto no âmbito do Estado. É reafirmada, assim, a separação entre proposta e implementação que a abordagem do ciclo de políticas visa a superar.

O ciclo contínuo de políticas tem como preocupação central a recontextualização que ocorre nas escolas (confrontar com discussão do capítulo 4). Como modelo analítico, o ciclo é composto, em sua versão inicial, de três contextos inter-relacionados entendidos como um conjunto de arenas públicas e privadas de ação: contexto de influência, contexto de produção do texto político e contexto da prática. O contexto de influência é visto como aquele em que grupos de interesse lutam pelos discursos políticos. É onde são estabelecidos os princípios básicos que orientam as políticas, em meio a relações de poder. Os atores em cena nesse contexto são partidos políticos, esferas de governo, grupos privados, agências multilaterais, assim como comunidades disciplinares e institucionais e sujeitos envolvidos na propagação de ideias oriundas de intercâmbios diversos. Os discursos produzidos nesse contexto são entendidos como aqueles que limitam as possibilidades de recontextualização e de produção de novos sentidos nas políticas.

O contexto de produção do texto político é aquele que produz os textos que representam — ou tentam representar — para as escolas o que é a política como um todo. Em se tratando das políticas de um Estado-nação, como as investigadas por Ball, o contexto de produção de textos envolve as agências executivas e legislativas que assinam regulamentações, mas também toda sorte de documentos que buscam explicar e/ou apresentar a política às escolas e à sociedade em geral.

Por fim, mas não menos importante, o contexto da prática. Nesse contexto, os textos do contexto de produção do texto político e os discursos do contexto de influência são submetidos à recriação e interpretação, modificando sentidos e significados. Essas recriações e novas interpretações são decorrentes, basicamente, de duas dimensões: comunidades disciplinares e especificidades institucionais. No primeiro caso, como já discutimos no capítulo 5, as diferentes disciplinas na escola organizam comunidades que têm formas de leitura próprias dos documentos curriculares e dos múltiplos textos das políticas. Suas concepções de conhecimento, de currículo e de pedagogia, por exemplo, fazem com que se amplifiquem os possíveis sentidos das políticas. No segundo caso, nas instituições escolares há diferentes experiências e habilidades (denominadas *capacidades*) em responder às mudanças, *contingências* capazes de favorecer ou inibir mudanças, *compromissos* e *histórias*, correlacionados a múltiplos paradigmas pedagógicos ou disciplinares, produzindo a hibridização de diferentes discursos aos discursos das políticas.

De forma articulada a esse modelo analítico, Ball analisa a política simultaneamente como texto e como discurso. Com a dimensão textual da política, Ball pretende salientar o fato de que todo texto — incluídos os documentos políticos — é aberto a múltiplas interpretações, pois novos sentidos podem ser agregados aos diferentes conceitos. Pela dimensão discursiva, no entanto, Ball procura destacar que não se lê qualquer coisa em qualquer texto. Certos discursos nos fazem pensar e agir de forma diferente, limitando nossas respostas a mudanças e nossas possibilidades de recriar os textos.

A recontextualização se desenvolve em decorrência da circulação de discursos e textos de um contexto a outro, nessa tensão entre novas possibilidades de leitura e manutenção de limites discursivos. Com isso, é possível caracterizar o ciclo como contínuo e não hierarquizado, ainda que Ball saliente sempre certa prioridade do contexto de influência. Para ele, é nesse contexto que se iniciam as limitações discursivas das políticas.

De todo modo, sua análise se confronta com as teses de que a globalização venha a ser uma mcdonaldização do mundo, tornando os contextos cada vez mais similares pela incorporação de princípios de mercado e de base econômica definidos e difundidos, por exemplo, pelas agências multilaterais que financiam as reformas nos países periféricos (Banco Mundial, Banco Interamericano de Desenvolvimento). Para Ball, a globalização é produtora de efeitos contextuais diferentes, na medida em que existem as recontextualizações impedindo a pura homogeneidade de propostas. Mesmo que haja certa convergência de princípios discursivos gerais, há também possibilidades de múltiplas leituras dos textos das políticas, de forma ainda mais profunda do que a discutida por alguns dos teóricos da centralidade do Estado, como Roger Dale.

Como princípios discursivos gerais para as políticas curriculares, Ball destaca o foco na flexibilidade, no trabalho em equipe, na comunicação, na persistência do aluno, visando a garantir aprendizagem permanente capaz de coincidir com as exigências profissionais para os novos modelos de produção pós-fordistas. Nesse sentido, o currículo acadêmico liberal-humanista tende a perder seu valor em nome do que ele denomina vocacionalismo progressivo: características do progressivismo mescladas às novas finalidades de formação vocacional, de cunho mais instrumental.

Com essas análises, suas conclusões sobre as políticas educacionais na Inglaterra adquirem outros matizes. No que se refere ao processo de introdução da escolha dos pais, por exemplo, Ball não menospreza as relações com o mercado, tal como analisadas por Roger Dale. Ele igualmente considera que se trata, sobretudo, de uma estratégia de classe. Mas tem a preocupação em entender, por exemplo, porque as alternativas do mercado têm atraído tanto a esquerda quanto a direita e o que faz com que determinadas políticas sejam consideradas como bem-sucedidas, independentemente de haver ou não evidências para tal. Nesse caso, Ball tenta compreender como são igualados desejos e necessidades individuais, fazendo com que as classes médias aprovem políticas que parecem reafirmar suas vantagens, contrarreformas curriculares que parecem ameaçar hierarquias, por valorizarem outros saberes que não os arbitrários culturais dessas classes.

No Brasil, a abordagem do ciclo de políticas vem sendo incorporada por grupos de pesquisa em políticas de currículo de forma mais sistemática a partir dos anos 2000, principalmente sob a liderança do grupo de pesquisa *Currículo: sujeitos, conhecimento e cultura* (<www.curriculo-uerj.pro.br>). A esse grupo, passa interessar a investigação sobre o impacto das definições políticas no contexto da prática, de forma a entender como diferentes escolas se apropriam e recriam tais definições. Inicialmente, se utilizam da abordagem do ciclo de políticas tanto para questionar as perspectivas estadocêntricas nos ensaios sobre políticas de currículo no Brasil quanto para problematizar abordagens que desmerecem a relação com o macrocontexto pela defesa do cotidiano da escola como espaço de produção de alternativas curriculares emancipatórias (ver capítulos 7 e 8). Com seus estudos, o grupo enfatiza a importância desses trabalhos pela possibilidade que oferecem, por um lado, de criticar as políticas educacionais neoliberais e, por outro, de valorizar o empoderamento do contexto da prática. Mas tenta superar ambos os enfoques por meio de pensar o currículo para além da separação proposta/prática.

Também tem sido preocupação do grupo entender como diferentes comunidades disciplinares atuam nas políticas de currículo e produzem novos sentidos no jogo político, inclusive, pela introdução de suas interpretações, de forma híbrida, em documentos curriculares.

Com destaque para as investigações no contexto da prática, são também priorizadas as análises sobre como a diferença vem sendo significada e de qual o impacto das diferentes propostas curriculares nesse contexto. Seguindo a mesma linha de interpretação que leva a considerar as políticas como marcadas pela heterogeneidade, conflito e ambivalência, alguns estudos são desenvolvidos procurando entender como propostas curriculares dos estados e municípios modificam discursos e textos que circulam no ciclo contínuo, principalmente a partir da difusão de textos do contexto de produção. A análise da relação entre macro e micro contextos é então central. Tais investigações acabam por avançar em relação à abordagem do ciclo de políticas de Ball por não conferirem nenhuma prioridade ao contexto de influência e por não caracterizá-lo como início do desenvolvimento das políticas. Dessa forma, acentuam o caráter contínuo do ciclo de políticas e tentam superar de forma mais significativa a separação de política e prática, projeto e implementação curricular. Porém, tal superação só advém com o aprofundamento da incorporação pelo grupo de enfoques discursivos.

Para além do ciclo de políticas: os discursos na política de currículo

A proposta de articular estrutura e ação permanece sendo a maior contribuição de Ball ao estudo das políticas de currículo e nos faz manter um diálogo com seus trabalhos. Afinal essa é uma questão sociológica e política que atravessa os estudos curriculares, como já discutido nos capítulos 8, 9 e 10. Como compreender a capacidade de ação dos sujeitos mudarem as estruturas sociais, sem voluntarismo? Como compreender a ação da estrutura, sem vê-la como a todo-poderosa capaz de cercear as ações dos sujeitos e mantê-los, em última instância, submetidos aos sentidos definidos estruturalmente?

A abordagem do ciclo de políticas e as interpretações da política como texto e como discurso são tentativas de resposta a essas questões. Mas enquanto os autores marxistas questionam Ball pelo pluralismo teórico e pelo espaço conferido ao discurso, trabalhamos no sentido de questionar que sua apropriação do pós-estruturalismo não o faz superar tanto as dualidades como ele mesmo gostaria.[6] Uma das dualidades que permanecem implícitas em sua análise é a separação macro/micro, ainda que ele busque afirmar esses termos para analisar a forma como se inter-relacionam. Por sua vez, pela prioridade conferida ao contexto de influência, entendemos que, especialmente em alguns trabalhos, Ball se aproxima mais das análises estadocêntricas, particularmente as de enfoque gramsciano, do que seria esperado pela própria abordagem do ciclo de políticas.

Assim, mantendo o foco de Ball na relação estrutura-ação, procuramos aprofundar sua discussão teórica sobre políticas de currículo e

---

6. LOPES, Alice Casimiro. Cultura e diferença nas políticas de currículo: a discussão sobre hegemonia. In: PERES, E.; TRAVERSINI, C.; EGGERT, E.; BONIN, I. (Orgs.). *Trajetórias e processos de ensinar e aprender*: sujeitos, currículos e cultura. 1. ed. Porto Alegre: Ed. PUC-RS, 2008. v. 1, p. 59-78. LOPES, Alice Casimiro; MACEDO, Elizabeth. Contribuições de Stephen Ball para o estudo de Políticas de Currículo. In: MAINARDES, J.; BALL, S. J. *Políticas educacionais*: questões e dilemas. São Paulo: Cortez, 2011. MACEDO, E. Currículo: cultura, política e poder. *Currículo sem Fronteiras*, v. 6, n. 2, p. 98-113, 2006.

avançar no tema pela incorporação da teoria do discurso de Ernesto Laclau. Na análise dessa relação, defendemos que o espaço de contestação e mudança nas relações sociais é potencializado por intermédio da constituição do discurso como uma estrutura descentrada. Uma estrutura descentrada é uma estrutura formada provisoriamente por uma dada articulação hegemônica. Seus centros são decorrentes da articulação que pode se desfazer em novas articulações, por isso a estrutura não é fixa nem tem um único fundamento definitivo. A ideia de um fechamento pleno da estrutura pressupõe a finitude da significação. Este é um projeto impossível, pois sempre há novos jogos de linguagem gerando novos sentidos e novas reestruturações.

Podemos também dizer que a ideia de estrutura é substituída pela de discurso: não há estruturas fixas que fechem de forma definitiva a significação, mas apenas estruturações e reestruturações discursivas, provisórias e contingentes. Nessa perspectiva, discurso é uma totalidade relacional de significantes que limitam a significação de determinadas práticas e, quando articulados hegemonicamente, constituem uma formação discursiva. Nas políticas, o discurso define como são os termos de um debate político, quais agendas e ações priorizadas, que instituições, diretrizes, regras e normas são criadas.

Entender as múltiplas determinações de um fenômeno social, incluindo currículo, avaliação, mas também sociedade, economia e Estado, significa entender como tudo isso é significado. Essa significação é dada por um discurso que estabelece regras de produção de sentido.

A estruturação de um discurso não faz cessar o movimento das diferenças, das possibilidades de novos sentidos imprevistos. O discurso tenta produzir fechamentos da significação e o campo da discursividade sempre abre para novos sentidos imprevistos. Qualquer discurso é uma tentativa de dominar o campo da discursividade, fixar o fluxo das diferenças e construir um centro provisório e contingente na significação.

O que garante, por sua vez, que o discurso tenha um centro provisório e contextual é a articulação em torno do combate a um inimigo comum, um exterior que configura a própria articulação. Nessa articulação, os sujeitos se constituem por processos de identificação marcados pela contingência, na medida em que tomam decisões sem nenhuma base racional *a priori* que defina a direção supostamente correta ou mais adequada para o processo político. Este sujeito, constituído na ação política, é capaz de transcender à estrutura, ao mesmo tempo que só pode agir porque esta mesma estrutura se constitui. Ao invés de considerarmos que o sujeito pleno — desalienado, emancipado, ilustrado ou consciente — é pré condição para a ação política, vemos que o sujeito cindido, um sujeito a quem sempre falta algo, é a condição para a ação. Isso porque o movimento visando a uma dada ação consiste na busca por preencher essa falta da estrutura que constitui o sujeito. A ação de mudança é o horizonte da estrutura, o excesso de sentido que não pode ser simbolizado a não ser como lugar vazio. É pelo fato de os fundamentos dessa estrutura discursiva serem lugares vazios que a política se transforma em uma constante tentativa de preencher esse vazio, de conferir fixação de significados a esses fundamentos, mesmo que de forma precária. Nessas constantes tentativas, exercemos ações políticas de transformação social. Consideramos, assim, ser pela teoria do discurso que se abre a possibilidade de entendermos as relações entre estrutura e ação de forma não-dicotômica e não essencialista, diferentemente do que realizam as mais usuais teorias sociológicas.

Não havendo estruturas fixas e centradas, a ordem social só pode ser criada por relações hegemônicas precárias. A sociedade como um todo estruturado e fixo, pré-discursivo ou extradiscursivo, não existe, pois sempre há um excesso de sentido a ser simbolizado, algo do que não se consegue dar conta, jogos de linguagem que podem produzir novas significações contingentes. Toda e qualquer representação provisória da sociedade ou de qualquer outro fenômeno social é sempre apenas uma parte limitada da possibilidade de significação.

O currículo torna-se, assim, essa luta política por sua própria significação, mas também pela significação do que vem a ser sociedade, justiça social, emancipação, transformação social. Nossa perspectiva é de que com este livro também participemos dessa luta.

Índice Onomástico*

ADORNO, THEODOR LUDWIG WIESENGRUND (1903-1969)   73, 167

Considerado um dos principais representantes da Escola de Frankfurt, o filósofo e sociólogo alemão fundamentou sua filosofia na perspectiva da dialética. De sua vasta obra, destaca-se a *Dialética do esclarecimento*, escrita com Horkheimer, uma crítica da razão instrumental, fundada em uma interpretação negativa do Iluminismo, da civilização técnica e da lógica cultural do sistema capitalista. No campo da Educação, seu pensamento trouxe a crítica à sociedade técnica, à escola de massa e à falta de autonomia e estímulo ao raciocínio. Foi professor das universidades de Frankfurt (Alemanha), Oxford (Inglaterra), Princeton (EUA) e Califórnia (EUA). Seus principais trabalhos são: *Kierkegaard: a construção do estético; A ideia de história natural; Minima moralia; Dialética do esclarecimento; Dialética negativa; Teoria estética*.

ALTHUSSER, LOUIS (1918-1990)   27, 28, 167, 168, 171, 196

Reconhecido estudioso do marxismo, é considerado como um dos principais nomes do estruturalismo francês da década de 1960, juntamente com Lévi-Strauss, Lacan e Foucault, ainda que tenha criticado de forma cuidadosa o estruturalismo como espécie de ideologia burguesa. Foi professor da École Normale Supérieure. Apesar de muitos de seus livros terem sido lidos e traduzidos em todo o mundo, no Brasil, o livro de maior destaque na Educação foi *Os aparelhos ideológicos do Estado*.

---

* Notas bibliográficas elaboradas por Hugo Heleno Camilo Costa (UERJ).

ALVES, NILDA   28, 159, 160, 161, 162

Foi professora da Universidade Federal Fluninense (UFF) e, atualmente, é professora titular da Universidade do Estado do Rio de Janeiro (UERJ), e pesquisadora do Programa de Pós-Graduação em Educação da UERJ (PROPEd/UERJ), na linha de pesquisa *Cotidiano, redes educativas e processos culturais*. Coordena o Laboratório de Educação e Imagem, e pesquisa temas como memória, cotidiano escolar, currículo, tecnologias e imagem na educação, formação de professores. Dentre seus vários livros publicados, destaca-se a coleção intitulada *O sentido da escola*, pela Editora DP&A, e a coleção *Cultura, memória e currículo*, pela Cortez Editora.

ANDRÉ, MARLI   146

Foi professora do Departamento de Educação da Pontifícia Universidade Católica do Rio de Janeiro e da Faculdade de Educação na Universidade de São Paulo (FE-USP). Atualmente é professora do Programa de Pós-Graduação em Psicologia da Educação da Pontifícia Universidade Católica de São Paulo. Seus trabalhos envolvem principalmente a pesquisa qualitativa em educação e a formação de professores.

APPADURAI, ARJUN   186

Nascido em Bombaim (atual Mumbai), na Índia, é um reconhecido pesquisador no campo da Antroplogia e das línguas e civilizações da Ásia Meridional. Atualmente é professor da Universidade de Nova York, onde concentra suas pesquisas nas áreas de cultura, mídia, consumo, globalização, conflitos étnicos, movimentos sociais. Fundou a respeitada revista *Public Culture* e é autor dos livros *A vida social das coisas*, *Modernity at large*, *Fear of small numbers*.

APPLE, MICHAEL   26, 29, 30, 31, 32, 80, 81, 82, 83, 84, 129, 239, 241, 242

É professor permanente da Universidade de Wisconsin (Madison) e autor de algumas das obras mais importantes do Currículo nas últimas décadas, como *Ideologia e currículo*, *Educação e poder*, *Professores e textos* e *A escola democrática*. De inspiração gramsciana, o autor é um dos expressivos representantes da reconceptualização do campo do Currículo nos Estados Unidos, junto com William Pinar, e exerce grande influência nos estudos curriculares brasileiros.

AUSUBEL, DAVID (1918-2008)   59, 61, 63, 116

Pedagogo e psicólogo norte-americano. Sofreu influência do pensamento cognitivista e construtivista piagetiano. Investigou os diferentes tipos de aprendizagem, focalizando a aprendizagem através da descoberta. No Brasil, sua teoria da *aprendizagem significativa* teve muita influência no campo de Ensino de Ciências.

AZEVEDO, FERNANDO DE (1894-1974)   24

Brasileiro de Minas Gerais, foi professor, educador, crítico, ensaísta e sociólogo. Professor emérito do Departamento de Sociologia e Antropologia da Faculdade de Filosofia, Letras e Ciências Humanas da Universidade de São Paulo (USP). Atuou como diretor-geral da Instrução Pública do Distrito Federal; instalou, organizou e dirigiu o Centro Regional de Pesquisas Educacionais; foi redator e crítico literário do jornal *O Estado de S. Paulo*. No Distrito Federal, propôs e executou importantes reformas educacionais e de construções escolares. Fundou a Biblioteca Pedagógica Brasileira (BPB). Atuou como presidente da Associação Brasileira de Educação em 1938. No Brasil, juntamente com Anísio Teixeira, é reconhecido como um dos principais representantes do movimento escolanovista.

BAKER, EVA   53, 54

Professora e pesquisadora da Universidade da Califórnia (UCLA), Estados Unidos. Pesquisa modelos de avaliação e avaliações em larga escala. Dirige o Centro de Estudo de Avaliação da UCLA e é vice-diretora do Centro Nacional de Pesquisa de Avaliação.

BAKHTIN, MIKHAIL (1895-1975)   213

O pensador russo é considerado um dos mais importantes filósofos da linguagem. Combateu veementemente a norma unívoca e a rigidez dos estilos e padrões. Defendeu a ideia de interpretação participativa, social, integradora e variada na construção da obra literária. Apontou para o signo linguístico como possuidor de um signo social e ideológico, colocando em questão a relação entre a consciência individual com a interação social. Atuou como professor da Universidade de Saransk. Sua obra possui grande influência nas áreas de crítica literária, educação, filosofia, teoria literária, sociolinguística, semiótica e análise do discurso. Dentre suas principais produções estão: *Marxismo e filosofia da linguagem*; *Cultura popular na Idade Média: o contexto de François Rabelais*; *Questões de literatura e de estética*.

BALL, STEPHEN J.   151, 157, 244, 245, 246, 247, 248, 249, 250, 251

Professor do Instituto de Educação da Universidade de Londres, pesquisador das áreas de política educacional e de sociologia da educação. Sua obra é influenciada por autores como Foucault, Bourdieu, Bernstein e Weber. No Brasil, ganhou muito destaque com sua abordagem ao *ciclo de políticas* e com os conceitos de *performatividade*, *mudança discursiva* e *micropolítica*, contribuindo para a compreensão do processo de produção das políticas educacionais. Atualmente, é um dos diretores associados do Centro de Estudos Críticos de Políticas Educacionais, do Instituto de Educação da Universidade de Londres.

Banks, James   193

É diretor do Centro para Educação Multicultural da Universidade de Washington. Um dos maiores estudiosos sobre educação e multiculturalismo nos EUA. Possui diversas premiações por sua luta em defesa da educação multicultural e é autor de inúmeros livros, dentre os quais se destacam: *Diversity and citizenship education: global perspectives* e *Race, culture, and education: the selected works of James A. Banks*.

Baudelot, Christian (ver Establet)   27

Christian Baudelot é francês, professor e pesquisador de Sociologia no Departamento de Ciências Sociais e no Laboratório de Ciências Sociais da École Normale Supérieure. Atualmente, investiga a temática da educação e trabalho; dimensões econômicas das atitudes sociais e relações de classe. Já lecionou na Universidade de Yale (EUA), de Nova York (EUA) e Nantes (França). De influência althusseriana, Baudelot ficou conhecido através de seu livro, considerado um clássico, intitulado *A escola capitalista na França*, escrito em coautoria com Roger Establet.

Beane, James   129, 130

Educador norte-mericano, é professor da Universidade National-Louis e coordenador da reforma escolar na Sherman Middle School. Foi professor em escolas de nível médio e seus trabalhos se destacam na área de integração curricular e currículo do ensino médio.

Bernstein, Basil (1924-2000)   95, 99, 100, 101, 102, 103, 104, 105, 106, 137, 138, 139, 167, 168, 169, 245

Um importante sociólogo da educação inglês, de grande influência no pensamento curricular tanto no Reino Unido quanto no Brasil. Suas teorias são a base, junto com Bourdieu, da Nova Sociologia da Educação inglesa. Foi professor emérito da Universidade de Londres e tem vários livros e artigos traduzidos no Brasil. Igualmente é uma das referências mais constantes nas pesquisas em Currículo no Brasil nos anos 1990. Dentre suas principais obras destacam-se *A estruturação do discurso pedagógico* e *Pedagogia, controle simbólico e identidade*.

Bhabha, Homi   200, 208, 210, 211, 212, 213, 226

Nasceu na Índia, foi professor das universidades de Sussex, Princeton, Pennsylvania, Chicago, University College. É professor de inglês, literatura americana e linguagem;

atua como diretor do Centro de Humanidades da Universidade de Harvard. Atualmente é considerado um dos mais importantes nomes dos estudos pós-coloniais. De sua vasta obra, destacam-se os livros: *Nation and narration; The location of culture; Edward Said continuing the conversation; Cosmopolitanisms; In a spirit of calm violence; Modernity, culture, and The Jew; On cultural choice*. No Brasil, sua obra tem sido apropriada nas áreas de Teoria Crítica, Teoria Literária e Educação.

BLOOM, BENJAMIN (1913-1999)   51, 52, 53, 54, 55

Psicólogo norte-americano, atuou como professor da Universidade de Chicago, onde concebeu sua taxonomia dos objetivos educacionais, proposta de base cognitivista que exerceu grande influência nos processos de planificação e avaliação educacional. Dentre suas obras, ganharam destaque *Stability and change in human characteristics; Human characteristics and school learning* e *Taxonomy of educational objectives*.

BOBBITT, FRANKLIN (1876-1956)   22, 74

John Franklin Bobbitt, nascido em Indiana (EUA), foi professor de Administração da Educação na Universidade de Chicago. É considerado um dos precursores dos estudos curriculares, sendo responsável pelo estabelecimento do currículo como campo de especialização na área da Educação. Seus trabalhos se inserem na corrente do eficientismo social, baseada nos princípios da administração científica de Taylor. Bobbitt ficou mais conhecido por dois livros, *O currículo* (1918) e *Como fazer um currículo* (1924).

BOURDIEU, PIERRE (1930-2002)   28, 30, 55, 99, 100, 167, 168

Sociólogo francês, professor da Escola de Altos Estudos de Paris. Desenvolveu, ao longo das décadas de 1960 e 1970, a teoria da reprodução social, em que defendeu a existência de uma relação entre classe social e a carreira escolar e chamou a atenção para a influência da herança cultural sobre a carreira escolar e profissional das pessoas. Possui vasta obra, em que se destacam *Les héritiers* e *Les étudiants et la culture* (juntamente com Passeron) e *A reprodução*.

BOWLES, SAMUEL (VER GINTIS)   27, 28, 167, 168

Economista norte-americano e professor emérito da Universidade de Massachusetts. Atualmente, leciona Economia na Universidade de Siena, na Itália, e é diretor do programa de ciências comportamentais do Instituto Santa Fé, no Novo México. Ficou conhecido no Brasil por seu livro *A escola capitalista na América*, escrito em parceria com Herbert Gintis, no qual propôs seu conceito de *correspondência*, pelo qual discute a relação entre educação e produção a partir das relações sociais que se desenvolvem em ambiente escolar.

BRUNER, JEROME 51, 68, 72, 73, 111, 113, 114, 115, 117, 131

Psicólogo norte-americano, exerceu grande influência no desenvolvimento de modelos cognitivistas da aprendizagem. Seus trabalhos trouxeram contribuições importantes para o conhecimento dos processos de aprendizagem por descoberta e para a reforma curricular, realizada, nos anos 1960, nos Estados Unidos. Suas principais obras são: *Possible minds, Possible words*; *Acts of meaning*; *Studies in cognitive growth*; *Beyond the information given*.

CANCLINI, NESTOR GARCÍA 208, 209, 210

Argentino, filósofo e antropólogo radicado no México, atualmente é professor da Universidade Autônoma do México (UAM) e dirige o Programa de Estudos sobre Cultura Urbana na Universidade Autônoma Metropolitana (Iztapalapa). Pesquisa temas como: cultura popular, globalização, políticas culturais, consumo, América Latina, pós-modernidade e arte. Seus livros de maior destaque são: *Culturas híbridas: estratégias para entrar e sair da modernidade*; *Consumidores e cidadãos*; *Cultura e comunicação: entre o global e o local*; *A globalização imaginada*.

CANDAU, VERA 88, 190, 192, 193, 194

Professora titular da Pontifícia Universidade Católica do Rio de Janeiro (PUC-Rio), onde coordena o grupo de pesquisa Cotidiano, Educação e Culturas. Desenvolve pesquisas sobre cotidiano escolar, educação e cultura, multiculturalismo, educação em direitos humanos e formação de professores. Integra o Comitê Nacional de Educação em Direitos Humanos, da Secretaria Especial dos Direitos Humanos da Presidência da República. Entre seus principais livros constam *A didática em questão*; *Reiventar a escola*; *Sociedade, educação e cultura(s)*.

CERTEAU, MICHEL DE (1925-1986) 144, 159, 161, 180

Historiador francês, foi professor de diferentes instituições como as universidades de Genebra (Suíça), San Diego (EUA) e Paris (França). Dedicou-se aos estudos da Religião, Epistemologia da História e Cultura. Sua obra interdisciplinar combinou Psicanálise, Linguística, Antropologia, Filosofia, História e Ciências Sociais. De sua vasta produção, influenciada por autores como Foucault e Bourdieu, destacam-se os livros: *A cultura no plural* e *A invenção do cotidiano*.

CHERRYHOLMES, CLEO   37, 66

É professor emérito de Formação de Professores e Ciências Políticas. Atualmente é professor associado da Michigan State University. É autor de *Poder e crítica: investigações pós-estruturalistas em educação*. Seus trabalhos atuais são baseados nas teorias pós-estruturalistas e pós-modernas.

CHEVALLARD, YVES   95, 96, 97, 98, 99

Professor do Institut Universitaire de Formation des Maîtres de l'Académie d'Aix-Marseille, da Universidade de Provence, na França. Tem pesquisas no campo da Didática, com particular interesse na Didática da Matemática. Sua principal obra é *A transposição didática: do saber sábio ao saber ensinado*.

COLL, CÉSAR   44, 58, 59, 61, 62, 63, 127, 243

Professor da Faculdade de Psicologia e diretor do Departamento de Psicologia Evolutiva na Universidade de Barcelona, Espanha. Em seu país, coordenou a reforma do ensino no início da década de 1990. Foi consultor do Ministério da Educação (MEC) na elaboração dos Parâmetros Curriculares Nacionais (PCNs), publicados em 1997. Sua principal obra é *Psicologia e currículo*.

CORAZZA, SANDRA   67

É professora associada da Faculdade de Educação da UFRGS. Pesquisa a infância contemporânea, tomando como base teórica a filosofia da diferença. Dentre seus principais trabalhos estão os livros *Artistagens: filosofia da diferença e educação* e *Composições*, este último em coautoria com Tomaz Tadeu da Silva, seu orientador no Doutorado.

DALE, ROGER   239, 241, 249

Sociólogo inglês, atualmente é professor da Universidade de Bristol. Coordena projetos no campo da Sociologia da educação, com foco nos temas globalização, europeização, políticas da União Europeia para a educação. Um de seus trabalhos de maior destaque no campo educacional é *Globalisation and europeanisation in education*.

DELEUZE, GILLES (1925-1995)   159, 161, 163, 203, 204

Filósofo francês, foi professor de História da Filosofia na Universidade de Sorbonne (França) e na Universidade de Vincennes (França). Sua filosofia possui grande proximidade com a psicanálise, principalmente freudiana, com enfoque na discussão do desejo. Ao longo de seus trabalhos, muitos em coautoria com Félix Guattari, rediscutiu a obra de diversos autores como Spinoza, Leibniz, Hume, Kafka, Proust, Bacon, Kant, Nietzsche e Bérgson. Abordou temas como diferença, evento, sentido, rizoma e esquizofrenia. Dentre seus principais trabalhos estão: *Nietzsche e a filosofia*; *A filosofia crítica de Kant*; *Proust e os signos*; *Nietzsche*; *O bergsonismo*; *Diferença e repetição*; *Lógica do sentido*; *Conversações*. E, juntamente com Guattari: *O anti-Édipo*; *Mil platôs* e *O que é a filosofia*?

DERRIDA, JACQUES (1930-2004)   203, 204, 205, 223

Argelino radicado na França, lecionou na Universidade de Sorbonne, na École Normale Supérieure e na École de Hautes Études em Sciences Sociales de Paris. No exterior, foi professor das universidades de Berlim, San Sebastian, John Hopkins, Yale, Harvard, Califórnia, Cornell, Nova York, entre outras. Seu pensamento, considerado um dos ícones da "atitude" pós-estruturalista, sofreu influência de autores como Husserl, Heidegger e Kierkgaard e causou grande impacto nas Ciências Sociais em geral, especialmente no campo da Filosofia, Educação, Literatura e Direito. Dentre suas obras estão os livros *Gramatologia*; *Margens da filosofia*; *Escritura e diferença*; *O olho da universidade*; *A farmácia de Platão*; *Papel-máquina*; *Jacques Derrida — pensar a desconstrução* e *Espectros de Marx*.

DEVELAY, MICHEL   98

Nascido na França, é professor emérito de Ciências da Educação da Universidade Lumière Lyon 2. Atualmente pesquisa temas como ensino, aprendizagem, ensino de ciências e formação escolar. Dirige, em Lyon, o Instituto para a Ciência e as Práticas de Educação e Formação.

DEWEY, JOHN (1859-1952)   23, 24, 25, 26, 33, 68, 75, 76, 77, 89, 109, 110, 111, 113, 124, 126, 129, 130, 141, 152, 244

Atuou como professor nas universidades de Minnesota, Michigan, Chicago e Columbia. Criou, em Chicago, a Laboratory School, onde experimentou suas perspectivas pedagógicas. É considerado um dos principais nomes do pragmatismo. Considerado ícone do movimento norte-americano de educação progressista, defendia a educação pública como meio de combate às desigualdades. Muitos de seus livros ganharam destaque no cenário mundial, como: *Psychology*; *School and society*; *Democracy and education*; *Reconstruction in philosophy*, entre outros.

DOLL JR., WILLIAM   67

William E. Doll Jr. foi professor de Educação na Louisiana State University, pesquisa sobre a teoria curricular e a formação de professores. É membro do conselho editorial da Educação e Cultura e *Revista da Sociedade John Dewey*. Sua obra é influenciada pelas teorias pós-modernas, teoria da complexidade e pelas teorizações de John Dewey. Seu principal livro no Brasil é *Currículo: uma perspectiva pós-moderna*.

EISNER, ELLIOT W. 64

Professor de Educação e Arte da Universidade de Stanford. É considerado, na atualidade, como um dos principais teóricos no ensino da arte e da estética nos Estados Unidos. Atuou como presidente da Associação Nacional de Arte e Educação, da Sociedade Internacional para Educação Através da Arte, da Associação Nacional para a Pesquisa Educacional, além da Sociedade John Dewey. Um de seus livros importantes é *As artes, o desenvolvimento humano e a educação*.

ERIKSON, ERIK 145

Educador americano, trabalha na University of Pennsylvania, sendo um dos mais respeitados nomes na pesquisa qualitativa de base etnográfica.

ESTABLET, ROGER (VER BAUDELOT) 27

É um especialista em Educação e sociólogo francês. Foi aluno de Louis Althusser, com quem trabalhou em diferentes projetos. Atualmente, é professor emérito da Universidade de Provence. Desde 1970, publica frequentemente em colaboração com seu colega Christian Baudelot. Seu trabalho é influenciado por Marx e Althusser. Seu livro de maior destaque, publicado em parceria com Baudelot, foi *A escola capitalista na França*.

FAZENDA, IVANI 132, 133

Atualmente é professora da Pontifícia Universidade Católica de São Paulo. Dentre seus principais livros está *Interdisciplinaridade: história, teoria e pesquisa*.

FOUCAULT, MICHEL (1926-1984) 67, 120, 134, 159, 163, 175, 199, 203, 204, 223, 236

Filósofo e professor da cátedra de História dos Sistemas de Pensamento no Collège de France de 1970 a 1984. Seu trabalho se desenvolveu em torno de uma arqueologia do saber filosófico, da experiência literária e da análise do discurso, mas também se concentrou na relação entre poder e governamentalidade e nas práticas de subjetivação. Lecionou na Universidade de Uppsala, na Suécia; na Universidade de Túnis, na Tunísia. Desenvolveu críticas às instituições sociais, à psiquiatria, à medicina, às prisões, e analisou profundamente as ideias de poder e conhecimento, bem como estudou a expressão do discurso em relação à história do pensamento ocidental. Mesmo tendo sido considerado por muitos como estruturalista, pós-estruturalista e pós-moderno, nunca aceitou uma filiação teórica específica. Toda a sua obra ficou muito conhecida e, por esta razão, muitos de seus livros foram traduzidos e publicados em diversos países, como: *As palavras e as coisas*; *Arqueologia do saber*; *Vigiar e punir*; *Microfísica do poder* e *A ordem do discurso*.

Fréchet, Maurice (1878-1973)   96

Matemático francês, foi professor de Estrasburgo, Poitiers e Paris. Considerado o introdutor dos conceitos de *espaços métricos* na análise funcional; estabeleceu as bases da topologia.

Freire, Paulo (1921-1997)   15, 30, 34, 36, 37, 64, 65, 84, 85, 86, 87, 89, 90, 125, 144, 175

Em razão de um trabalho de grande sucesso liderando a alfabetização de trabalhadores rurais no Brasil em 1963, Paulo Freire foi levado à prisão e exilado em 1964, ano do golpe miltiar no país. No exterior, atuou como consultor de inúmeras instituições, prestou assistência pedagógica, política e educacional a diferentes projetos de educação para adultos, a partir de sua filosofia e metodologia de influência marxista. Em 1979, já no Brasil, tornou-se professor da Universidade de São Paulo e secretário de Educação do Município de São Paulo, onde propôs mudanças curriculares radicais. O pensamento de Paulo Freire alcançou o apogeu na década de 1970, após sua atuação em Harvard e a publicação, em inglês, de seu mais importante trabalho: *A pedagogia do oprimido*. Mas sua obra também inclui outros importantes trabalhos, dentre eles *Educação como prática de liberdade*.

Freud, Sigmund (1856-1939)   213

Médico neurologista austríaco, é considerado o fundador da Psicanálise. Desenvolveu uma teoria da mente humana e do comportamento humano. Em seus estudos dedicou-se à análise dos sonhos e da livre associação como fontes dos desejos do inconsciente. Defendeu uma ideia de que a mente seria dividida em camadas e é dominada em deteminados momentos por vontades primitivas que são escondidas pela consciência e que se expressam através dos lapsos e sonhos. Em suas teorizações estão presentes as discussões sobre o Complexo de Édipo, ideia central de seu pensamento. Freud é visto como o responsável por conferir ao inconsciente o *status* científico. Sua obra é base do trabalho de muitos que o sucederam, como Jacques Lacan e Melanie Klein. Dentre seus principais livros consta *A interpretação dos sonhos*.

GARCIA, REGINA LEITE (VER ALVES, NILDA) 159

Professora titular e pesquisadora aposentada da Universidade Federal Fluminense (UFF), no Rio de Janeiro. Suas pesquisas se concentram nas áreas de alfabetização, currículo e movimentos sociais. Suas principais publicações no campo do Currículo são em coautoria com Nilda Alves.

GINTIS, HERBERT (VER BOWLES) 27, 28, 167, 168

Norte americano, cientista comportamental e educador. É professor emérito da Universidade de Massachussetts, professor na Central European University e professor convidado no Instituto Santa Fé. Atualmente pesquisa a teoria dos jogos comportamentais e evolutivos. Seu trabalho se insere na perspectiva crítica do Currículo, de forte influência marxista. Possui diversos trabalhos com Samuel Bowles, dentre eles *A escola capitalista na América*.

GIROUX, HENRY 65, 76, 84, 166, 167, 168, 169, 174, 175, 176, 177, 178, 197, 199, 200, 201, 204

Norte-americano, atualmente é o presidente do ensino secundário da Pennsylvania State University. Juntamente com figuras como Peter McLaren, Joe Kincheloe e Steinberg Shirely, Giroux está na vanguarda da integração entre Estudos Culturais e Educação. Teoricamente influenciado por autores da Escola de Frankfurt, ganhou destaque internacional no fim da década de 1980, ao retomar propostas como as de Dewey, Freire e a propor o currículo como política cultural. Muitos de seus trabalhos foram publicados no Brasil, como: *Escola crítica e política cultural*; *Pedagogia radical* e *Teoria crítica e resistência em educação*.

GOODLAD, JOHN 63

Canadense, atualmente é professor emérito de Educação e vice-diretor do Centro de Educação da Universidade de Washington. É ex-presidente da American Educational Research Association. Goodlad projetou e executou diversos programas de reforma educacional, e tem realizado estudos importantes sobre mudança educacional, educação nacional, moral e formação de professores. Dentre suas obras está *A dinâmica da mudança educacional*.

GOODSON, IVOR 117, 118, 119, 120, 121, 147, 151, 155, 156, 157, 158, 163

Atualmente é professor de Teoria da Educação na Universidade de Brighton (Reino Unido) e pesquisador da Universidade de Cambridge (Reino Unido). Ao longo de sua vasta obra, discutiu temas como a história social do currículo, história das disciplinas escolares, história de vida de professores e suas missões pessoais e coletivas. Seus principais trabalhos são: *Escola, sujeitos e mudança curricular*; *Estudos em história do currículo*; *História social do currículo escolar*; *The making of curriculum*; *A construção social do currículo*; *Currículo: teoria e história*; *As políticas de currículo e de escolarização*.

GRAMSCI, ANTONIO (1891-1937)   30, 81, 236

Cientista político, comunista e antifascista italiano. Foi preso em 1926 e libertado em 1934. Sua obra, escrita na prisão, intitulada *Cadernos do cárcere*, foi publicada, amplamente lida e traduzida para diferentes idiomas. Sua teorização crítica foi bastante difundida na Educação, juntamente com seus conceitos de maior destaque, como os de *hegemonia cultural* e *intelectual orgânico*, sendo considerado o teórico das superestruturas. Atualmente é considerado autor de referência no campo dos Estudos Culturais e Teoria Crítica. Sua obra foi influenciada por Maquiavel, Marx, Lênin, Bergson, Hegel. E inspirou muitos autores como: Althusser, Wiliams, Harvey, Saïd, Butler, Freire, Laclau e Mouffe, entre outros. Dentre seus livros de maior importância constam *A concepção dialética da história* e *Maquiavel e a política do Estado Moderno*.

GUATTARI, PIERRE FÉLIX (1930-1992)   159, 161, 163, 203, 204

Filósofo e militante revolucionário francês. Seus principais conceitos foram transversalidade, esquizoanálise, ecosofia, caosmose e inconsciente institucional. Em sua obra, pensou o desejo como vinculado ao político e às instituições. Discutiu a subjetividade como estando no seio das questões políticas e sociais atuais. Seus principais trabalhos se desenvolveram em parceria com Gilles Deleuze. Juntos escreveram *Anti-Édipo*; *Capitalismo e esquizofrenia*; *O que é filosofia?*; e *Mil platôs*, entre outros trabalhos.

HALL, STUART   196, 197, 198, 200, 202, 204, 205, 208, 213, 218, 221, 223

Nascido na Jamaica e residente em Oxford (Reino Unido), Hall é um proeminente teórico cultural. Foi professor na Universidade de Birmingham, onde se destacou sobremaneira no Center for Cultural Studies, do qual foi diretor. Fundou a revista *New Left Review*, juntamente com Raymond Williams. Em seus estudos, influenciados por pensadores como Gramsci, focaliza temas como hegemonia, estudos culturais, linguagem, economia, consumo, preconceito, cidadania e política. Seus principais trabalhos são os livros: *Da diáspora*; *The hard road to renewal*; *Resistance through rituals*; *The formation of modernity*; *Questions of cultural identity* e *Cultural representations and signifying practices*.

HARGREAVES, ANDREW (ANDY) 146

Pesquisador inglês, é professor da Universidade de Boston. Já atuou junto à Unesco. Atualmente pesquisa sucesso de estratégias de reforma educacional em escolas de alto desempenho. Em suas pesquisas, privilegia temas como desempenho escolar, currículo, qualidade. Seus mais recentes livros são *Educação para mudança* e *Aprendendo a mudar*.

HARGREAVES, DAVID HAROLD 146, 156

Pesquisador ingles da Wolfson College, Cambridge. Esteve em cargos administrativos de política educacional e escreveu os livros *The challenge for the comprehensive school: culture*; *Curriculum and community* e *Social relations in secondary school*.

HERBART, JOHANN FRIEDRICH (1772-1841) 111

Filósofo alemão, foi professor em Göetingen e mais tarde em Königsberg. É considerado um filósofo pós-kantiano e contribuiu sobremaneira para a organização da Pedagogia como ciência. Considerado tradicional, seu pensamento ganhou destaque quando foi apropriado por pedagogos norte-americanos — os herbatianos — no início do século XX. Seus trabalhos de maior destaque foram sobre a filosofia da mente, tal como *Pedagogia geral* e *Esboço de um curso de pedagogia*.

HERNÁNDEZ, FERNANDO 126

Professor espanhol da Universidade de Barcelona. Dentre seus principais trabalhos, está o livro *A organização do currículo por projetos de trabalho*, em coautoria com Montserrat Ventura.

HIRST, PAUL HEYWOOD 72, 78, 111, 112, 113, 131

Filósofo da educação inglês e que teve a maior parte de sua carreira nas universidades de Londres, de Cambridge e de Oxoford. Sua influência no campo do Currículo se deve a suas teorias sobre as disciplinas e as formas de conhecimento. Seus livros mais importantes são *Conhecimento e currículo*; *Educação moral em uma sociedade secular*; *A lógica da educação*, este em parceria com Richard Peters.

HORKHEIMER, MAX (1895-1973) 73, 167

Filósofo e sociólogo alemão, foi professor emérito da Universidade de Frankfurt. Ao longo de sua trajetória, teve forte influência de Schopenhauer e Marx. A teoria crítica de Horkheimer defende o protesto contra a aceitação resignada da ordem totalitária. Sua obra, somada a de Adorno e Marcuse, forma o centro gravitacional da Escola de Frankfurt. Publicou os livros *Crítica da razão instrumental* e *Teoria tradicional e teoria crítica*, e, juntamente com Adorno, o livro *Dialética do esclarecimento*.

JACKSON, PHILIP WESLEY   16, 31

Professor emérito do Departamento de Educação e Psicologia da Universidade de Chicago, atuou como psicólogo da educação, como observador das atividades em sala de aula e como filósofo da Educação. Foi também membro do Centro de Estudos Avançados em Ciências do Comportamento. Seu livro mais importante é *A vida nas aulas*, mas publicou também *The moral life of schools* e o *Handbook of research on curriculum*.

JAPIASSU, HILTON   132, 133

Filósofo da Educação, nascido em Carolina, no Maranhão. Foi professor adjunto de Epistemologia e História das Ciências no Departamento de Filosofia da Universidade Federal do Rio de Janeiro (UFRJ). Em seus estudos, são centrais as discussões sobre epistemologia e interdisciplinaridade. De sua obra, destacam-se os livros *O mito da neutralidade científica*; *Interdisciplinaridade e patologia do saber*; *O eclipse da psicanálise* e *Nem tudo é relativo*.

KILPATRICK, WILLIAM (1871-1965)   24, 125, 126, 127

Pedagogo norte-americano, aluno, colega e sucessor de John Dewey. É considerado uma figura importante no movimento de educação progressista do início do século XX e identificado, juntamente com Dewey, como uma dos principais representantes do movimento da Escola Nova. Foi professor no Teachers College, da Universidade Columbia. Kilpatrick ganhou muita projeção através de seu principal trabalho, *Método de projetos*.

KRISTEVA, JULIA   213

Filósofa búlgaro-francesa e professora na Universidade de Paris VII. Seu pensamento influenciou significativamente o campo cultural, político e de estudos de gênero. Ganharam destaque no Brasil seus livros *História da linguagem*; *O gênio feminino*; *Possessões* e *As novas doenças da alma*.

LACAN, JACQUES (1901-1981)   213

Psicanalista e filósofo francês, tem um importante lugar no pensamento estruturalista e pós-estruturalista. Formado em Medicina, o autor a partir de 1951 teve seu primeiro envolvimento com a psicanálise através do surrealismo. Autores como Saussure e Lévi-Strauss influenciaram seus trabalhos em questões relacionadas à Linguística e à Antropologia Estrutural. A intervenção do pensamento do autor na Psicanálise, a partir das contribuições de Freud, foi fundamental para a compreensão do sujeito. Em 1964, Lacan funda a Escola Freudiana de Paris. Seu pensamento influenciou muitas áreas, tais como: Psicologia, Filosofia, Educação, Antropologia, Linguística, entre outras. Dentre seus antigos alunos estão Serge Leclaire e Françoise Perrier. Mais tarde, no ano de 1966, publica *Escritos*, coletânea de artigos e conferências, e cria a *Coleção Campo Freudiano*, sob sua direção.

LACLAU, ERNESTO   181, 227, 228, 229, 230, 231, 236, 252

Argentino, é professor de Teoria Política da Universidade de Essex, Inglaterra. Foi diretor do programa de Doutorado em Ideologia e Análise do Discurso. É um teórico político, normalmente identificado como pós-marxista. Sua obra é influenciada por autores de diferentes correntes teóricas, como Derrida, Lacan, Marx e Gramsci. Avançou sobre o pensamento marxista, rejeitando o determinismo econômico e o conceito de luta de classes. Defendeu conceitos como o de antagonismo, democracia radical, pluralismo e agonismo. No Brasil, sua obra é utilizada por autores de diferentes áreas de pesquisa, como a Ciência Política, a Sociologia e a Educação. Dentre seus principais trabalhos, ganhou destaque internacional o livro *Hegemonia e estratégia socialista*, escrito em coautoria com Chantal Mouffe, e mais recentemente *Emancipation(s)*.

LAYTON, DAVID (1925-2010)   118

Pesquisador na área de Ensino de Ciências, foi professor do Departamento de Educação da Universidade de Leeds. Foi editor fundador em 1974 da *Studies in Science Education*. Seu trabalho mais importante é o livro *Science for the people*.

LEFÈBVRE, HENRI (1901-1991)   160

Filósofo e sociólogo marxista nascido na França, que produziu uma obra crítica às teses estruturalistas no marxismo, particularmente as althusserianas, por serem capazes de apagar a ação do sujeito. É autor de importantes obras no âmbito do marxismo e das discussões sobre sociologia urbana traduzidas no Brasil, tais como: *Marxismo, o direito à cidade*; *A revolução urbana*; e *Lógica formal, lógica dialética*.

LÊNIN (VLADIMIR ILYITCH ULIANOV) (1870-1924)   88

Revolucionário e chefe de Estado russo, foi responsável em grande parte pela execução da Revolução Russa de 1917. Líder do Partido Comunista e primeiro presidente do Conselho dos Comissários do Povo da União Soviética. Influenciou teoricamente muitos partidos comunistas de todo o mundo. Suas contribuições levaram à criação de uma corrente teórica denominada leninismo. Sua obra influenciou muitos pensadores, como Hobsbawm. De sua obra, muitos livros se destacam, como: *Que fazer?*; *Imperialismo, fase superior do capitalismo*; *O Estado e a revolução*.

LÉVI-STRAUSS, CLAUDE (1908-2009) 38, 196

Belga, foi antropólogo, filósofo e professor na França. É reconhecido como o fundador da Antropologia Estruturalista, e considerado um dos principais intelectuais do século XX. Professor honorário do Collège de France, ocupou a cátedra de Antropologia Social de 1959 a 1982. Atuou como professor de Sociologia na Universidade de São Paulo durante três anos. Muitos de seus trabalhos tiveram sucesso internacional, como a tetralogia as *Mitológicas*; *Tristes trópicos*; *As estruturas elementares do parentesco*, entre muitos outros.

LIBÂNEO, JOSÉ CARLOS 30, 87, 88, 89

É professor titular aposentado da Universidade Federal de Goiás (UFGO). Atualmente leciona na Universidade Católica de Goiás. Defende a perspectiva crítico-social dos conteúdos escolares. Pesquisa principalmente nos campos de didática, formação de professores e organização escolar, com impacto no campo do Currículo. Suas obras mais conhecidas são a *Democratização da escola pública — a pedagogia crítico-social dos conteúdos* e *Didática*.

LÜDKE, MENGA 146

Professora emérita titular da Pontifícia Universidade Católica do Rio de Janeiro (PUC-Rio) desde 1974 e também da Universidade Católica de Petrópolis, desde 2009. Atualmente, seus projetos de pesquisas qualitativas estão voltados para o estágio nas escolas de educação básica, enquanto espaço de formação docente e de cruzamento de saberes.

MAGER, ROBERT 51, 53

Educador norte-americano, formado em Psicologia. Ficou conhecido internacionalmente através da publicação e tradução em mais de dezesseis idiomas de variados livros, como *Análise de objetivos*; *Análise de metas*; *Analisando problemas de performance*. Mais de três milhões de cópias de seus livros foram vendidos em todo o mundo. Apesar de ter se voltado para o campo educacional, sua obra foi amplamente utilizada por gestores empresariais. Seu livro mais conhecido é *Preparando objetivos educacionais*, considerado pelo Museu da Educação dos Estados Unidos como um dos livros do século.

MARCUSE, HEBERT (1898-1979) 167

Nascido em Berlim, foi um renomado sociólogo e filósofo alemão. Entre os anos de 1917-1918, o autor foi membro do Partido Social Democrata Alemão. Foi um dos primeiros autores a interpretar de forma crítica os manuscritos de base econômico-filosófica de Marx, buscando, para a análise, o embasamento filosófico da economia política. Em 1933, Marcuse entrou para o Instituto de Pesquisas Sociais, do qual, anos mais tarde, é associado à Escola de Frankfurt. A influência no Brasil com suas obras, tais como: *Razão e revolução; Eros e civilização; O fim da utopia*, dentre outras, contribuíram para difundir seu pensamento revolucionário e questionador, de comprometimento político, das questões que envolvem o "racionalismo da sociedade moderna".

MARTINS, JOEL (1920-1993)   36

Um dos principais colaboradores para a organização e consolidação da pós--graduação *strictu sensu* no Brasil. Foi professor de psicologia na Universidade de São Paulo (USP) e Pontifícia Universidade Católica de São Paulo (PUC-SP), atuou ainda como consultor da Unesco/ONU. Sua obra sofreu forte influência da Fenomenologia existencialista, baseando-se em autores como Kierkgaard, Husserl, Heidegger, Ricoeur e Merleau-Ponty.

MARX, KARL (1818-1883)   87, 165, 173

Foi um economista, filósofo e socialista alemão. Atuou como jornalista em diversos periódicos. Foi fundador e diretor da I Internacional. Publicou os três volumes da obra *O capital; Manuscritos econômico-filosóficos; O 18 Brumário de Luís Bonaparte;* e *A miséria da filosofia*. Juntamente com Engels, publicou *O manifesto comunista; A sagrada família* e *A ideologia alemã*, sendo este último considerado o primeiro esboço da teoria revolucionária que mais tarde seria chamada marxista. É reconhecido como um dos principais nomes do campo das Ciências Sociais, tendo influenciado diferentes gerações de pensadores. Sua obra é conhecida mundialmente e seus livros foram lidos e traduzidos em diferentes países.

McCARTHY, CAMERON   192

É professor da Faculdade de Educação da Universidade de Illinois. Seus trabalhos são de fundamental importância para as perspectivas que envolvem políticas de identidade na educação contemporânea. Suas obras, dentre elas o livro *Raça, identidade e representação em educação e sociedade*, são de suma importância para a compreensão das relações entre cultura, poder e educação, assim como assuntos relacionados ao pós-colonialismo.

McLAREN, PETER   84, 166, 169, 171, 172, 173, 177, 178, 187, 188, 189, 190, 193, 199

Canadense radicado nos Estados Unidos, é professor de Educação da Escola Superior de Educação e Estudos da Informação da Universidade da Califórnia, em Los Angeles. Sua obra abarca temas que tratam da mídia, da cultura popular e da educação como um ato revolucionário. Ao longo de sua trajetória sofreu forte influência de Paulo Freire e do multiculturalismo. No Brasil, ganharam ressonância livros como: *A pedagogia da utopia*; *A vida nas escolas*; *Multiculturalismo crítico*; *Rituais na escola*, entre outros.

MOREIRA, ANTONIO FLAVIO   16, 67, 80, 84, 177, 190, 191, 192, 193, 199, 214, 242, 243, 244

É professor e pesquisador aposentado da Universidade Federal do Rio de Janeiro (UFRJ), atualmente leciona na Universidade Católica de Petrópolis. Sua obra foi influenciada pela Nova Sociologia da Educação, pelos Estudos Culturais e por matizes do pós-modernismo. Publicou variados livros sobre currículo, alguns em coautoria com diferentes pesquisadores. Seu principal livro é *Currículos e programas*; e há o exemplar a ele dedicado na coleção *Perfis da educação*.

MOREIRA, MARCO ANTONIO   116

Pesquisador em Ensino de Física da Universidade Federal do Rio Grande do Sul (UFRGS). Seus trabalhos trazem contribuições acerca das aprendizagens significativas, ensino de ciências e, especificamente, ensino de Física.

MOUFFE, CHANTAL   181, 227, 228, 229, 230, 231

Cientista política belga, nascida na cidade de Charleroi. Em seus trabalhos, baseados no desconstrucionismo e na teoria política, discute a ideia de democracia radical. Junto a Ernesto Laclau, Mouffe fundou um projeto político que passou a ser conhecido como pós-marxismo. É professora na Universidade de Westminster (Reino Unido). Ficou conhecida por seus trabalhos em coautoria com Ernesto Laclau, como o livro *Hegemonia e estratégia socialista*. De sua obra, se destacam também os livros *Dimensões da democracia radical: o pluralismo, cidadania, comunidade* e *The return of the political*.

NOVAK, JOSEPH   116

Educador norte-americano, professor emérito da Cornell University e pesquisador sênior no IHMC. Suas pesquisas se concentram nos estudos sobre aprendizagem humana e na representação do conhecimento em mapas conceituais.

OLIVEIRA, INÊS BARBOSA DE   159, 178, 179, 180

É professora da Universidade do Estado do Rio de Janeiro (UFRJ). Pesquisa na linha de *Cotidiano, redes educativas e processos culturais*. Seus trabalhos são influenciados por autores como Boaventura de Sousa Santos e Michel de Certeau. Entre seus principais livros se inclui a obra *Currículos praticados: entre a regulação e a emancipação*.

Ozga, Jenny   236, 244

É professora de Pesquisa Educacional e de Política de Educação da Universidade de Keele. Trabalha com estudos de política comparada, educação e política social; elites políticas e de políticos, redes de políticas públicas, a "europeização" da política educacional e política para a profissão docente. Seu principal livro é *Investigação sobre políticas educacionais*.

Perrenoud, Phillipe   56, 57

Suíço, sciólogo e pedagogo, é professor da Universidade de Genève. Em sua obra busca identificar os mecanismos de produção das desigualdades escolares. Dentre seus trabalhos mais importantes está *La fabrication de l'éxcellence scolaire: du curriculum aux pratiques d'évaluation*.

Peters, Richard Stanley   72, 78, 111, 112, 113, 131

Filósofo britânico. Sua obra é voltada às áreas de teoria política, psicologia filosófica e da filosofia da Educação. Foi professor de Filosofia da Educação na Universidade de Londres. O livro *Ética na educação* é considerado um de seus mais importantes trabalhos.

Piaget, Jean (1817-1910)   38, 55, 63, 68

Psicólogo e epistemólogo suíço, Jean Piaget pesquisou o desenvolvimento cognitivo de crianças. Sua teoria do desenvolvimento cognitivo criou as bases psicológicas para a formulação da teoria de ensino construtivista. Atuou como professor nas universidades de Genève, Sorbonne e Lausanne. Suas principais obras são: *Le représentation du monde ches l'enfant*; *La naissance de l'intelligence chez l'enfant*; *La psychologie de l'intelligence*; *Le langage et la pensée chez l'enfant*.

Pinar, William   9, 10, 11, 13, 16, 22, 33, 35, 66, 151, 219

Educador da Universidade da Louisiana, atualmente trabalha na British Columbia University. É considerado, junto com Michael Apple, um dos grandes autores do processo de reconceptualização do currículo nos Estados Unidos. Fundou a Associação Internacional para o Desenvolvimento dos Estudos de Currículo e sua afiliada americana, a Associação Americana para o Avanço dos Estudos Curriculares. Possui uma obra numerosa com influências dos estudos autobiográficos, da Fenomenologia e da Psicanálise. Entre seus livros mais importantes é *Understanding curriculum*, em coautoria com W. Reynolds, P. Slaterry e P. Taubman, *What is curriculum theory?* e a organização do *International Handbook of Curriculum Research*.

POPHAM, WILLIAM JAMES 53, 54

Educador norte-americano, promoveu medições critério-referenciadas e foi referência na área de desenvolvimento de testes educacionais. Foi professor na Kansas State College, na San Francisco State College e na Faculdade de Educação da Universidade da Califórnia em Los Angeles (UCLA). Sua obra sofreu forte influência da corrente comportamentalista, tendo sido Skinner um autor de destaque em seus trabalhos. Publicou livros como *Critério de medição referenciada*.

POPKEWITZ, THOMAS 120, 121

Professor de Currículo e Aprendizagem na Escola de Educação da Universidade de Wisconsin, Madison, desde 1970. Suas obras apresentam estudos voltados para a produção de conhecimento e os sistemas da razão que norteiam a política educativa. De sua obra se destacam os livros *Cosmopolitanism and the age of school reform*; *Paradigms and ideology in educational research* e *A political sociology of educational reform*.

RITZER, GEORGE 239

Nascido em Nova York, é sociólogo e professor emérito da Universidade de Maryland, College Park. Seus estudos focalizam questões como consumo, globalização, metateoria e teoria social. Uma de suas obras mais conhecidas é o livro *A McDonaldização da sociedade*.

SANTOS, BOAVENTURA DE SOUSA 159, 179, 193

Nascido na cidade de Coimbra, Portugal. É professor catedrático da Faculdade de Economia da Universidade de Coimbra. Em seus estudos, discute questões como a globalização, Sociologia do Direito, democracia e direitos humanos. Seus principais trabalhos são os livros: *Reinventar a emancipação social*; *Um discurso sobre as ciências*; *O social e o político na transição pós-moderna*; *Introdução a uma ciência pós-moderna*; *O Estado e a sociedade em Portugal*; *Pela mão de Alice — o social e o político na pós-modernidade*.

SAUL, ANA MARIA 87

É doutora em Educação e professora titular da Pontifícia Universidade Católica de São Paulo (PUC-SP), onde coordena a Cátedra Paulo Freire e desenvolve pesquisa sobre ensino, currículo, formação de professores, democracia, educação popular, políticas públicas, pensamento freireano e avaliação educacional. Sua trajetória foi extremamente influenciada pelo pensamento de Paulo Freire, com quem trabalhou por muitos anos. Um de seus principais trabalhos é o livro *Avaliação: uma perspectiva emancipatória*.

SAUSSURE, FERDINAND (1857-1913)   38, 223, 225

Suíço, linguista e filósofo, sua obra levou ao desenvolvimento da linguística como ciência e fortaleceu o pensamento estruturalista. Suas teorias estimularam muitos dos questionamentos que comparecem na linguística do século XX. Marcam o pensamento de Saussure a separação entre língua e fala, os conceitos de sincronia e diacronia linguística, sintagma e paradigma, significante e significado. Sua obra, *Curso de linguística geral*, é considerada atualmente leitura obrigatória para estudantes e pesquisadores de linguística.

SAVIANI, DERMEVAL   30, 87, 88

É considerado um dos principais autores, no Brasil, da chamada Pedagogia Histórico-Crítica. Atualmente é professor da Universidade de Campinas (Unicamp). Sua obra é composta por livros de grande destaque, como: *Escola e democracia* e *Educação: do senso comum à consciência filosófica*.

SCHNETZLER, ROSELI   116

Pesquisadora em Educação Química e professora da Universidade Metodista de Piracicaba. Um de seus principais livros, em parceria com Wildson Santos, é *Educação em química: compromisso com a cidadania*.

SCHÖN, DONALD (1930-1997)   151, 152, 153

Nascido em Boston, Estados Unidos, foi professor de Estudos Urbanos e da Educação do Instituto de Tecnologia de Massachussets (MIT). Doutor em Filosofia pela Universidade de Harvard, seus estudos se voltaram ao desenvolvimento da aprendizagem dentro de organizações e sociedades que estão em constante fluxo. Seus principais trabalhos são: *The displacement of concepts*; *Technology and change: the new heraclitus*; *Beyond the stable State*.

SCHWAB, JOSEPH JACKSON (1909-1988)   72, 73, 111, 114, 115, 142, 144

Biólogo norte-americano, professor na área de Educação e de Ciências Naturais da Universidade de Chicago. É autor, dentre outras obras, de um dos artigos clássicos no campo do Currículo norte-americano — The practical: a language for curriculum —, datado de 1969, no qual defendeu que o currículo estava moribundo por se basear por demais na teoria e não se dirigir à prática, particularmente por meio da deliberação em situações concretas. Nos anos subsequentes, escreveu outros artigos associados a esse, desenvolvendo a ideia de currículo como prática (série *The practical*). Integrou o Committee on Teacher Preparation for the Biological

Sciences Curriculum Study, entre 1959 e 1961, e foi coautor do *Curriculum's biology teacher's handbook*. É autor também dos artigos selecionados e reunidos no livro *Science, curriculum and liberal education*, bem como autor do livro *College curriculum and student protest*.

SILVA, TOMAZ TADEU DA   16, 37, 66, 84, 199, 203, 206

Professor da Universidade Federal do Rio Grande do Sul (UFRGS). Atua em Currículo, com ênfase na filosofia da diferença. Sua obra possui influências de autores como Hall, Foucault, Deleuze, Nietzsche e de outros autores dos estudos culturais, pós-estruturalismo e pós-modernidade. Publicou livros como: *Identidade e diferença*; *A perspectiva dos estudos culturais*; *Pedagogia dos monstros*; *Documentos de identidade*; e *O currículo como fetiche*.

STAKE, ROBERT   143, 145, 158

Nativo de Nebrasca (EUA) e professor emérito da Universidade de Illinois. Foi professor da Universidade de Nebraska (EUA). Diretor do Centro de Avaliação — Circe, da mesma universidade e também diretor adjunto da Escola Estadual de Alto Programa de Teste. Um de seus livros é *Responsive evaluation*.

STENHOUSE, LAWRENCE (1926-1982)   143, 144, 146, 147, 157, 158

Nascido na cidade de Manchester, Inglaterra. Foi docente na Educação Básica antes de iniciar a carreira na universidade. Atuou na Durhan University, depois foi transferido para a Jordanhil College of Education, na cidade de Glasgow. Em 1966, foi convidado a assumir a direção do Humanities Project, um projeto de desenvolvimento curricular do Reino Unido, cujo o objetivo era a compreensão da prática docente. Veemente defensor da autonomia do professor, Stenhouse é considerado um dos primeiros defensores da ideia de que o professor é um pesquisador de sua prática docente e, portanto, capaz de criar o próprio currículo. Defendia, ainda, a ideia de que a prática escolar diária deveria se desenvolver como uma aventura, um processo de descoberta contínuo. Uma das obras mais conhecidas do autor é o livro *An introdution to curriculum research and development*.

TABA, HILDA (1902-1967)   63

Nascida na Estônia, foi professora na Faculdade de Dalton, em Nova York. Pesquisou sobre o pensamento educacional norte-americano, democracia e currículo. Seu principal trabalho foi o livro intitulado *Desenvolvimento curricular: teoria e prática*.

Teixeira, Anísio (1900-1971)   24, 26, 75

Educador brasileiro, fundador da Universidade de Brasília, do Instituto de Pesquisas Educacionais, da Fundação Nacional de Ciência e do Instituto de Educação. É considerado um pioneiro no Brasil na formação superior de professores para a escola primária. Seu pensamento sofreu forte influência da teoria de Dewey. No Brasil, é considerado um dos principais defensores do movimento escolanovista. Foi reitor da Universidade de Brasília (UnB) e professor de diferentes universidades norte-americanas. Dentre suas principais obras estão: *Educação para a democracia*; *A universidade e a liberdade humana*; *A educação e a crise brasileira*; *Educação não é privilégio* e *Educação no Brasil*.

Thorndike, Edward (1874-1949)   126

Nascido em Massachusetts, Estados Unidos. Formado em Psicologia, foi membro do Conselho da Corporação Psicológica e também presidente da American Psychological Association. Foi professor da Case Western Reserve University e da Columbia University. Seus estudos contribuíram para o estabelecimento da base científica para a Psicologia Educacional Moderna. Seus trabalhos se voltaram para o estudo da inteligência e do comportamento. Suas ideias podem ser conhecidas na obra *Psychology and the science of education: selected writings of Edward Thorndike*.

Tyler, Ralph (1902-1994)   25, 26, 43, 44, 45, 46, 47, 48, 49, 50, 51, 54, 57, 58, 59, 67, 68, 74, 75, 76, 143

Educador norte-americano que se destacou no campo da avaliação educacional. Atuou na gestão da educação básica dos Estados Unidos e como professor da Universidade da Carolina do Norte e da Ohio State University. Tyler tornou-se o primeiro diretor do Centro de Estudos Avançados em Ciências do Comportamento da Universidade de Stanford. Após sua aposentadoria, tornou-se conferecista internacional e consultor para a formulação de sistemas de avaliação educacional em diferentes países. Ficou conhecido principalmente pelo seu livro *Princípios básicos de currículo e ensino*.

Veiga-Neto, Alfredo   134, 135, 136, 137

É professor titular da Universidade Federal do Rio Grande do Sul. Sua obra possui forte influência de Foucault, mas mantém diálogo também com Bauman, Deleuze, Elias, Lenoir, Negri e Hardt. Pesquisa temas como currículo, teoria curricular, pós-estruturalismo, pós-modernidade, discurso dentro e fora da escola. Dentre seus livros estão *Foucault & a educação* e a obra organizada *Crítica pós-estruturalista e educação*.

VYGOTSKY, LEV (1896-1934)   59

Russo, estudou Direito, História e Filosofia. Em 1924, tornou-se professor de psicologia na Universidade de Moscovo, onde permaneceu até sua morte, em 1934. Seus escritos, banidos após sua morte, só foram publicados em 1956, com a abertura política iniciada por Krutchov. De seus trabalhos, o que ficou mais conhecido foi a teoria da zona do desenvolvimento próximo, considerada uma das mais importantes contribuições para a psicologia da educação. Seu livro *Pensamento e linguagem* foi traduzido para vários idiomas e tornou-se referência obrigatória em muitos cursos de formação de professores de diferentes países.

WILLIAMS, RAYMOND (1921-1988)   30, 82, 83, 185, 195, 201

Foi professor em Cambridge e Stanford. Seus escritos sobre cultura, política, literatura e cultura de massas difundiram seu pensamento marxista. Foi uma figura de proa na Nova Esquerda e na teoria cultural em geral. Muitos de seus trabalhos foram traduzidos para diferentes idiomas. Sua obra influenciou amplamente o pensamento de pesquisadores em todo o mundo. Dentre seus livros de destaque estão *The long revolution* e *Cultura*.

WILLIS, PAUL   146, 166, 169, 170, 171, 173

Nascido em Wolverhampton, Reino Unido, trabalhou no Centro de Estudos Culturais Contemporâneos. Suas principais contribuições para as pesquisas acadêmicas se deram através do trabalho: *Aprendendo a ser trabalhador: escola, resistência e reprodução social*, onde o autor realiza uma pesquisa etnográfica que busca suscitar as relações com o trabalho e as crianças da classe trabalhadora. Seus estudos exploram a cultura e a contracultura da classe trabalhadora. No ano de 2010, deixou a Keele University e atualmente é professor da Universidade de Princeton.

WOODS, PETER   146, 147, 148, 149, 150, 151

Professor da Open University, tem trabalhos centrais sobre etnografia na educação. Suas obras mais destacadas são *Multicultural children in the early years: creative teaching*; *Meaningful learning* e *Inside schools*.

YOUNG, MICHAEL   29, 77, 78, 79, 80

Sociólogo da educação britânico, professor da Universidade de Londres e fundador da Nova Sociologia da Educação (NSE) na Inglaterra, corrente teórica que coloca como foco central da pesquisa sociológica a seleção e transmissão do conhecimento escolar. Sua obra é influenciada por autores com Weber, Marx e Durkheim. O livro mais importante é *Knowledge and control: new directions for the sociology of education*, considerado um marco do movimento da NSE.

ZEICHNER, KENNETH   151, 152, 154, 155

Norte-americano, professor da Faculdade de Educação e diretor da Formação de Professores da Universidade de Washington. Suas pesquisas contribuíram para a formação de professores. Dentre seus trabalhos, destacam-se os livros: *Reflective teaching: an introduction* e *Studies of excellence in teacher education: preparation in the undergraduate years*.

GRÁFICA PAYM
Tel. [11] 4392-3344
paym@graficapaym.com.br